Der K-Effekt

Eine Kapitulationsurkunde

Vom Unvermögen,
eigenes und fremdes Leiden zu lindern

von
Ulrich Freund

Verlag Andreas Achenbach Lollar

Doris Leupold, Mai 82

ISBN 3-87958-705-1
1. Auflage 1976

CIP-Kurztitelaufnahme der Deutschen Bibliothek

Freund, Ulrich
Der K-Effekt: e. Kapitulationsurkunde; vom Unvermögen, eigenes u. fremdes Leiden zu lindern. —
Lollar: Achenbach, 1976.
ISBN 3-87958-705-1

Satz H. K. Braun Launsbach
Printed in Germany (GFR) 1976
Druck und Bindearbeiten
Fuldaer Verlagsanstalt GmbH Fulda

Aus einer Verlagssitzung.

„. . . möchte darauf verweisen, daß die Anführungszeichen („“) bedeuten sollen, daß hier in uneigentlicher Rede — also vom geschriebenen Wort — in *gewisser Weise* ges . . .“ (unverständlich; mehrere Stimmen durcheinander) „. . . aber so . . . nein so . . . so geht . . . nicht . . .“ (Pause; es folgen mehrere Entschuldigungen).

„Dann sollte man noch die Anführungszeichen („“) in Anführungszeichen (« ») setzen, um deutlich zu machen, daß die Anführungszeichen auch eine Distanz von den ge . . . Wort . . . nein, aber das ist doch . . . ja sicher . . . was denn sonst“ (unverständlich; mehrere Stimmen durcheinander).

„Aber müßte man dann nicht, um ganz sicher zu gehen, auch diese Anführungszeichen (« ») erneut in Anführungszeichen (» «) setzen?“ (Stimmenwechsel) „Und die Anführungszeichen in Anführungszeichen in Anführungszeichen in Anführungszeichen in Anführungszeichen . . .“ (die Stimme wird atemlos und verebbt) . . .

[Wir beschließen, um diesem Regress zu entgehen, auf alle Anführungszeichen („“; « »; » «) soweit wie möglich zu verzichten und Hervorhebungen, gleich welcher Art und Bedeutung *kursiv* (wird kursiv gesetzt) zu setzen. Sollten Anführungszeichen unvermeidlich sein, seien sie der Beachtung durch den Leser besonders empfohlen.]

Inhalt

„Der Fluß war breit, und seine kleinen lauten Wellen waren beschienen. Auch am anderen Ufer waren Wiesen, die dann in Gesträuch übergingen, hinter dem man in großer Fernsicht helle Obstalleen sah, die zu grünen Hügeln führten.
Erfreut über diesen Anblick legte ich mich nieder und dachte, während ich mir die Ohren gegen gefürchtetes Weinen zuhielt, hier könnte ich zufrieden werden. Denn hier ist es einsam und schön. Es braucht nicht viel Mut, hier zu leben. Man wird sich hier quälen wie anderswo auch, aber man wird sich dabei nicht schön bewegen müssen. Das wird nicht nötig sein. Denn es sind nur Berge da und ein großer Fluß und ich bin noch klug genug, sie für leblos zu halten. Ja, wenn ich am Abend allein auf den steigenden Wiesenwegen stolpern werde, so werde ich nicht verlassener sein, als der Berg, nur daß ich es fühlen werde."

Franz Kafka (aus „Beschreibung eines Kampfes")

Vorwort

Die Zeit müßte reif sein für eine ehrliche Niederlagen-Diskussion.
Das Kampfesende, der Ausblick auf den Zustand danach, das alles wird nicht gern öffentlich besprochen. Das vorliegende Traktat will dazu beitragen, diese Diskussion zu eröffnen. Schwer freilich wird es sein, hier zu enttabuisieren; wer unterschreibt gerne Kapitulationsurkunden? Entschuldigen Sie die kriegerische Diktion dieser Zeilen.

Hemmungen gegenüber dem Eingeständnis der Niederlage zeigen sich allenthalben: Ließ sich auch schon manche Kampfesgebärde entlarven und in ihrer Inhumanität offenlegen, konnte man andere Gesten als sinnentleert kennzeichnen, hatte sich auch schon eine intelligente Kritik etabliert, die jedem Ausbruchsversuch Systemimmanenz bescheinigte, die allem mit Neuheit Etikettierten Stereotypik nachwies, so finden wir dennoch nirgends jene Konsequenz, wie sie hier allein der Kapitulant zeigen kann. Vielmehr beobachten wir, daß man nach wie vor Apparate konstruiert, Versuchsanordnungen einrichtet, Organisationen gründet, Formulierungen zusammenstellt; eifriger denn je womöglich. Die Ergebnisse sind nicht selten schön anzusehen; es wäre billig, das alles abzutun, ohne es bewundert zu haben; ich könnte das meiste davon jedenfalls nicht bauen. Doch gerade erst fertiggestellt, ist es auch schon widerlegt; es bedarf dazu kaum neuer Argumente; die Kritik muß gar nicht erst wieder geschrieben werden. Auch sind die Planstellen im System schon ausgewiesen, in denen die Ankömmlinge mit ihren scheinbar neuen Vorschlägen in den alten Mechanismus einbezogen werden.

Folge dieser Einsicht kann nur sein, sich niederzulegen, oder man dürfte jetzt wenigstens ein offenes Wort darüber sagen; nur ein Irrtum darf sich nicht einschleichen: Niederlage heißt nicht: Sich niederlegen zur Ruhe; denn wer sich so niederlegt, dem überträgt sich der Schall vom *gefürchteten Weinen* durch die ihm nun nähere Erdrinde. Ich habe deshalb das eingangs zitierte Kafka-Wort verkürzt; schließt doch der Absatz mit einer Hoffnung, die ich hier gestrichen habe („Aber ich glaube, auch das wird noch vergehn", heißt es da). Doch, daß das Leiden auch den Niederliegenden nicht verläßt, lesen wir später in Kafkas Kampfesbeschreibung:

„Ich gab die Hände von meinen Ohren, breitete meine Arme aus und ließ sie in die Gräser fallen. Ich hörte jemand weit und schwach schluchzen . . . Ich stand rasch auf. Mich schmerzte mein Herz, denn jetzt schien es unmöglich, aus meinem Leiden hinauszukommen."

So ist es in der Tat: Kampfesgetümmel übertönt bekanntlich manchmal Schreie und Schluchzen; den Liegenden aber zerschlagen die Leidgeräusche.

Ruhe bringt also auch das Eingeständnis der Niederlage nicht. Und deshalb muß solche Kapitulation bedingungslos sein, darf kein heimlicher Sieg sein, darf nicht Illusionen fortsetzen; jenes Eingeständnis soll ja das Ende aller Illusionen markieren. Das aber heißt: Auch daß ich nun aufgebe, wird vergeblich sein. Es wird keinen Frieden bringen.

Und deshalb muß dies alles ausgetrocknet sein, und die Schwäche im Sinne der Schwäche-Ideologie wird nicht eine heimliche Stärke sein dürfen.

Und deshalb muß mein Traktat niedrig geschrieben werden. Das erschwert die Vermittlung, ich weiß es. Verblümt, künstlerisch umschmückt – so würde es vielleicht angenommen. Aber im Endpunkt der Entwicklung kann, darf es sich nicht mehr um einen nur halbherzigen, bedingten Waffenstillstand handeln.

Dieser Endpunkt der Entwicklung wird von der *Schwäche-Ideologie* repräsentiert. Sie kann deshalb nur noch als Brei dargebracht werden, angerührt aus Sentimentalität, Ironie, Zynismus und Selbstmitleid, platt und abgedroschen. In diesen Vorbemerkungen formuliere ich noch halbwegs reif, erwachsen, ernst. Aber blättern Sie in den Seiten zur Schwäche-Ideologie! Da wird Unstimmigkeit durchgehalten bis zum letzten Satz. Nur so kann doch das Röcheln als Röcheln hörbar gemacht werden, ohne daß sich Gesang irgendwo durchsetzt; Kapitulationserklärungen sind nun einmal nicht melodisch.

Da hat man noch Haß eingerührt; nein, nicht Haß mehr, es ist gewesener Haß, erloschener Haß, die Haßasche also hat man aufgestreut. Der Haß, der da einmal gewesen ist, erinnert uns an das bekannte Bild von dem Manne, der vor Kraft nicht laufen kann: So gab es auch einen Haß, dessen Dimension am Handeln hinderte; solcher Haß brennt erst, lähmt schließlich, vertrocknet endlich nach innen und erlischt, unverdaut.

So ein Brei wirkt ärgerlich; reine Schwäche wird abgewiesen, wird nicht verstanden. Daß einer nur Schwäche bringen will, Schwäche, Schwäche, Schwäche, Schwäche – niemand glaubt es ihm; und mag es noch so niedrig geschrieben sein, man vermutet eher heimliche Stärke.

Nun gibt es aber diesen nachträglich geschriebenen Vorspann zur Schwäche-Ideologie, diesen ersten Teil meines Elaborats, diesen *Kinderkakaokannen-Effekt.* Vielleicht, daß er die Schwäche-Ideologie vermittle; vielleicht, daß in ihm erkannt werde, um was es sich handelt, daß von den Fällen des täglichen Lebens aus die Struktur jenes Prinzips gesehen werde, das die Vergeblichkeit jedweden weiteren Kampfes und also die Zwangsläufigkeit, die Unabweisbarkeit der Schwäche-Ideologie erweist. Dieser Vorspann ist also nur eine Konzession, um die Vermittlung der Schwäche-Ideologie zu erleichtern. Vom Kinderkakaokannen-Effekt ist auch die Schwäche-Ideologie selbst durchdrungen; in deren letzten Kapiteln wird zu lesen sein, wie hier jener Effekt eigentlich erst aufgedeckt wurde.

Kinderkakaokannen-Effekt ist also das Prinzip, das die Kapitulation erzwingt, das uns aber auch im Zustand des Darniederliegens nicht verläßt. Wer kämpft, mag es vielleicht noch nicht sehen; der Schwäche-Ideologe aber sieht es für sich und auch für den Kämpfenden. Niemand kann mehr dem Prinzip entrinnen, scheint mir.

☆ ☆ ☆

Ich schiebe die Schrift von unten her auf die Tischkante, die ich knapp erreiche. Es ist eine Eingabe, die keinen Antrag mehr enthält.

Teil I: Der Kinderkakaokannen-Effekt

1. Fallsammlung

Fallgruppe 1: Selbstsubtraktion

Fall 1: Die Exklusivität von Pöseldorf

Kapitalkräftige Bürger hatten den Hamburger Stadtteil Pöseldorf zu einem exklusiven Bezirk gemacht; sie hatten Preise für Wohnen und Kaufen dort in eine Höhe getrieben, die eine Teilnahme des gewöhnlichen Volkes auszuschließen schien und hatten Pöseldorf damit in eine «Oase für Wohlhabende» verwandelt. Nun war es aber gerade der damit entstandene Ruf der Exklusivität, der das gemeine Volk schließlich anlockte und den Bezirk zu einem beliebten Ausflugsziel machte. Da nun die Leute flanierten und gafften, war man nicht mehr unter sich. Das heißt, indem man die Exklusivität aufgebaut hatte, hatte man zugleich auch schon die Basis zu ihrer Beseitigung geschaffen.

Fall 2: Umweltprobleme

Wo noch saubere Luft ist und Ansiedlung erlaubt, ändert sich alsbald das Bild: Hochhäuser entstehen, breite Chausseen, sogar Gewerbebetriebe fühlen sich angezogen. Wer sehnte sich schließlich heutzutage nicht nach gesunder Umwelt! Bauträger und Immobilienhändler stellen die Naturnähe auch gebührend heraus. Somit findet ein ganz zwangloser Ausgleich statt: Der Zug hält solange an, bis die Verhältnisse im einst so gepriesenen Bereich sich dem durchschnittlichen Maß der allgemeinen Umweltgefährdung angeglichen haben. Die Ansiedlung zerstört somit die Bedingungen, um derentwillen sie erfolgt ist.

Entsprechendes gilt für die Standortwahl in Großstädten durch die Großwirtschaft. Einst gab es hier optimale Bedingungen:

Verkehrswege, Wohnungen, Kommunikationsbereiche, Kulturstätten, Grünflächen. Monopole fühlten sich angezogen, bis sie auf Grund ihrer Kapitalkraft den größten Teil des innerstädtischen Bodens besetzt hatten. Sie verdrängten Wohnungen, Grünflächen, Kulturstätten; Verkehrsmittel und Verkehrswege wurden überfordert, da die Arbeitskräfte jetzt aus den nach außen verlagerten Wohnbereichen täglich in die Stadt und zurück fahren mußten. Die Konzerne haben also „diejenigen Bedingungen, derentwillen sie diese Standorte gewählt haben, fast völlig zerstört" (Jörn Janssen, FR 6.11.1971).

Fall 3: Vertragsfreiheit und Wettbewerbsfreiheit

Vertragsfreiheit bewirkt, daß Vertragsinhalte zunehmend vom wirtschaftlich Stärkeren vorgeprägt und damit bestimmt werden; von einer *Freiheit* der Vertrags*partner* kann dann nicht mehr die Rede sein. So führt *Vertragsfreiheit* zwangsläufig zu ihrer eigenen Aufhebung; d. h. sie läßt sich nicht auf Dauer realisieren. Ebenso ist es mit der *Wettbewerbsfreiheit*: Auch sie beseitigt tendenziell Wettbewerb; solche Freiheit wird nämlich genutzt zu wettbewerbsbeschränkenden Abkommen, Fusionen und dergleichen.

Fall 4: Die Flucht in die Sachwerte

Vor zunehmendem Geldwertschwund flüchten manche Bürger in sogenannte Sachwerte; sie kaufen Gold, Kunstwerke, Grundstücke. „Sachwerte verschaffen bei Inflationen lachenden Gewinn" – heißt es. Dies ist ein Trugschluß; denn der *Gewinn* ist rein fiktiv: Der Nominal-Geldwert des Objekts steigt zwar, diese Wertsteigerung ist aber für den Eigentümer ohne praktischen Nutzen: Entweder er behält die Sache; dann besteht sein *Gewinn* nur in der Idee; ein konkret fühlbarer, materieller Nutzen ist mit dieser Idee jedoch nicht verbunden. Oder er *realisiert* seinen *Inflationsgewinn* und veräußert das Objekt. In diesem Falle unterliegt er aber mit dem so eingetauschten Geldwert sofort und unmittelbar dem Geldwertschwundproblem ebenso wie der Geldbesitzer, wird also bestrebt sein, diesen Geldwert nicht als solchen zu behalten, sondern ihn wieder in Sachwerte einzutauschen, für die er aber den aktuellen Inflationspreis zu entrichten hat (er kann nicht mehr bekommen, als er vorher schon hatte), also jenen *Gewinn* wieder verliert.

Fall 5: Zwei Stenogramme von Günther Anders

Moderne Verkehrsmittel: Ferne Kontinente und Meere sind erreichbar geworden; aber auch die nähere Natur ist dem Städter schneller zugänglich. Hierzu stellt Günther Anders allerdings den „dialektischen Umschlag" fest; ich zitiere aus seinen *Philosophischen Stenogrammen* („Invertierter Baconismus" und „Wer lacht da?"):

„Die Eroberung der Natur hat ihren dialektischen Umschlag bereits hinter sich: Der überflogene Ozean wird zum ausgelassenen Ozean; der übersprungene Urwald zum nie gesehenen Urwald; das Volle zum Leeren; die Welt zum Zwischenraum; das Seiende zum Nichtseienden – kurz: alles Bekannte und Unbekannte wird von neuem unbekannt . . ."

„Die Natur. Sie kommt wieder. Da die Zeitgenossen die Landschaft in Autos . . . durchrasen, zieht rechts und links der Chausseen der alte Friede wieder ein . . ."

Fall 6: Über erfüllte Hoffnungen und andere Genüsse

A, von B um den Sinn des Lebens befragt:

„Der Sinn des Lebens liegt in der Genußmaximierung. Der Genußbegriff ist dabei ganz weit zu fassen: Alles Angenehme ist Genuß; angenehm kann z. B. auch sein, Gutes zu tun, der Menschheit zu dienen u. s. w. Nicht zu vergessen sind: Erfüllte Hoffnungen, Kunstgenuß. Andererseits umschließt der Begriff natürlich auch die kleinen Freuden des Tages und der Nacht wie Essen, Trinken, Orgasmus."

„Was bedeutet so ein Genuß genau genommen, wie lange dauert ein Freudegefühl?"

„Es dauert genau genommen nicht sehr lange. Genießt du beispielsweise die Befriedigung über ein sogenanntes gutes Werk überhaupt? Würde das nicht sofort Ekelgefühle auslösen?"

„Dauert so ein Genuß überhaupt?"

„Du hast Hunger. Dann bereitet Essen Genuß. Hunger ist Spannung. Spannung will entspannt werden. Solange das Hungergefühl noch andauert, kann Essen also kein ungetrübter Genuß sein. Der eigentliche Eßgenuß tritt dann auf, wenn die Spannung gebrochen wird, wenn also Hunger in Sättigung übergeht."

„Ich insistiere: Wie lange dauert so ein Übergang?"

„Nicht sehr lange. Irgendwann hört das Hungergefühl auf und das Sättigungsempfinden setzt ein. Es setzt ein genau in dem Augenblick, in dem das Hungergefühl aufhört. Also ist der Übergangsaugenblick unendlich kurz."

„Richtig. Der eigentliche Eß-Genuß, der Eß-Orgasmus ist nur eine Idee, dauert gleichsam nur eine *logische Sekunde*".

„*Verweile doch Moment, du bist so schön* oder so ähnlich drückt es der Dichter aus und läßt damit anklingen, daß auch er das Phänomen kennt: Der *Moment* ist verflogen, bevor man ihn wirklich einfangen, bevor man ihn halten konnte. Daß Genuß immer nur unendlich kurz, also eigentlich gar nicht vorhanden sein kann, wird besonders dann deutlich, wenn man ihn erwartet, sein scheinbares Kommen beobachtet, sich vornimmt, ihn voll *auszukosten*. Versuch du mal, die Lieblingsstelle deiner Lieblingssinfonie bewußt zu genießen: Du kennst das Stück, die Stelle kommt immer näher, deine Erwartungsspannung steigt – *jetzt, jetzt muß es kommen*, denkst du –, nun hörst du diese Phrase, und, wenn du ehrlich bist: Du spürst nichts. Du kannst höchstens die Vorstellung von Genuß reproduzieren, du sagst dir, scheinbar begeistert: ‚Wie genial ist doch diese Stelle!' Aber es ist nur ein Abbild von Genuß, ist nicht Genuß selbst."

„Wenden wir uns noch den anderen Beispielen zu. Für Trinken und Geschlechtsorgasmus gilt unsere Eßanalyse entsprechend.

Dauert etwa der Geschlechtsorgasmus schon nach herkömmlicher Vorstellung nur eine Sekunde, so zeigt die genaue Analyse gerade auch hier, daß er viel kürzer ist, daß der genau zu fixierende Übergang von Spannung in Entspannung von nicht mehr vorstellbarer Kürze und also eigentlich gar nicht vorhanden ist."

„Und auch hier zeigt sich, daß nur dieser Moment selbst Genuß sein könnte; schon terminologisch wird das angedeutet: Vorher ist man *unbefriedigt*. Und hinterher . . ."

„ . . . ist man *befriedigt* , so daß vielleicht doch wenigstens diese Zufriedenheit einen Zustand haltbaren Genießens bedeuten könnte?"

„*Omne animal post coitum triste* – so beantwortet dir der Lateiner deine Frage. Wer kennt übrigens nicht das eigenartig schale, leere Gefühl nach einer bestandenen Prüfung; vorher lebte man unter Druck – auch kein Genuß übrigens –, der neue Zustand der Drucklosigkeit verursacht eine gewisse Ratlosigkeit."

„So daß auch hier die Prüfung selbst der eigentliche *Orgasmus* wäre; man hat ja auch schon das Ritual solcher examina mit gewissen Mannbarkeitsriten verglichen, so daß der sexuelle Bezug . . ."

„Jedenfalls ist die Prüfung auch kein Genuß, so daß sich auch hier unser Bild bestätigt."

„Haben wir etwas vergessen?"

„Erfüllte Hoffnungen . . ."

„Max Frisch fragt dazu in seinem *Tagebuch*: Wenn eine private Hoffnung sich endlich erfüllt hat: Wie lange finden Sie in der Regel, es sei eine richtige Hoffnung gewesen, d. h. daß deren Erfüllung so viel bedeute, wie Sie jahrzehntelang gemeint haben?" (Max Frisch, Tagebuch 1966 - 1971).

„Unser Examensbeispiel gibt ja dem Max Frisch schon die Antwort; eine erfüllte Hoffnung ist so gut wie immer eine enttäuschte Hoffnung, und damit also im Grunde eine nichterfüllte Hoffnung. In einem Illustriertenartikel fand ich dazu noch folgende Formulierungen: ‚In dieser Zeit . . . können viele Wertbegriffe, die dem Mann vorher Halt gaben, fragwürdig werden. Er hat unter großen Anstrengungen noch nach etwas gestrebt, das ihn glücklich machen sollte. Nun hat er die erträumte Zukunft eingeholt, aber sie kommt ihm gar nicht mehr so rosig vor‘ (STERN Nr. 42/1972 über die Wechseljahre des Mannes). Kaum hat man den neuen Zustand des Erreichten wahrgenommen, hat er schon seinen Reiz verloren, Gewöhnung tritt von der ersten Sekunde an ein, so daß nur bleibt, sich Hoffnungen für neue Ziele aufzubauen, die dann ebenso enttäuscht werden u. s. w.“

Fall 7: Der Niedergang des Professors R.

Professor R. gilt als anerkannte Kapazität in seinem Fach. Einige seiner Publikationen gehören zur Standardliteratur und werden laufend zitiert. Er lehrt an einer der großen westdeutschen Universitäten.

Das Bild ändert sich, als R. beginnt, zu bestimmten politischen Fragen eine entschiedene Haltung einzunehmen. Aus Überzeugung und Gewissen fühlt er sich zunehmend veranlaßt, diese Haltung auch in seiner Wissenschaft – einer politischen Wissenschaft – zu vertreten. Damit gerät er nun in eine Außenseiterposition. Man bezichtigt ihn des Linksextremismus. *Extrem* ist seine Haltung nun nicht, aber immerhin ist sein Standpunkt unter den Fachkollegen so unüblich, daß er sich schnell isoliert. Er wird nicht mehr ernst genommen. Da man ihn in dieser Weise abgestempelt hat, braucht man seinen Argumenten nun nicht mehr sachlich zu begegnen, sondern kann sich mit dem personalen Hinweis auf die Urheberschaft R.'s begnügen; damit ist dann alles gesagt. Auch werden übrigens an seiner Hochschule persönliche Intrigen gegen ihn angezettelt, so daß er schließlich zu einer kleineren Universität geht, wo er gleichsam noch geduldet wird und wo es sogar einige Gesinnungsgenossen unter den Hochschullehrern gibt.

Es gilt jetzt als unseriös und geradezu unwissenschaftlich, ihn zu zitieren. Er wird einfach totgeschwiegen. Die etablierten Zeitschriften publizieren nichts mehr von ihm.

Das Beispiel führt zu der allgemeinen Frage, wer denn abweichende Standpunkte überhaupt politisch effektiv vertreten kann: Solange einer noch etabliert ist, fände er Gehör; vertritt er aber den abweichenden Standpunkt, ist er bald nicht mehr etabliert und damit dann auch nicht mehr politisch effektiv.

Fall 8: Formulierungen

„So entsteht neue Tabuisierung durch enttabuisierendes Vokabular . . ." (Hartmut Scheible in: FR, 1.7.1972)
„Der referierte Prozeß verliert den Prozeßcharakter . . ." (Scheible, a. a. O.)

„So wird, was nach Adornos Auffassung Funktion der Kunst ist, ihre Funktionslosigkeit, am Ende: funktionslos" (Scheible, a. a. O.)

„Erfahrung macht dumm . . . Diese Parole, die oft von Studenten zu hören ist, hat eine gewisse Richtigkeit; sie beruht auf Erfahrung" (M. Frisch, a. a. O., S. 187).

„Wie weit man allerdings die Herabsetzung der Körperschaftssteuer zugunsten der Besitzenden und die Erhöhung der Mehrwertsteuer auf Kosten der großen Masse der Verbraucher und Arbeitnehmer als *reformerisch* verkaufen kann, ist schwer einsehbar. Fast ist man versucht zu sagen: Im Vergleich hierzu ist die alte konservative Devise, die beste Reform sei gar keine, beinahe schon wieder äußerst progressiv" (Hock in: FR, 19. 11. 1971).
„Der Apparat unterwirft uns in seiner Anwendung den Gesetzen seines Funktionselements. Indem wir genötigt sind, ihn zu beherrschen, versklaven wir uns seinen Eigenschaften, die wir selbst zuvor konstruiert haben . . ." (Hans Heinz Holz, Kritische Theorie des ästhetischen Zeichens, documenta-5-Katalog, S. 1.77)

„ . . . der dialektische Umschlag des Prinzips der Herrschaft, durch welches der Mensch sich zum Werkzeug eben jener Natur macht, die er unterjocht . . ." (Horkheimer, Zur Kritik der instrumentellen Vernunft, S. 95).

„. . . zugleich hat er darin so kunstvoll, daß es schon fast kunstlos erscheint, . . . seine Beziehung zur russischen Literatur . . . thematisiert . . ." (Wolfram Schütte, FR. 20.10.1972)

„Wenn Vögel beim Händler so eng gehalten werden, daß sie sich im Käfig gegenseitig beschmutzen und verletzen, werden Tierfreunde aus Mitleid weich: Sie kaufen die Tiere frei und zahlen dafür Überpreise" (STERN Nr. 20/73).

Fallgruppe 2: Rom

Fall 9: Nulltarif in Rom

Die Stadt Rom versuchte vor Jahren, durch Einführung eines begrenzten *Nulltarifs* ihre Bürger vom motorisierten Individualverkehr auf die öffentlichen Nahverkehrsmittel hinüberzulocken. Zunächst schien das Experiment zu gelingen; der individuelle Kraftfahrzeugverkehr ließ merklich nach. Die somit freier gewordenen Straßen verleiteten nun aber immer mehr der zunächst umgestiegenen Autofahrer, wieder das eigene Fahrzeug zu benutzen. Dadurch stellte sich nach und nach der alte Zustand der verstopften Straßen wieder ein, was wiederum die Benutzung der öffentlichen Verkehrsmittel verstärkte u. s. w. – siehe oben.

Fall 10: Die Zwickmühle

Im Mühlespiel entsteht die einfache Mühle, wenn es gelingt, eine geschlossene Reihe von drei eigenen Steinen zu bauen; die Schließung einer solchen Reihe berechtigt den Spieler, dem Gegner einen Stein wegzunehmen. Günstig ist hier nun die sogenannte Zwickmühle: Von zwei parallelen Dreierreihen ist die eine schon geschlossen; der Mittelplatz der anderen Reihe ist noch frei; sie wird jedoch mit einem Zug durch Hereinschieben des Mittelsteines der Parallelreihe geschlossen; nunmehr ist wiederum diese Reihe in der Mitte geöffnet und kann ihrerseits im nächsten Zug durch Zurückschieben des Mittelsteines geschlossen werden, so daß mit jedem Zug eine Mühle entsteht und dem Gegner ein Stein genommen werden kann.

Im Gebrauch der Alltagssprache wird der Begriff der Zwickmühle bekanntlich im negativen Sinne verwandt: Jemand befindet sich in der Zwickmühle, wenn jede Wahl eines alternativen Verhaltens eine ungünstige Folge auslöst.

Fall 11: Lohn-Preis-Spirale

Ich setze das Phänomen hier als bekannt voraus.

Fall 12: Macht-Privilegien-Spirale

Die höchstrichterliche Rechtsprechung der Bundesrepublik erkennt Unternehmen, insbesondere Konzernen, Gemeinwohlfunktion zu, wenn sie auf Grund ihrer Bedeutung in der Volkswirtschaft die Geschicke des Gemeinwesens wesentlich mitbestimmen. Das spielt z. B. eine Rolle bei Enteignungen, die nach dem Grundgesetz nur „zum Wohle der Allgemeinheit" zulässig sind, nach der Rechtsprechung also auch zugunsten solcher das Gemeinwohl repräsentierender Konzerne. Auch andere Privilegien werden Unternehmen zuerkannt, wenn sie auf Grund ihrer Bedeutung in der Volkswirtschaft Gemeinwohlfunktion einnehmen.

Daraus ergibt sich eine Macht-Privilegien-Spirale:
Je mächtiger ein Konzern wird, umso stärker bestimmt er die Geschicke des Gemeinwesens, repräsentiert also im Sinne der Rechtsprechung das Gemeinwohl. Je mehr er aber das Gemeinwohl repräsentiert, umso mehr Privilegien verdient er auf Grund seiner Gemeinwohlfunktion. Die Privilegien sind dann wiederum geeignet, jene Macht zu verstärken, und die Spirale dreht sich weiter.

Fall 13: Das Huhn und das Ei

Ich erinnere an die bekannte Scherzfrage: Was war zuerst da, das Huhn oder das Ei?

Fallgruppe 3: Stereotype Reihen

Untergruppe a: Stereo-Reihe

Fall 14: Aus einem documenta-Text

„Robert Filliou hat einen Nachteil, er ist Utopist. Da er schon einmal Kommunist war, hätte er es eigentlich besser wissen müssen, sollte man meinen. Natürlich behauptet er, kein Marxist zu sein, daß der Sozialismus neu erfunden werden muß usw. Er, der Gaga Yogi, nennt sich *Linker anarchisierender Taoist.*
All das ist Guru-Gerede. Filliou spinnt in Wirklichkeit genauso wie alle anderen. Er ist genau derselben Meinung und entgegnet, daß er einfach von einer Welt träumt, die permanente Kreation einer permanenten Freiheit ist . . .

Eines kann man Filliou zugute halten, er ist der Erfinder der Stupidologie, der Wissenschaft von der Dummheit . . . Er scheut sich auch nicht, diese Erkenntnisse auf seine eigenen Begriffe und Ideen anzuwenden (er weist z. B. darauf hin, daß der Ausdruck *neutrale Perspektive* auch Blödsinn ist). Oder nehmen wir das bisher neueste Konzept: Das Territorium der Genialen Republik . . . Sicher, aber was solls für hier und jetzt? Weiß er es überhaupt?
Das müssen wir Filliou lassen. Er weiß, daß er es nicht weiß. Das ist der Grund, warum er Forschung treibt. Sein Vorschlag: Forschung ist nicht das Privileg derer, die wissen, sondern im Gegenteil, soll von denen betrieben werden, die nicht wissen . . ." u. s. w. (Robert Filliou, ausgehängt auf der documenta 5 Kassel 1972, doc-Katalog 16.28)

Fall 15: Akustisches Abreaktionsspiel

Da brachte der Westdeutsche Rundfunk in seinem dritten Hörfunkprogramm einmal (21.1.1972) ein sogenanntes Abreaktionsspiel. Es bemühte sich, alle akustischen Möglichkeiten auszuschöpfen, bediente sich der verschiedensten Geräusch-Brutalitäten, wollte schockieren durch Blasphemien, schien keine Grenze zu kennen. Die Hersteller sahen hierin reinigende, läuternde Therapie, kathartische Wirkung gegenüber verdrängten Trieben und Begierden. Kritiker in der anschließenden Diskussion wandten ein: Auch solches Hörspiel ist schnell zum Typ geworden. Es kommt zwangsläufig zu standardisierten Geräuschen, Ermüdungswirkung stellt sich ein, der Schrecken verharmlost. „Die Mythen sind ja heute nicht mehr verletzbar." Stilisierung entsteht, manches hat fast schon musealen Charakter. Der Schock wird wieder kompensiert. Man spürt, wie Ergebnisse der Wissenschaft einbezogen wurden und vermißt Ursprünglichkeit. So wird das Spiel zur bloßen Geräuschrevue, schnell verflachend, seine Mittel wirken abgenutzt, sie repäsentieren eine bewußte Kunst des Unästhetischen und Antiästhetischen und setzen sich dadurch zu dem tradierten Begriff von Kunst in Beziehung.

Fall 16: Der Applaus des bürgerlichen Publikums

„Das bürgerliche Publikum beklatscht noch, was gegen es selbst formuliert worden ist." So oder ähnlich beschrieb der Kritiker Peter Iden ein Phänomen, das wir allenthalben beobachten können. Was vielleicht als Kunst im Klassenkampf gedacht war, dient somit gerade derjenigen Klasse zur Aufmunterung und Belustigung, die bekämpft werden sollte (die andere Klasse kommt gar nicht in das Theater). Publikumsbeschimpfungen gehören zum größten Spaß; es gelingt somit nicht, dieses Publikum wirklich zu provozieren. – Übrigens wird auch der Kritik des Peter Iden vom bürgerlichen Publikum applaudiert.

Fall 17: Der Scheißbrief an die Verlage

Ein Autor, der sein Elaborat den Verlagen anbietet wie saures Bier, schreibt in seinem Begleitbrief:

„Schon nach der Lektüre der ersten Zeilen dieses Briefes sagen Sie sich: *Das ist Scheiße*. Dann lesen Sie weiter und stoßen auf den eben formulierten Satz, mit dem ich die Scheiße praktisch zugebe. Da sagen Sie sich: *Daß der seine Scheiße sofort zugibt, könnte dafür sprechen, daß es doch nicht ganz Scheiße ist.* Doch im nächsten Bruchteil einer Sekunde denken Sie weiter: *Mit diesem Eingeständnis will der das bloß interessant machen; das ist ja ein ganz alter, mieser Trick: Das eigene Werk schlecht machen, um sich dadurch den Anschein von Selbstkritik und Bescheidenheit zu geben und dadurch Wohlwollen und Interesse herauszulocken. Also ist es doch Scheiße.* Dann lesen Sie wiederum weiter und stoßen auf die eben gemachten Ausführungen. Nun denken Sie: *So eine Scheiße ist es vielleicht doch nicht; der gesteht ja nicht nur seine Scheiße ein, der gibt auch zu, daß das Eingeständnis von Scheiße Scheiße ist. Das ist immerhin originell.* Doch im nächsten Bruchteil einer Sekunde denken Sie weiter: *Allerdings ist dieses Eingeständnis des scheißhaften Eingeständnischarakters auch nur eine Taktik, ist nur eine gewisse Verlängerung des alten Tricks, also bleibt es doch Scheiße.* Dann stoßen Sie darauf, daß ich auch das wiederum einbeziehe und zugebe, fangen also wieder an zu zweifeln undsoweiterundsoweiter.

So läßt sich das Spiel unendlich fortsetzen, ohne daß sich noch etwas ändert. Falls Sie nun wirklich nicht mehr wissen, ob Sie es Scheiße finden sollen oder nicht, kann ich Ihnen helfen: Es i s t Scheiße! Doch damit setzt sich das oben gespielte Spiel nur fort, denn das ist ja nun wieder dieser miese Trick des Eingeständnisses in seiner ersten Stufe u. s. w. u. s. w."

Fall 18: Die Fahrlehrer-Ausbildung

Da las ich doch kürzlich folgende Anzeige: „Fahrlehrer(-in) – ein moderner und zukunftsreicher Beruf, sichere Existenz, hohes Gehalt, begrenzte Arbeitszeit. Fahrlehrer-Fachschule XY, 33 Braunschweig . . ."

Nun gut. Einzusehen, daß ein Fahrlehrer besondere Fähigkeiten besitzen, daher eine Spezialausbildung genießen muß. Ebenso einzusehen, daß solche Fahrlehrer-Fachschule Lehrer haben muß, also gleichsam Fahrlehrer-Lehrer, deren Berufsbild ganz sicher nicht mit dem der *gewöhnlichen* Fahrlehrer gleichzusetzen ist, haben sie es doch nicht mit Führerschein-Aspiranten, sondern mit solchen Personen zu tun, die dieselben einmal ausbilden wollen. Doch nun erhebt sich die Frage: Wer bildet den Fahrlehrer-Lehrer aus? Da dessen Berufsbild sich, wie ausgeführt, von dem der Fahrlehrer unterscheidet, bedarf doch auch er wohl eines besonderen Lehrertypus', also des Fahrlehrerlehrer-Lehrers; dieser bedarf des Fahrlehrerlehrerlehrer-Lehrers und so weiter. Von einer Fahrlehrerlehrer-Fachschule (Fahrlehrerlehrerlehrer-Fachschule und so weiter) aber hörte man bislang nichts.

Übertragen Sie das Problem nach Belieben auf andere Bereiche der Lehrerausbildung!

Fall 19: Ein Film der Deutschen Bundesbahn

Auf der Internationalen Verkehrsausstellung im September 1965 in München gab es eine Halle der Deutschen Bundesbahn, *DB-Vision*. Da liefen verschiedene Filme auf einer lamellenartig sich öffnenden und schließenden Superleinwand nebeneinander. Ein Streifen zeigte den auf den Betrachter rasend sich zubewegenden Schienenstrang mit Landschaftsausschnitt, wie ihn vorne im Zug der Lokführer sehen würde. Wer länger hinsah, merkte jedoch, daß die Landschaft, obgleich sie dem Betrachter mit hoher Geschwindigkeit entgegenzufliegen schien, immer gleich blieb. Man hatte hier eine Art Bildwelle geschaffen, die sich im endlosen Filmband perpetuierte: So nahtlos ging das Ende der Bildeinheit wieder in deren Anfang über, daß der Eindruck schneller Eisenbahnfahrt entstand, obgleich die Bewegung nur innerhalb eines gleichbleibenden Bildes ablief.

Fall 20: Der Hase und der Igel

Ich setze das Märchen hier als bekannt voraus.

Fall 21: Formulierungen

„Nichts ist davor gefeit, zum Klischee zu werden . . . Begriffe nicht und künstlerische Tätigkeiten, die bewußt antikünstlerisch sind, schon gar nicht . . .“ (Lothar Orzechowski in: Hessische Allgemeine, 15. 9. 1972).

„Wie schnell ein Anti-Klischee selbst zum Klischee werden kann, läßt sich kaum anderswo leichter verfolgen als beim Reisen . . . Wer heute auf sich hält als Tourist, der brüstet sich geradezu damit, nicht an den Teutonengrills in Italien und Spanien teilzuhaben. Statt dessen hat *man* andere Ziele, die dem gegenwärtig gültigen Imagewert in der Hitliste individueller Gebiete entsprechen. *In* sind derzeit beispielsweise die Camargue, die irische Insel, Schottland und der Norden der skandinavischen Länder. Besonders schick ist es zwar, nach Spanien zu reisen, aber Marbella links liegen zu lassen und sich in der Provinz der Basken nieder zu lassen. Von der Camargue hat man dann die Flamingo-Schwärme zu preisen, von der Grünen Insel die saufboldhafte Gemütlichkeit der Iren, aus den lappländischen Regionen die einsame und damit selbstredend majestätische Weite der Landschaft und vom Baskenland die rauhe und *unspanische* Region . . Den touristischen Managern der entsprechenden Länder machen dergleichen Insider-Klischees ein lachendes und ein weinendes Auge. Das lachende ruht auf dem Kreis der Stammbesucher, das weinende auf jenen Reisenden, die mehr Wert auf preiswerten Komfort statt elitären Geschmack legen und darum ausbleiben. Wer – wie beispielsweise die Iren – ihr Land als ein *normales* Reiseland präsentieren und dabei den sehnsüchtig erwarteten Steigerungsbetrag zum Bruttosozialprodukt erbringen will, muß dann gegen zuvor unterstützte Klischees ankämpfen . . .“ (vi. in: FAZ, 20. 6. 1973)

„Das Prinzip des Weichmachens läßt sich auf fast alles anwenden“ (L. Orzechowski, a. a. O.).

„Was auch daran liegt, daß die meisten Symbole, die Dressler zu Sitzflächen und Sofakissen umfunktioniert, einen solchen tabuisierten Rang gar nicht mehr haben" (L. Orzechowski, a. a. O.).

„Nun, viele Gedanken lassen sich fast automatisch fortführen, und so ergibt sich auch dieser über die Mechanik in der Multiplizierungsgesellschaft: Eines Tages wird jemand auf den Mailer-Zug aufspringen und über Mailer schreiben wie Mailer schreibt. Das wird dann sein wie die Puppe in der Puppe, wie das Ereignis über das Ereignis über das Ereignis, und wenn es rechtzeitig geschieht, dann stiehlt ihm auch niemand die Schau. Vielleicht ist es schon soweit?" (R. F. in: „Die Welt", 3. 7. 1972)

„Ein Katalog der Vokabeln, die als überholt zu bezeichnen sind, wird von Jahr zu Jahr nachgeführt werden müssen; auch Vokabeln wie: Lernprozeß, transportieren, Konsensus, polarisieren, denunzieren, Modell, manipulieren, Effizienz, ritualisieren, elitär, Relevanz usw. können eines Tages in diesen Katalog gehören" (Max Frisch, a. a. O., S. 99).

„*Sie kommen jetzt mit dem bekannten Ausspruch von Jean-Paul Sartre, daß angesichts eines Hungerkindes und so weiter*, sagt jener . . . *Nur hat Sartre vergessen zu sagen, daß angesichts eines Hungerkindes oder eines Napalm-Opfers schon eine schlichte Mahlzeit obszön wird*, sagt jemand . . ." (M. Frisch, a. a. O., S. 113).

„*Und was machen denn Sie selber?*" fragt ein Student . . ." (M. Frisch, a. a. O., S. 114).

„Diese Gehirnströme . . . sagen dir, daß du . . . in eine bestimmte Rolle gedrängt worden . . . (bist) . . . Auch daran gewöhne ich mich . . . Du siehst zuletzt sogar . . . zu, wie die Lethargie schon zur Rolle gehört . . ." (Heraus/Schröder, Siegfried, S. 307 f.).

„Katholischer Atheismus, der keinem weh tut, einst eine mutige Erscheinungsform von Katholizität, der nun in diese Illusion von Scheinaufklärung paßt . . ." (Herhaus/Schröder, a. a. O., S. 91).

„. . . wurde mir . . . klar, daß diese Leute, die . . . gegen die Verblödung durch die Medien . . . kämpfen, daß die ihre eigene Medienideologie fressen" (Herhaus/Schröder, a. a. O., S. 91).

„Fast immer läßt sich eine Kritik auf die Position des Kritikers selbst anwenden“ (aus dem Gedächtnis zitiert, Quelle unbekannt).

Zwischen *Stereo-Reihe* und *Stereo-Kanne*

Fall 22: Gertrude Stein

„Eine Rose ist eine Rose ist eine Rose ist eine Rose ist eine Rose . . .“

Untergruppe b: Stereo-Kanne

Fall 23: Die Kinderkakaokanne

Einst bekam ich meinen Kakao aus einer Kanne, auf der ein Kinderfräulein mit Häubchen abgebildet war. Dieses Fräulein trug eine Kanne, und zwar war das die gleiche Kanne wie die, auf der sie abgebildet war; demgemäß war auf der abgebildeten Kanne wieder das Kinderfräulein zu sehen, das die Kanne trug; in der Fortsetzung dieser Reihe verkleinerte sich die Darstellung demgemäß bis zur Unkenntlichkeit; schon die dritte Kanne war wohl nur noch als Pünktchen sichtbar.

Fall 24: Bilder René Magrittes

„Magritte . . . (hat sich) zeit seines Lebens . . . (mit dem Verhältnis von Bild und Wirklichkeit befaßt), und zwar getreu seiner Devise, dieses Verhältnis am Sichtbaren selbst zu erfahren. Es gibt zahlreiche Variationen des Motivs *Bild im Bild*. Eine frühe Version (Le signes du soir, 1926) stellt eine Bildtafel mit Landschaft in eine Landschaft aus Bergen und Wellblechdach; und Kugeln, die sich auf dem Innenbild finden, stehen in einer zeichenhaften Beziehung zu einer Kugel, die sich auf dem Umbild findet. Wenige Jahre später gibt es ein Landschaftsbild (La belle captive, 1931), auf dem eine Staffelei mit Leinwand zu sehen ist, die genau den Ausschnitt der Wirklichkeit, den sie verdeckt, als Bild reproduziert. Und das gleiche Motiv gibt es noch einmal 1933 (La condition humaine I), nur daß nun die Landschaft durch ein Fenster von einem Zimmer aus gesehen wird, so daß der Charakter des Ausschnitthaften sich verdoppelt: das Bild im Bild ist Ausschnitt eines Ausschnitts.“ (H. H. Holz über den Maler René Magritte, in: documenta 5 - Katalog, S. 1.46)

Fall 25: Ein Zitat aus dem Duden

In Dudens Rechtschreibung, 16. Auflage, findet sich in den Vorbemerkungen zur Zeichensetzung auf S. 19, Randnr. 13, als

Beistrich-Regel folgende Ausführung: „Bei Aufzählungen von Stellenangaben in Büchern u. dgl. werden die einzelnen Angaben durch Beistrich getrennt. Beispiele: Diese Regel ist im Duden, Rechtschreibung, Zeichensetzung, S. 19, R 13 aufgeführt . . ." Es wird also hier als Beispiel die Stelle, die das Beispiel zitiert, selbst gegeben. Die Stelle zitiert sich selbst; Zitat und Zitant sind identisch. Es fehlt jegliche Distanz.

Fall 26: The story within the story

The story within the story.

Fall 27: The story behind the story

The story behind the story.

Fall 28: Das Theater auf dem Theater

Der Autor James Saunder versucht in seinen Stücken (*Ein Eremit wird entdeckt; Spiele*), das Aufkommen jeder Theaterillusion zu unterbinden. Er glaubt dies durch ein Theater auf dem Theater zu erreichen: Die Schauspieler proben auf der Bühne, sie treten aus ihren Rollen heraus, sie beziehen das Publikum in ihr Handeln ein. Nun bleibt aber auch dieses Theater auf dem Theater insgesamt noch Theater; nach den Intentionen Saunders müßte es also in dieser Rolle als Theater entlarvt werden, d. h. er müßte das [(*Theater auf dem Theater*) auf dem Theater] spielen lassen; dieses wäre dann allerdings auch noch Theater, müßte also als solches wiederum offengelegt werden und so fort.

Fall 29: Offenlegung der Produktion eines Hörstückes

Manche Medien, z. B. Dritte Hörfunkprogramme, versuchen, eine gesteigerte Unmittelbarkeit dadurch zu erreichen, daß sie den Entstehungsprozeß in das zu sendende Stück selbst mit einbeziehen oder ihn doch zumindest durch gesonderte Vermittlung vor oder nach dem eigentlichen Werk transparent machen. Dabei wird allerdings dieser Entstehungsprozeß selbst wieder zum *Produkt* im herkömmlichen Sinne: Da er gesendet werden soll, unterliegt er zwangsläufig irgendwelchen Auswahlkriterien; nicht alles kann gesendet werden; schon aus technischen Gründen (Zeitbeschränkung) muß eine Selektion stattfinden; auch die *Herstellungsgeschichte* selbst wird also schließlich *hergestellt*. Es hätte auch wenig Sinn, deshalb nun die Herstellungsgeschichte der Herstellungsgeschichte zu senden; denn auch sie würde damit automatisch jenen Auswahlkriterien unterliegen und somit wiederum zum *Produkt* werden. Die angestrebte Unmittelbarkeit ist also nicht wirklich erreichbar.

Fallgruppe 4: Bodenerwerb

Fall 30: Der beschwerliche Bodenerwerb der Gemeinde G

Die Gemeinde G benötigt zur Lösung einer sog. Gemeinschaftsaufgabe ein bestimmtes Grundstück. Da der Preis dieses Grundstücks vom Marktwert (Verkehrswert), d. h. von Anzahl und Intensität der Nachfrager bestimmt wird, trägt auch der Gemeindebedarf selbst zur Preissteigerung bei; außerdem hat G schon vorbereitende Investitionen getroffen, die zusätzlich den Marktwert des fraglichen Geländes erhöht haben. Die so erreichte Höhe des Grundstückspreises macht der G den Erwerb entweder ganz unmöglich oder läßt ihn nur auf Kosten anderer, ebenso wichtiger Gemeinschaftsaufgaben zu.

Der Bedarf selbst ist es also, der die Deckung des Bedarfs verhindert. Die Gemeininteressen stehen ihrer eigenen Verwirklichung im Wege.

Fall 31: Das Bestreben des CH., in den Himmel zu kommen

Der Christ CH. möchte gerne in den Himmel kommen. In dem Bestreben, christlich zu leben, damit dieser Wunsch sich erfülle, versucht CH. daher, sich jegliche Eigenliebe zu versagen; denn er hat gelernt: Eine der größten Sünden, und somit Barriere zum Himmel, ist der Egoismus; er ist ja Triebfeder von Habgier, Eitelkeit, Mangel an Demut. Eines Tages sieht CH. jedoch, daß sein Streben vergeblich sein muß: Was anderes als Eigenliebe ist denn sein Wunsch, in den Himmel zu kommen? Sein Bemühen, christlich zu leben, ist somit eigentlich unchristlich, da egoistischen Motiven erwachsen, nämlich der Hoffnung auf schöneres Sein nach dem Tode.

Fall 32: Die unerreichbare Gehaltserhöhung

Angestellter: „Herr Direktor, Sie haben mir mehr Gehalt versprochen, wenn Sie mit mir zufrieden seien.“ Direktor: „Das schon, doch wie kann ich mit einem Angestellten zufrieden sein, der mehr Gehalt will?“ (Aus: Hessische Allgemeine, 25. 2. 1972)

Fall 33: A kann nicht einschlafen und hat Potenzschwierigkeiten

A leidet unter Einschlafstörungen; stundenlang liegt er wach, bis in die späte Nacht hinein. Eine wesentliche Rolle spielt dabei die Angst vor dem Nichteinschlafenkönnen. Seine Gedanken kreisen sorgenvoll um den Satz: „Jetzt kann ich wieder nicht einschlafen“. In diese Sorge steigert er sich hinein, bis es gerade das bewußte Warten zu sein scheint, das den Schlaf aussperrt. Je mehr A im Laufe der Zeit mit Schlaflosigkeit zu kämpfen hat, desto größer die Sorge, desto stärker mithin die Schwierigkeiten. Im Fixiertsein auf das Ziel scheint es zu entschwinden; A blokkiert sich hier selbst.

Ähnlich geht es ihm mit seiner geschlechtlichen Potenz. Seitdem er hier einmal versagt hat, ist er jedesmal von der Angst besessen, daß sich das wiederholen könnte. Die Angst lenkt ihn vom Geschlechtlichen ab, bewirkt nun mithin gesteigerte Impotenz. Das wiederum steigert die Angst, so daß seine Potenzschwierigkeiten schließlich unüberwindbar werden.

Fall 34: Gegen die Verteufelung des Automobils und ähnliches

„Wir ändern die Dinge nicht, wenn wir das Automobil schlechthin verteufeln, wie es heute oft schon zum guten Ton einiger Weltverbesserer gehört“ (VW-Vorstandsvorsitzender Leiding, vgl. FAZ 9. 5. 1972). – „Das Publikum war sich einig, daß der Wunsch, die Kinder zu fördern, nicht ins Extrem umschlagen und man nun den Erwachsenen den Lebensraum beschneiden dürfe“ (aus FR-Bericht vom 21. 6. 1972 über eine Diskussion zum Spielplatzproblem). – „Vor einem Klima der Wachstumsverdrossenheit und der Industriefeindlichkeit, das sich aus dem neuen Problembewußtsein um die Grenzen des wirtschaftlichen Wachstums und die Umweltschutzproblematik entwickeln könnte, warnte Staatssekretär Rohwedder vom Bundeswirtschafts- und -finanzministerium vor dem Industrieclub Düsseldorf" (FR vom 21. 6. 1972). –

Derartigen Meinungsäußerungen sind immer bestimmte Entwicklungsstufen vorausgegangen: Da ist zunächst ein gesellschaftliches Übel, etwa eine vielfältige Beeinträchtigung der Lebensbedingungen durch Automobile, ein Mangel an Kinderspielräumen, eine allgemeine Gefährdung der sog. Umwelt durch Industrie und Wirtschaftswachstum. Dann setzt die Diskussion über diese Übel ein; man fordert Abhilfe, man verlangt, daß die jeweilige Schadensursache bekämpft werde. Diese Diskussionen erreichen sogar eine gewisse Lebhaftigkeit und Breite; ja, sie scheinen ausgesprochen modisch zu werden, manche Formulierung aus diesen Bereichen wird geradezu zur Phrase; *man kann es schon nicht mehr hören*, heißt es dann. Da scheint es natürlich, wenn sich Gegenstimmen melden in der Art der oben zitierten; muß man sie nun nicht als originell und sogar mutig ansehen?

Nun kommen diese Gegenstimmen zu einem Zeitpunkt, zu dem ein Ansatz, die Übel zu beseitigen, noch (??) nicht wirklich erkennbar ist. Jene Diskussionen erwecken zwar den Anschein, als *werde schon etwas getan*, jedoch stellt der genaue Beobachter fest, daß sich die Übel weiterhin täglich verschlimmern. Andererseits erscheinen die Gegenstimmen psychologisch verständlich, da man jene modischen Formulierungen in der Tat satt hat. Da sie also verständlich erscheinen, finden sie Anklang und Gefolgschaft; somit führen sie dazu, daß nun etwa doch vorhandene Ansätze zum Bekämpfen der Übel eher zurückgehalten werden.

Es kann also der allgemeine, schließlich modisch gewordene Ruf nach Abhilfe sehr gut dazu benutzt werden, diese Abhilfe selbst geradezu abzublocken. Man läßt die Diskussion sich bis zu einer solchen Breite auflaufen, daß der allgemeine Eindruck von konkreten Maßnahmen entsteht, obwohl es solche in Wahrheit nicht gibt, und kann auf der Basis dieser Täuschung schließlich sogar jene Gegenstimmen herauslocken. Eine Mahnung z. B., *nun nicht den Erwachsenen (gegenüber den Kindern) den Lebensraum zu beschneiden*, wie sie oben zitiert wurde, muß angesichts der Realitäten absurd erscheinen; nur der geschilderte Täuschungsmechanismus ermöglicht eine derartig surreale Äußerung. Besonders aufschlußreich ist dabei das Wörtchen *nun*, indiziert es doch eine Entwicklung, die in Wahrheit gar nicht stattgefunden hat. Der Einsatz eines *Umweltschutzministeriums* etwa kann bei diesem Mechanismus also nur dazu dienen, Umweltschutzmaßnahmen abzublocken.

Das Übel wird gegen die Übelbeseitigung abgeschirmt durch die Diskussion über das Übel.

Fall 35: Das Schattenspiel der Marie Cresspahl

„Wir hatten die Sonne im Rücken, und sie versuchte, Schritt für Schritt auf ihren Schatten zu treten." So beschreibt Uwe Johnson in „Jahrestage" (Bd. 2, S. 563) das alte Spiel der Kinder – hier der 10jährigen Marie Cresspahl, der Tochter von Johnsons Hauptheldin Gesine Cresspahl –, dem eigenen Schatten nachzulaufen, um ihn einzuholen; halb schon um die Vergeblichkeit wissend, halb noch erstaunt über das Phänomen.

Fall 36: Der Spalter

An einer politischen Versammlung nehmen verschiedene Gruppierungen teil, um zu einer Aktionseinheit zu kommen. Schnell ergibt sich auch die allseitige Forderung nach gemeinsamer Strategie. Schnell wird jedoch auch die Uneinigkeit offenbar. In der Diskussion werden die Fehler des anderen in teilweise glänzenden Formulierungen artikuliert. Einer der immer wiederkehrenden Vorwürfe besagt, der andere spalte, er gefährde das gemeinsame Vorgehen. Mit diesem Vorwurf trägt der Redner allerdings selbst zur weiteren Spaltung bei, tut also gerade das, was er dem anderen vorwirft.

Fall 37: Zerschlagt die Universität!

In einem studentischen Pamphlet mit dem Titel *Zerschlagt die Universität* findet sich folgender Satz: „Die Universität kann nicht funktionieren, also muß man verhindern, daß sie funktioniert, damit diese Funktionsunfähigkeit ans Tageslicht kommt." Hält man sie nun gemäß dieser Forderung funktionsunfähig, so perpetuiert sich allerdings auch die Forderung und damit wiederum die Funktionsunfähigkeit, die dann wieder jene Forderung auslöst und so fort.

Fall 38: Das neue Ehescheidungsrecht

Das neue Ehescheidungsrecht geht von einer Eigenverantwortlichkeit der Ehepartner auch in der Unterhaltsfrage aus; danach muß jeder Partner nach der Scheidung grundsätzlich für den eigenen Unterhalt aufkommen. Diese Regelung soll dem Bild der Gleichberechtigung der Geschlechter entsprechen. Sie wirkt aber gegen die Gleichberechtigung: Da die Frau in ihrer realen gesellschaftlichen Stellung die Emanzipation und Gleichberechtigung nicht erreicht hat, muß jene Regelung zu einer stärkeren Abhängigkeit vom Mann führen, wird doch die Scheidung jetzt für sie häufig zu einem materiellen Risiko. Das neue Recht setzt also einen Zustand voraus, der noch nicht erreicht war und der deshalb durch das neue Recht sogar verstärkt verhindert wird.

Fall 39: Die Freiheitsverbürgung des Grundgesetzes

Das Grundgesetz garantiert die *freie Entfaltung der Persönlichkeit*. Es verteilt aber keine Freiheit, befreit nicht von bestehenden Abhängigkeiten. Vielmehr bedeutet seine Freiheitsverbürgung nur grundsätzliche Garantie der Nichteinmischung des Staates auf der Basis des bestehenden Zustandes, also auf der Basis der bestehenden Unfreiheiten. Diese Art der formalen Freiheitsverbürgung wirkt somit gegen eine Befreiung der Abhängigen: Da auch den machtausübenden Kapitalisten die Nichteinmischung des Staates garantiert wird, können sie fortsetzen, die Nichtkapitalisten abhängig zu halten.

Dadurch also, daß dieses Grundrecht kein Recht auf Möglichkeiten freier Entfaltung gewährt, sondern nur das Recht auf freie Entfaltung im Rahmen der bereits vorhandenen Möglichkeiten gibt, setzt es, um substantiell zu sein, die Freiheit des Bürgers schon voraus, die es damit zugleich verhindert.

Fall 40: Politische Vorsicht im System S, erläutert am Verhalten des A

A lebte im System S. Er verhielt sich dort politisch so zurückhaltend, daß sein Verhalten damit schon wieder einer Verunglimpfung des Systems gleichkam: Implizierte seine Vorsicht doch, daß es nicht möglich sei, sich in S frei zu äußern. Da A somit trotz (und also muß man jetzt schon sagen: wegen) aller Vorsicht das System beleidigte, löste er die Sanktionen gegen sich aus, die er mit seiner Zurückhaltung doch gerade hatte vermeiden wollen.

Nehmen wir aber einmal an, A hätte diese Folge seines Verhaltens durchaus vorausgesehen: Auch dann hätte er sich nicht straflos verhalten können. Wäre er nämlich weniger *vorsichtig* gewesen und hätte die geringste Äußerung über das System getan, so hätte er sich zwangsläufig ebenfalls strafbar gemacht: Die Verhältnisse in S lagen so, daß die *geringste Äußerung* nur schärfste Kritik, also strafbare Verunglimpfung sein konnte, weil jede Aussage über S, wenn sie nur überhaupt wahrheitsgemäß war, ganz zwangsläufig ein Stück von dem Bild schreiender Ungerechtigkeit vermitteln mußte, das das System zeigte. Ja, man konnte sagen, Kritik in S war nur als *geringe*, als bruchstückhafte denkbar, da die Verhältnisse so schlimm waren, daß Kritik sie niemals auch nur annähernd vollständig vermitteln konnte. (Ähnlich war übrigens die eingangs erwähnte übergroße Vorsicht an sich nur eine ganz gewöhnliche Vorsicht, war – äußerlich betrachtet – bloßes, gewöhnliches Schweigen; man durfte es jedoch als übergroß bezeichnen, weil die Dringlichkeit, mit der die Verhältnisse in S nach irgendeiner Äußerung, irgendeinem Protest schrieen, jegliches Schweigen schon als überdimensional und die in ihm repräsentierte Vorsicht schon als übergroße erscheinen ließen.)

Fall 41: Die Haltung der Gewerkschaft G im System S

Die Gewerkschaft G befleißigte sich im System S einer ganz vorsichtigen, affirmativen Haltung. Sie tat dies aus der Überlegung heraus, daß sie nur so politisch wirksam sein und zur Veränderung der Verhältnisse beitragen könne. Die Verhältnisse in S erzwangen dabei allerdings eine so weitgehende Vorsicht, daß G zu einer wirklichen Veränderung nicht ansetzen konnte, ohne sich schnell zu isolieren; sobald G nämlich einen Ansatz versucht hätte, ihr Ansehen nun auch auszunutzen und beispielsweise Forderungen deutlich genug zu artikulieren, hätte sie sich angesichts der Verhältnisse in S bereits auf die gefährliche Schwelle zum Sektierertum begeben und damit ihr Ansehen aufs Spiel gesetzt. So blieb G zwar anerkannt und angesehen, bewirkte aber nichts. In der Diskussion um G's Haltung hatten also beide Standpunkte recht: Sowohl die, die G vorwarfen, dem System zu dienen anstatt es zu verändern, als auch die, die G mit dem Hinweis verteidigten, daß sie sich nicht isolieren dürfe und deshalb so vorsichtig taktieren müsse.

Nur indem G sich uneffektiv-zurückhaltend verhielt, blieb ihr also die Chance erhalten, effektiv zu werden; aber eben da dies so war, konnte sie niemals effektiv werden.

Fall 42: Formulierungen

„. . . nur nützt unser Protest eben nichts, im Gegenteil, unser Protest attestiert den Machthabern bekanntlich, daß sie tolerant sind" (M. Frisch, a. a. O., S. 214).

„Aufrufe immer mit einer Liste möglichst bekannter Namen . . . , dabei ist nicht zu vermeiden, daß wieder einmal dieselben Namen erscheinen, von Mal zu Mal wertloser; die Öffentlichkeit weiß jetzt schon: Der ist ja auch gegen die USA-Invasion in Vietnam, gegen die Militär-Junta in Athen, gegen Folterungen wo auch immer, für Amnestie in Portugal und in Spanien und so, kein Wunder, daß der wieder etwas hat gegen die DOW-CHEMICAL in Zürich, weil sie Napalm herstellt für Vietnam und dafür Stipendien an Künstler gibt, schließlich kennt man diese Aufrufer . . . Ich beschließe . . . , keinen Aufruf mehr zu unterzeichnen" (M. Frisch, a. a. O., S. 107).

Fallgruppe 5: Münchhausen

Fall 43: Münchhausen

Der *Freyherr von Münchhausen* versuchte bekanntlich, sich am eigenen Schopfe aus dem Sumpf zu ziehen.

Fall 43a: Neurotiker A

Die Angst des Neurotikers A vor dem Gang zum Psychotherapeuten wie auch sein fehlender Heilungswille (er klammert sich an sein Leiden) sind bereits Teile seiner Krankheit. Der erste Heilungsschritt setzt also schon eine Stück Heilung voraus; da diese aber aus eigener Kraft nicht zu leisten ist, blockiert die Krankheit eine Gesundung.

Fall 44: Ausländer A

Ausländer A braucht eine Aufenthaltserlaubnis, um eine Arbeitserlaubnis zu bekommen; er bekommt aber keine Aufenthaltserlaubnis ohne Arbeitserlaubnis.

Fall 45: Die Geschäftsordnung der Fachbereichskonferenz

Die Fachbereichskonferenz F der Hochschule H ist gesetzlich gehalten, sich eine Geschäftsordnung zu geben. Darin sollen Abstimmungsmodalitäten geregelt werden wie etwa auch die Frage eines Minderheitenschutzes überstimmter Gruppen. Verschiedene Modelle stehen zur Diskussion; die beteiligten Gruppen einigen sich nicht. Der Streit könnte nur durch Abstimmung entschieden werden. Jedoch: Nach welchem Verfahren soll abgestimmt werden, da eine Geschäftsordnung noch fehlt? Man brauchte also eine Geschäftsordnung, um eine Geschäftsordnung überhaupt zustandezubringen. Wenn man aber eine Geschäftsordnung schon hätte, brauchte man keine mehr zustandezubringen.

Fall 46: Die Fünf-Prozent-Klausel

Gewöhnlich stellen sich bei sog. „Wahlen" auch kleinere Parteien („Splitterparteien"), die bisher noch nicht im Parlament gewesen sind. Sie haben allerdings praktisch keine Chance, ein Mandat zu erringen, und zwar auf Grund der Fünf-Prozent-Klausel, mit deren Hilfe alle Parteien ausgeschlossen bleiben, die nicht ein Direktmandat oder fünf Prozent der Zweitstimmen erhalten. Der Wähler, der mit einer derartigen Partei sympathisiert, sagt sich nämlich: Wähle ich diese Partei, so wird meine Stimme auf Grund jener Klausel verloren sein. Also wähle ich lieber diejenige *große* Partei, die mir noch als das geringste Übel erscheint. Nun ließe sich einwenden: Wenn jeder, der so denkt, die kleine Partei trotzdem wählt, könnte sie es vielleicht schaffen. Da aber der einzelne Wähler keine Gewißheit über Anzahl und Verhalten der Mitsympathisanten haben kann, bleibt für ihn als Einzelnem das Risiko des Stimmenverlustes zu groß; da dies wiederum für alle potentiellen Wähler der Partei gilt, wird keiner die Wahl der kleinen Partei riskieren können, d. h. die Vorsicht jenes Einzelnen wird berechtigt gewesen sein, da seine Stimme tatsächlich verloren gewesen wäre, hätte er die Partei gewählt. Wie also soll eine solche kleine Partei jemals die Fünf-Prozent-Hürde überspringen können?

Fall 47: Chancengleichheit im Bildungswesen oder: Der Besuch fortschrittlicher Vorschuleinrichtungen

Sehr beliebt sind gegenwärtig Bemühungen um die Chancengleichheit im Bildungswesen. Da werden z. B. Vorschuleinrichtungen geschaffen wie fortschrittliche Kindergärten, die zur Chancengleichheit beitragen sollen. Nun erweist sich aber, daß die Kinder, für die der Kindergarten gedacht war, ihn weniger besuchen als die Kinder der schon Privilegierten. Der Entschluß zur Benutzung solcher Einrichtungen setzt nämlich bei den Eltern bereits einen gewissen Bewußtseinsstand voraus. Dieser Bewußtseinsstand soll aber u. a. gerade mit Hilfe jener progressiven Einrichtungen bei den Unterprivilegierten erst erreicht werden. D. h. diese Einrichtungen streben ein Ergebnis an, das schon vorausgesetzt werden muß, um sie überhaupt wirksam werden zu lassen.

Fall 48: Die Zeitungsausschnitte-Sammlung des A

A sammelt schon seit 20 Jahren Zeitungsausschnitte. Es handelt sich um Meldungen aus dem Alltag im System S, in denen sich nach A's Meinung schreiendes Unrecht offenbart. Fällt so eine Nachricht an, so legt er sie jeweils in der unbestimmten Vorstellung beiseite, den Fall eines Tages aufzugreifen, ihn zumindest in eine große Bestandsaufnahme einbeziehen zu können; jedenfalls erschiene es ihm unerträglich, den Fall einfach in der Versenkung verschwinden zu lassen und darüber auf Dauer zur Tagesordnung überzugehen.

Will er nun an die Arbeit gehen und öffnet seine Behältnisse, so lähmt es ihn schon, wenn er nur eine einzige Meldung beliebig herausgreift, sie wieder liest und überdenkt; zu ungeheuerlich erscheint sie ihm. Dazu wird er von der Menge des ihn anfallenden Materials förmlich erschlagen; mindestens ein ganzer Schrank ist gefüllt, zwei bis drei Meldungen täglich fallen ja an. „Das ist ja niemals aufzuarbeiten", sagt er sich. Umfang und Substanz seiner Sammlung erweisen A somit die Dringlichkeit des Handelns; gerade sie sind es aber zugleich, die ihn lähmen und jedes Handeln verhindern.

Fall 49: Die Wechselwirkungstheorie des Bundesverfassungsgerichts

Das Grundgesetz enthält Grundrechte mit sog. allgemeinen Gesetzesvorbehalt, d. h.: Diese Grundrechte stehen unter dem Vorbehalt der gesamten Rechtsordnung (der *allgemeinen*, d. h. einfachen Gesetze), sie gelten also nur soweit sie nicht durch andere Gesetze eingeschränkt sind. So steht z. B. das Grundrecht auf *freie Entfaltung der Persönlichkeit* unter dem Vorbehalt der

Rechtsordnung, d. h. dieses Grundrecht garantiert die *freie Entfaltung* nur solange und insoweit, wie nicht in der Rechtsordnung Gebote und Verbote diese freie Entfaltung einschränken. Danach hätten solche Grundrechte keinen Eigenwert, sie würden praktisch nur besagen: „Erlaubt ist, was nicht verboten ist."

Um nun solches *Leerlaufen* dieser Grundrechte zu verhindern, hat das Bundesverfassungsgericht seine sog. Wechselwirkungstheorie entwickelt:

„Die allgemeinen Gesetze müssen in ihrer das Grundrecht beschränkenden Wirkung ihrerseits im Lichte der Bedeutung dieses Grundrechts gesehen und so interpretiert werden, daß der besondere Wertgehalt dieses Rechts . . . auf jeden Fall gewahrt bleibt. Die gegenseitige Beziehung zwischen Grundrecht und *allgemeinem Gesetz* ist also nicht als einseitige Beschränkung der Geltungskraft des Grundrechts durch die *allgemeinen Gesetze* aufzufassen; es findet vielmehr eine Wechselwirkung in dem Sinne statt, daß die *allgemeinen Gesetze* zwar dem Wortlaut nach dem Grundrecht Schranken setzen, ihrerseits aber aus der Erkenntnis der wertsetzenden Bedeutung dieses Grundrechts im freiheitlichen demokratischen Staat ausgelegt und so in ihrer das Grundrecht begrenzenden Wirkung selbst wieder eingeschränkt werden müssen." (BVerfG, 15. 1. 1958, BVerfGE 7 S. 199 – sog. Lüth-Entscheidung)

Der Inhalt des Grundrechts ergibt sich somit zwar auf Grund des Vorbehalts aus den einfachen Gesetzen, der Inhalt der einfachen Gesetze soll sich aber wiederum aus den Grundrechten ergeben. Es beißt sich hier die Katze in ihren eigenen Schwanz.

Fall 50: Widerstand gegen das System

Das System S ist schlechthin unüberwindbar: Es hat nicht nur Techniken entwickelt, mit denen es jeden Angriff abwehren kann; es vermag sich auch an den Angriffen sogar zu stärken, so daß sie ihm nur willkommen sein können. Aktiver Widerstand

z. B. gibt sehr geeigneten Anlaß zur Notstandsübung, die S ohnehin von Zeit zu Zeit abhalten müßte, um seinen Gewaltapparat in Training zu halten. Versucht der Gegner G, das System nicht mit offener Gewalt, sondern mittels mehr oder weniger subtiler Widerstandstechniken zu bekämpfen, so antwortet S mit seiner reichhaltigen Palette wirksamer Integrationsmechanismen und zieht auch dann noch Gewinn.

G dient dem System allein schon dadurch, daß er ihm Farbe gibt; wie fade wäre doch der Alltag in S manchmal ohne Gs Aktivitäten! Sie bieten den Massen jene Sensationen und Verfolgungsspiele, die so ein System nun einmal braucht, um die Massen bei Laune zu halten. Sie bieten aber auch die Würze der Diskussion und vermitteln damit jene Pluralismusillusion, auf der S seinen Ruf von Toleranz und Freiheit gründet. In anderen Fällen erweist G sich als nützlich, indem er das Wirtschaftsleben bereichert; Widerstandsliteratur und Protestembleme sind sehr gut verkäuflich. Was immer G auch entwickelt, S integriert es alsbald zu modischem Konsumartikel. Wird G einmal müde, so stachelt ihn das System zu neuen Kampfposen an, kann es doch nicht gut auf Gs Mitwirkung verzichten! Manchmal hätte sich eine vorgesehene Maßnahme zur Herrschaftsabsicherung in S ohne Gs Mithilfe gar nicht so glatt durchführen lassen. Da gab es z. B. eine von G ausgelöste Studentenbewegung für Hochschulreform im Dienste von Selbstbefreiung und Humanität. Diese Initiative konnte sehr gut aufgegriffen werden, um eine längst geplante Hochschulreform im Dienste der Systemstabilisierung zu realisieren; eine rein technokratische, inhumane Reform mithin zur besseren Ausnutzung der Hochschulkapazitäten für die Zwecke des Systems; eine Reform, die sogar früher gekannte Freiheiten noch zurückdrängte, aber immerhin: Es war eine Reform, und als solche konnte sie sich auf den Schrei jener Studentenbewegung berufen.

Unterhöhlungsversuche können also in S nie gelingen: Entweder wird der Subversive integriert oder abgestoßen. Die Mechanismen gegen Widerstand sind in S schon entwickelt vorhanden, stehen vollendet in Bereitschaft, noch bevor eine Widerstandsaktion begonnen hat. Immer ist das System schneller, weil Widerstand nur aus den Voraussetzungen des Systems heraus denkbar ist, und diese Voraussetzungen Unmöglichkeit von Widerstand bedeuten.

Wie das Problem strukturiert ist, hat für die im Akzent etwas verschiedene Fragestellung der Entwicklung von massenhaftem sozialistischen Bewußtsein im kapitalistischen System auch Ernest Mandel gezeigt (in einer Diskussion mit Oskar Negt und Herbert Marcuse im Hessischen Rundfunk; ich zitiere wörtlich von meiner Tonbandaufnahme):

„Es gab ein zentrales Problem, das war das Problem: . . . Was sind die Gründe, weshalb normalerweise sich bei Arbeitern, die in den Produktionsprozeß integriert sind und die normal arbeiten, kein massenhaftes sozialistisches Bewußtsein entfaltet, weder im 19. noch im 20. Jahrhundert, und ich sage, das hängt nicht mit der absoluten Höhe ihres Konsums zusammen, sondern das ist hauptsächlich Funktion der Verinnerlichung der Warenverhältnisse in einer normalen funktionierenden kapitalistischen Gesellschaft. Mit anderen Worten: Das hat es solange gegeben und wird es solange geben, wie es eine normal funktionierende kapitalistische Gesellschaft überhaupt gibt, so daß, wenn du von diesem Tatbestand ausgehst, du zu der Schlußfolgerung kommen kannst, daß eine sozialistische Revolution unmöglich ist, denn: solange wie es Kapitalismus gibt, wird es integrierte Arbeiter geben."

Fall 51: „Stellen Sie sich etwas anderes vor"

Eine documenta 5 – Inschrift lautet: „Imaginez autre chose" – „Stellen Sie sich etwas anderes vor". Gemeint ist: Stellen Sie sich etwas anderes vor als den Satz: *Stellen Sie sich etwas anderes vor.*

„Eine exemplarische Differenz in der Einheit . . . Die Aussage des Satzes trifft auf ihn selbst zu, er wird dadurch in sich selbst ein anderer“ – so analysiert Bazon Brock den Satz in seinem *audiovisuellen Vorwort* (doc.-Katalog S. 2.18).

„Er wird dadurch in sich selbst ein anderer“ – er würde danach sich selbst überwinden, würde sich verwandeln. Hier jedoch irrt Brock. Das *andere* ist nämlich von vornherein in den Satz einbezogen, in der Aufforderung zum anderen hin ist dieses andere bereits Bestandteil des Satzes. Falsch ist also in der Brock-Analyse das Wörtchen w i r d . Der Satz kann nicht durch seine Aussage zur Bewegung gelangen.

Fall 52: Eine Horkheimer-Formulierung

„Wie ist es möglich, richtig zu bestimmen, was Wissenschaft und Wahrheit genannt werden kann, wenn diese Bestimmung selbst die Methoden, nach denen wissenschaftliche Wahrheit gewonnen wird, voraussetzt?“ (Max Horkheimer, a. a. O., S. 78 f.)

Zwischen *Münchhausen* und *Athen*

Fall 53: Der Glaube an das Teuflische

„Es kann ein Wissen vom Teuflischen geben, aber keinen Glauben daran, denn mehr Teuflisches, als da ist, gibt es nicht." Die Logik dieses Kafkaschen Aphorismus' erscheint zunächst einleuchtend: Ein Glaube an das Teuflische würde dieses Teuflische vermehren, ja übertreffen; da aber der Begriff des Teuflischen der Inbegriff *alles* Bösen ist, kann es nicht vermehrt, nicht übertroffen werden. Andererseits gibt es aber offenbar, wie die Erfahrung zeigt, einen solchen *Glauben an das Teuflische*, also diese aus der Distanz zum Bösen vorgenommene Anbetung des Teufels, die damit das Böse selbst übertrifft. Also enthielte der Aphorismus einen Fehler? Oder täuscht uns unsere Erfahrung? Beides erscheint undenkbar.

Fall 54: Der Versuch, die Einheit der Natur zu denken

Die *Einheit der Natur* ist nicht *denkbar*, weil, wer sie denkt, sich zu ihr in Distanz setzt, sich damit von ihr ausnimmt, also zu belegen scheint, daß es sie nicht gibt. Andererseits zeigt die Erfahrung, daß über sie *gedacht* wird. Das W i r k l i c h e kann vom D e n k e n nicht mehr erreicht werden; denn es würde eine objektivierte Reflexion über das Denken voraussetzen; das Denken müßte als Teil der Wirklichkeit erfaßbar sein. Ein *Denken über das Denken*, d. h. ein *höheres* Denken, das sich über das *primäre* Denken stellt, es zu beurteilen vermöchte, ist jedoch nicht *denkbar*; es gibt nur eine Denkebene. (Vgl. dazu Carl Friedrich von Weizsäcker: „Die Einheit der Natur". Studien. München 1971.)

Fall 55: Der Beweis der Unbeweisbarkeit

„Eine Wendung führte die Entdeckung von Gödel herbei, nach

der es mathematische Sätze gibt, deren Unbeweisbarkeit bewiesen werden kann.“ (Aus: Briefwechsel Einstein/Born, Hamburg 1972, Kommentar zum Brief 58, S. 107.)

Fallgruppe 6: Athen

Fall 56: Die Athener sind Lügner

Irgendwann in der Geschichte des alten Griechenland passierte es, daß ein Politiker die Athener pauschal der Lüge bezichtigte: „Die Athener sind Lügner.“ Nun war der Mann selbst Athener. Nach seiner Ausage war er also selbst ein Lügner. ↳ Danach mußte auch seine Aussage gelogen sein. War sie aber gelogen, so waren die Athener keine Lügner. Waren sie aber keine Lügner, so war auch die Aussage ungelogen. War sie aber wahr, so waren die Athener doch Lügner, darunter auch der Politiker. War er aber ein Lügner, so war auch seine Aussage gelogen. War sie aber gelogen, so waren die Athener keine Lügner.
(Bitte dem Pfeil folgend die Lektüre fortsetzen.)

Fall 57: Die fragwürdige Bescheidenheit des Philosophen

„Ich weiß, daß ich nichts weiß“, sagte einst der Philosoph. In dieser Aussage erwies sich seine allzu große Bescheidenheit: Immerhin schien er doch eines zu wissen, nämlich, daß er nichts wisse. Oder war er etwa doch nicht zu bescheiden, da er, war seine Aussage nur richtig, eben nichts wußte? Dann aber hätte er doch wieder dieses eine gewußt, wäre also mit jener Aussage doch übertrieben bescheiden gewesen. Wußte er also etwas oder wußte er nichts?

Fall 58: Der Glaube an den Zweifel

Es muß irgendwann in den 50er Jahren gewesen sein: Die Westberliner Zeitung *Tagesspiegel* veranstaltete eine Umfrage an Prominente mit der Fragestellung: „Woran glauben Sie?“ Friedrich Luft antwortete: „Ich glaube an den Zweifel.“ Das hieß doch: Eines war für ihn gewiß, nämlich der Zweifel. Glaube an den Zweifel müßte aber bedeuten: Nichts ist gewiß, also auch Zweifel nicht. Ist aber Zweifel nicht gewiß, so läßt sich nicht mehr vom Glauben an den Zweifel sprechen. Wie also soll ausgedrückt werden, daß einer nichts für unzweifelhaft hält, auch das Prinzip des Zweifelns nicht?

Fall 59: Der flotte Achmed in der Klemme

„Sultan Mustafa der Entsetzliche trägt seinen Namen nicht zu Unrecht. Eifersüchtig wie ein Hahn auf dem Hühnerhof wacht er darüber, daß kein Fremder seinen Harem betritt. Wer dennoch dabei erwischt wird, soll entweder geköpft oder gehängt werden. Das hat der Sultan geschworen. Vor der Hinrichtung soll der Frevler noch einen Satz sprechen dürfen. Ist dieser Satz richtig, wird er geköpft, ist er falsch, so soll er am Galgen enden. Trotz dieser wahrhaft entsetzlichen Aussicht hat es der flotte Achmed nicht lassen können – er hat sich in den Harem geschlichen und ist prompt von den Häschern des Sultans erwischt worden. Vor der Hinrichtung schleppt man den Unglücklichen zu dem tobenden Sultan – wegen des bewußten Satzes, der die Hinrichtungsart bestimmen soll. In seiner Todesangst kommt dem flotten Achmed eine glänzende Idee. Er sagt: *Man wird mich hängen*. Nun sitzt der Sultan in der Klemme. Kann er dem flotten Achmed nach dieser Antwort noch etwas anhaben?" (Aus: „TV-Hören und Sehen", Nr. 52/71.)

Natürlich kann er nicht: Wollte er Achmed hängen, so wäre dessen Satz richtig gewesen; ein richtiger Satz aber sollte das Köpfen zur Folge haben. Wollte der Sultan den Achmed aber köpfen, so würde er wiederum sein Versprechen brechen; Achmeds Satz wäre dann falsch gewesen und hätte demgemäß nur das Hängen auslösen dürfen.

Fall 60: Der progressive Musiklehrer

Fortschrittliche Musikpädagogen wären durchaus bereit und auch dazu fähig, alle Arten moderner Pop-Musik in den Schulunterricht einzubeziehen. Sind sie aber extra progressiv, so werden sie diese Einbeziehung vermeiden. Sie sagen sich: Den Kindern soll die Funktion ihrer Beat- oder Rockmusik als Zuflucht vom frustrierenden Schulalltag erhalten bleiben und nicht durch Integration in diesen Alltag verdorben werden. Diese Motive legen sie den Kindern offen (das gehört auch zu ihrer Fortschrittlichkeit). Dadurch entsteht für die Kinder aber eine neue Form der Einbeziehung der *geschonten* Musik in den Schulalltag: Sie müssen beim Hören nun immer an die Konfliktsdiskussionen mit ihrem verständnisvollen Lehrer denken; so wird ihnen auch die Nichtintegration zur Integration. Fast erschiene ihnen die direkte Einbeziehung jetzt zwangloser, weshalb der um eine weitere Stufe progressive Musikpädagoge diese Einbeziehung nun doch praktizieren müßte, wodurch allerdings wieder der anfangs beschriebene Effekt der Belastung eintreten würde u. s. w.

Fall 61: Qui s'excuse, s'accuse

„Qui s'excuse, s'accuse" – „Wer sich entschuldigt, klagt sich an", lautet das Sprichwort. Der Sinn ist bekannt; wer sich ausdrücklich verteidigt, scheint dies nötig zu haben, gegen ihn muß also etwas vorliegen. Wie aber, wenn er sich nun nicht entschuldigt, sich etwa sogar selbst anklagt, wie das Wort doch nahezulegen scheint? Ist dies vielleicht eine Entlastung? Sich anklagen, um sich zu entschuldigen – das ist doch offenbar abwegig. Wie also soll sich der nun verhalten, den man verdächtigt hat? Welchen Rat würden Sie ihm geben?

Fall 62: Der Verkehrshinweis für die Autobahnbenutzer

An einer Autobahnbaustelle hat sich ein Stau gebildet; die Polizei empfiehlt über Rundfunk, diesen Streckenabschnitt zu meiden, sie nennt eine Umleitungsstrecke. A, der die Nachricht gehört hat, rechnet damit, daß nun die Baustelle auf Grund der Warnung allgemein gemieden wird, daß also der Stau sehr schnell sich auflösen wird und es eher auf der Ersatzstrecke zu Verkehrsbehinderungen kommt. Er beschließt daher, trotz der Warnung den fraglichen Autobahnabschnitt zu benutzen. Könnte es nun nicht aber sein, daß alle Verkehrshörer diesen Gedanken haben? Müßte A nicht deshalb doch die Ersatzstrecke fahren? Oder muß auch insoweit wieder mit einem allgemeinen Gedankengang gerechnet werden? Was soll er tun?

Fall 63: Der raffinierte Hausbesitzer

H ist Besitzer einer Villa. Vor einer längeren Reise überlegt er, wie zu vermeiden sei, daß potentielle Einbrecher auf das Leerstehen des Hauses aufmerksam würden: Soll er etwa Fenster verhängen und Jalousien herunterlassen? Nun gilt seit langem, daß sich damit für Diebe die Gelegenheit des Einbruchs anzeigt. Daher hat sich eingebürgert, gerade bei längerer Abwesenheit die Fenster nicht zu verdunkeln. Das wissen nun natürlich auch schon die Einbrecher. Deshalb überlegt H: Soll er die Rolläden vielleicht doch herunterlassen, um damit gerade den Eindruck zu erwecken, das Haus stehe nicht leer, da niemand mehr für so leichtsinnig gehalten wird, daß er bei Abwesenheit das Haus verdunkelt? Oder muß er befürchten, daß die Einbrecher auch diesen weiteren Gedankenschritt mitvollziehen?

Fall 64: Der Mörder ist immer der Gärtner

Dem häufigen Konsumenten von Kriminalromanen – und Entsprechendes gilt von Filmen, Funk- und Fernsehspielen – scheinen sich gewisse Regeln herauszustellen: Täter muß jedenfalls immer jemand sein, den der Leser (Hörer, Zuschauer) am wenigsten verdächtigt hätte. Zum Beispiel kann dies eine scheinbar unwichtige Nebenperson sein; dieses Phänomen meint wohl auch Reinhard Mey, wenn er uns sein Chanson singt: *Der Mörder ist immer der Gärtner.* Diese Übung führt allerdings zwangsläufig dazu, daß der geübte Leser (Hörer, Zuschauer) in Kenntnis jener Regel nun doch und gerade die Nebenperson verdächtigt. Der raffinierte Kriminalautor wird sich darauf einzustellen haben; zum Beispiel kann er nun die Person, gegen die er ganz vordergründig Indizien angehäuft hatte, auch wirklichen Täter sein lassen. Freilich würde diese Neuerung nicht lange wirksam sein; der geübte Kriminalkonsument würde bald dahinterkommen. Wie also soll der geschickte Autor seinen Täter verstecken?

Fall 65: Der Agentenschreck von Köln

Da berichtet uns der *STERN* von einem Fotografen, der mehrfach sogenannte Verfassungsschützer ganz offen auf der Straße abfotografierte („Der Agentenschreck von Köln – Wie ein Amateurfotograf Verfassungsschützer und Beamte der politischen Polizei verunsichert" – *STERN* Nr. 38/1972). Sein auffälliges Vorgehen scheint zunächst dagegen zu sprechen, daß er dies geheimdienstlerisch tut. So meint denn auch ein *Verfassungsschutz*beamter: „Wer so offenkundig vorgeht, kann nicht von fremden Agenten gesteuert werden. Der Mann ist ein Wichtigtuer." Dagegen steht wiederum die These eines Polizeipräsidenten: „Ich glaube nicht, daß er aus purem Spaß fotografiert. Sein auffälliges Vorgehen kann eine neue Masche sein."

Fall 66: Gespräch mit dem Beter

„Ich bin froh, daß ich das, was Ihr sagtet, nicht versstanden habe." . . . „Dadurch, daß Ihr darüber froh seid, zeigt Ihr, daß Ihr es verstanden habt."

– Dieser Dialog geht zwischen dem *Dicken* und dem *Beter* in Kafkas *Beschreibung eines Kampfes*. (Der Antwort des Dicken – „Dadurch, daß Ihr darüber froh seid . . ." u. s. w. – liegt ein typisch Kafkascher Effekt zugrunde: Es gibt seiner Meinung nach Verworfene – d. h. eigentlich nur einen, nämlich ihn selbst – und Unverworfene. Die Verworfenen, Verlorenen, die hier im *Dicken* repräsentiert sind, halten sich für so verworfen, daß sie den Partner beglückwünschen, wenn er sie nicht versteht, sich von der Verworfenheit also nicht anstecken läßt. Sie meinen damit also, der Partner habe sie aus Selbstschutz nicht verstanden, im Bedürfnis nach Schutz vor der Verworfenheit des anderen zeige sich andererseits gerade das Verständnis.)

Fall 67: Bescheidenheit als Aufschneiderei

Bescheidenheit als Aufschneiderei? Nun, so abwegig ist das nicht. Da wird z. B. in dem *Siegfried*-Buch der Herren Schröder/Herhaus ein Wissenschaftler so beschrieben:

“. . . und er kam mir vor wie ein Aufschneider, aber deshalb, weil er bescheiden war. Man ist es nämlich nicht gewohnt, daß einer, der auf einem Gebiet gründlich Bescheid weiß, so bescheiden formuliert . . .“

Fall 68: Der Sadismus des Jörg Schröder

Der Verleger Jörg Schröder beschreibt in seinem *Siegfried*-Buch einen Sadismus, der darin besteht, daß er der Partnerin den gewünschten Sadismus verweigert: „Dann merkte ich, daß Renate darauf wartete, daß ich Stricke und Peitschen holte. Und plötzlich ist mir diese ganze groteske Geschichte klar geworden . . . Ich habs aufgegeben. Renate wurde wütend . . . Ich wurde immer desinteressierter und das warf Renate mir zuletzt als ganz bewußten infamen Sadismus vor, als Bösartigkeit und schlimmsten Sadismus überhaupt.“

Sadismus also im Nicht-Sadismus.

Fall 69: Die Rolle des Intellektuellen

Jean Paul Sartre beschreibt in seinem Spiegel-Interview aus dem Jahre 1972 (Nr. 26/1972) zunächst den Widerspruch, in dem der Intellektuelle steht: „Man stößt also stets auf den Widerspruch zwischen dem Allgemeinen, dem man dient, und dem Besonderen, das die Ursache und die Art und Weise ist, wie man sich des Intellektuellen bedient. Diesen Widerspruch nenne ich unglückliches Bewußtsein.“ Die Frage, ob der Intellektuelle unter diesem Widerspruch leide, beantwortet Sartre dann so: „Der klassische Intellektuelle gefällt sich in seiner Rolle. Er sagt, da er nun einmal unglücklich sei, werde er das auch ausnützen. Und dann jammert er, wie traurig die Welt sei.“

Der Intellektuelle genießt also sein unglückliches Bewußtsein. *Genießen* aber bedeutet doch Glück?! Wie steht es mit dem Masochisten? Was sagt uns das Wort *unglück s e l i g ?* Ist so einer nun glücklich oder unglücklich? Kann man beides zugleich sein; kann man das eine sein, indem man das andere ist? Fragen über Fragen.

Fall 70: Gegen die Scheinheiligkeit der Medaillenverächter

Ein Plädoyer, zumindest aber Verständnis für nationalen Medaillenstolz bei Olympischen Spielen finden wir in der *FRANKFURTER ALLGEMEINEN ZEITUNG* vom 25. August 1972: „Alle reden von Medaillen – wir auch. Tun wir doch nicht so scheinheilig, als wollten wir nichts anderes als gute Gastgeber der Spiele . . . sein . . . Medaillen als das Maß aller Dinge — ist so alt wie die Spiele selbst. Schon in antiken Zeiten . . ." u.s.w. u.s.w. Dieser Zeitungsartikel hat mich zunächst völlig überzeugt. Das Gerede von der Pervertierung der *olympischen Idee* durch nationalen Medaillenstolz wirkt in der Tat scheinheilig; blicken denn nicht auch diejenigen, die so reden, mehr oder minder verstohlen zuerst auf den *Medaillenspiegel* und betrachten ihn wohlgefällig, so er für ihr Land günstig ist? Wer wäre davor gefeit! Andererseits will doch auch niemand gern jener Idee widersprechen, die in den Spielen einen *Beitrag zur Völkerverständigung* sehen möchte, demgemäß den friedlichen Wettstreit betont und allzu nationalistisches Gehabe ablehnt. Hinwiederum wächst aus dem Überdruß, mit dem wir uns diese olympische Tugend predigen lassen, die Sympathie für Zeitungsartikel wie jenen zitierten, der gegen diese Tugend aufzumucken scheint u. s. w.

Fall 71: Keine Freiheit für die Feinde der Freiheit

„Keine Freiheit für die Feinde der Freiheit" – heißt es. Der Gedanke ist: Die Freiheit darf nicht dadurch zu ihrer eigenen Beseitigung führen, daß sie sich auch ihren Gegnern öffnet, die sie abschaffen wollen. Andererseits gibt es das Rosa-Luxemburg-

Wort: „Freiheit ist immer die Freiheit der Andersdenkenden". In der Tat erscheint auch dieses Wort schlüssig: Eine Freiheit, die sich darin erschöpft, dem eigenen System und seiner Ideologie applaudieren zu dürfen, kann keine wirkliche Freiheit sein. Ja, Freiheit erscheint uns sogar dort am größten, wo man noch den schärfsten Gegensatz zum System gestattet; mithin dem Freiheitsgegner sein Tun auch dort, wo eine Freiheitsideologie das System beherrscht. Er ist somit überdies nicht wirklich Freiheitsgegner, da sich in ihm Freiheit doch eigentlich erst erweist und repräsentiert. Welches Wort ist also richtig?

Fall 72: Wissenschaftspluralismus an Hochschulen – „Marx an die Uni"

Die Forderung *Marx an die Uni* – gemeint ist wohl: Marxisten an die Uni – wird u. a. mit dem Plädoyer für eine pluralistische Wissenschaft verbunden. Die Gegner erwidern: Der Pluralismus könne nicht dadurch seine eigene Beseitigung einleiten, daß er Wissenschaftler berufe, die den Pluralismus ablehnten und ihn beseitigen wollten. Jene erwidern: Wo bleibe denn überhaupt der so beschworene Pluralismus, wenn nur Vertreter der kapitalistischen Wissenschaft zugelassen würden? Sie werfen ihren Gegnern vor: Man berufe sich zwar auf den Pluralismus, jedoch nur, um die Vertreter eines Alternativsystems abzuwehren, meine es also mit dem Pluralismus gar nicht ernst. Ganz ähnlich wiederum die anderen: Man wolle den Pluralismus nur als Vehikel benutzen, um sich erst einmal zu etablieren und ihn dann abzuschaffen.

Fall 73: Meinungsfreiheit

Im Rahmen einer allgemeineren Kritik im Anschluß an bestimmte Vorfälle äußert der Beamte B auch, die Meinungsfreiheit sei in diesem Staat offenbar nicht mehr gewährleistet. Die Äußerung löst ein Disziplinarverfahren gegen ihn aus mit der Begründung, die Behauptung entbehre jeder Grundlage und bedeute daher ein böswilliges Verächtlichmachen des Staates. B. entgegnet, gerade dieses Disziplinarverfahren beweise, daß er recht gehabt habe; denn ein Meinungsfreiheit achtender Staat hätte die Äußerung niemals disziplinarisch geahndet.

Fall 74: Aus der Quantentheorie

Laienhaft aufgenommene Formulierungen aus der Mikrophysik: Es gibt Versuche, die die Teilchennatur des Lichtes erweisen. Es gibt andere Versuche, die die Wellennatur des Lichtes erweisen. Kann etwas gleichzeitig Welle und Teilchen sein? Das ist nicht vorstellbar, Wellen- und Teilchencharakter scheinen sich auszuschließen. Gilt der Satz der klassischen Logik *tertium non datur* hier nicht?

Fall 75: Angst vor Leben und Tod

A überdenkt gelegentlich seine weiteren Lebensaussichten und beurteilt sie dann nicht günstig. Was hat er noch zu erwarten? Jedenfalls sieht er kein lockendes Ziel, das Ausgleich wäre für Leid und Qualen, die ihn, wie sich leicht voraussehen läßt, mit Sicherheit erwarten. Er liest oft Todesanzeigen; meistens findet er dort Formulierungen wie „entschlief nach schwerer Krankheit“, „nach langem, schweren Leiden“, „nach langer, mit großer Geduld ertragener Krankheit“, „nach schwerem, geduldig ertragenem Leiden“ u. s. w., u. s. f. A zählt die Anzeigen einer beliebigen Wochentagsausgabe seines Lokalblattes und stellt fest: Von 15 Verstorbenen wird bei 9 auf lange, schwere Krankheit bzw. langes schweres Leiden hingewiesen, einer starb „plötzlich und unerwartet“, einer hat seine Angehörigen „nach kurzer Krankheit für immer verlassen“, eine starb im 29. Lebensjahr „durch einen bitteren Tod“, eine „entschlief“ ohne alle Krankheitsangabe im 91. Lebensjahr, einer nach „kurzer, schwerer Krankheit“. Hier ergibt also schon eine einfache Wahrscheinlichkeitsrechnung die ungünstigen Aussichten; „schwere Krankheit“, „langes schweres Leiden“ hat auch A mit ziemlicher Sicherheit zu erwarten. Es bedarf aber keines Ausblicks auf letzte Lebensjahre, um Unangenehmes vorauszusehen; trübe Aussichten verbinden sich vielmehr schon mit dem nächsten Zahnarztbesuch, steigern sich mit bestimmten Berufsanforderungen, unausweichlichen Konflikten im sogenannten persönlichen Bereich u. s. w.

Diese Gedanken münden regelmäßig in Selbsttötungsüberlegungen ein. Will A sich dann damit beruhigen, daß er ja noch diese Freiheit zum Freitod habe, so wechselt allerdings die Angst vor dem Leben schnell in eine Angst vor dem Tod; ausgelöst durch Ungewißheit über die Bedingungen ewigen Nichtseins, wobei auch keine rechte Hilfe bietet, daß man ja dieses unendliche Nichtleben schon *erlebt* habe, nämlich in der als unendlich sich vorzustellenden Vergangenheit vor der eigenen Geburt; diesen Zustand hat man ja völlig vergessen, die Ungewißheit bleibt also. Die von dieser Ungewißheit ausgelöste Angst ist nicht zu überbrücken. Also „To be or not to be" u. s. w. – *Von George Shearing gibt es dazu eine nette Variante: To BE or not to BOP. Aber auch sie scheint das Problem nicht auf Dauer zu lösen.* – (Das Ganze darf übrigens nun nicht als besonders düstere Perspektive mißverstanden werden; es handelt sich vielmehr um ganz alltägliche, nüchterne Überlegungen, wie sie A gelegentlich anstellt, ohne dabei besonders verzweifelt zu sein; dieser Gedankengang ist keine große Sache, spielt sich im Bruchteil einer Minute ab, wiederholt sich – wie gesagt – von Zeit zu Zeit.)

Wir sehen also: Beide Wege, Leben und Tod, erscheinen dem A nicht recht gangbar. Die Angst vor dem Leben führt zu der Idee von der Freiheit zum Freitod; diese Idee schwindet aber schon wieder im Augenblick ihres Erscheinens, die Angst vor dem Leben wird durch die Angst vor dem Tod abgelöst, so daß zwangsläufig wieder die Möglichkeiten des Weiterlebens bedacht werden müssen, die dann natürlich sofort widerlegt werden u. s. w. . . .

Fall 76: Die Pubertär-Philosophie des A

A entwickelt sich als 15jähriger eine Art Pseudo-Philosophie, eine Theorie, wenn man will. Anstoß dazu ist ihm das Bedürfnis, den Dingen ihr Gewicht zu nehmen, d. h. die von den täglichen Angriffen ausgehenden Bedrückungen dadurch zu mildern, daß diese Angriffe durch eine Art von philosophischem Gedankengang zu einem Nichts relativiert werden.

A sagt sich zunächst: Die Dinge existieren ja gar nicht *objektiv*, sie erscheinen mir nur; alles scheinbar *Seiende* wird mir ausschließlich durch meinen Wahrnehmungsapparat vermittelt; dafür, daß dieser Apparat auf eine objektive, d. h. vom Subjekt unabhängige Existenz der Dinge hinweist, spricht nichts. Die Feststellung eines *An-sich-Seins* ist nicht möglich. Die Dinge bedeuten also im Grunde nichts; da sich ihre Existenz in ihrem Wahrgenommensein durch mich erschöpft, können sie nicht wirklich schlimm sein.

Bald stellt A fest, daß ihm diese Vorstellung nicht sehr hilft; nach wie vor sind die Dinge drückend. Er sieht auch ein: Gegenüber der herkömmlichen Weltauffassung unterscheidet sich seine *Relativitätstheorie* eigentlich nur terminologisch: Dort heißt es *Sein*, hier heißt es *Schein*. Auch als Erscheinungen *sind* die Dinge. Ein *An-sich-Sein* wird von ihnen gleichsam gar nicht behauptet. Auch die Sinne täuschen hier nichts vor; das Auge sagt nur: „Ich sehe eine Lampe“; es sagt nicht: „Da steht eine Lampe“. Der Schein erscheint nicht als Sein, sondern nur als Schein.

Damit ist aber diese ganze Relativitätstheorie ad absurdum geführt, denn ob das Ding *an sich ist*, oder ob es nur als wahrgenommenes Ding *ist*, ist doch völlig gleichgültig. Das Ding *ist*, indem ich es bin (wahrnehme). Im Wort *wahr*-nehmen heißt *wahr* nicht: *an sich sein*. Der Objektgehalt des Dings ist sein Subjektgehalt. Objekt und Subjekt sind identisch. Das Subjekt (das Ich) ist zugleich die Welt. Rilke hat einmal sinngemäß gesagt: „Was wird aus Gott, wenn ich nicht mehr bin?“

Auf Grund dieser Identität von Subjekt und Objekt kann sich A nun im Grunde wieder völlig der herkömmlichen, alltäglichen Weltanschauung von einer *objektiven Existenz* der Dinge anschließen. Sein ganzer pseudophilosophischer Ausflug hat ihm nichts eingebracht und führt ihn zum Ausgangspunkt zurück. Allerdings ist er, an diesem Ausgangspunkt angekommen, in Versuchung, noch einmal von vorne anzufangen; denn: Wenn die Dinge nur sind, indem sie in mir sind, dann können sie doch eigentlich nichts Schlimmes bedeuten u. s. w.

Fall 77: Formulierungen

“. . . daß ihre Philosophie Sinnlosigkeit zu ihrem Sinn hat . . .“ (Horkheimer, a. a. O., S. 82).

„. . . es ist die Irrationalität auf einen rationalen Begriff gebracht“ (Peter W. Jansen, FR 16. 10. 1972).

2. Analyse

Bei der Lektüre der vorstehenden Fallsammlung werden Sie, so hoffe ich, in etwa das Gemeinsame aller Fälle erkannt haben. Zumindest sollte Ihnen aufgegangen sein, daß die Sachverhalte irgendwie miteinander verwandt sind. Sie werden auch schon erraten haben – dazu gehört nicht viel Scharfsinn –, daß ich das, was die Fälle gemeinsam auszeichnet, als *Kinderkakaokannen-Effekt* (im folgenden abgekürzt: K-Effekt) bezeichne. Diese Erkenntnis dürften Sie erlangt haben, ohne daß Ihnen dabei innerhalb der Sammlung Hilfestellung durch Zwischenkommentare gegeben wurde. Auf solche Hilfestellung habe ich bewußt verzichtet, damit sich zunächst einmal allein vom Fallmaterial her das Bild des K-Effekts aufdränge und Sie vielleicht auch schon eine Ahnung von der Allgegenwart des Effekts bekämen. Deshalb war andererseits erforderlich, die Sammlung reichhaltig zu machen und Beispiele aus den verschiedensten Lebensbereichen zu präsentieren. Denn erfahrungsgemäß wehrt sich der Anfänger, das Unabweisbare, Allgegenwärtige des K-Effekts anzuerkennen; den Einzelfall mag er als Ausnahmeerscheinung zugeben. Mit der Massierung von Fällen also hoffe ich, solche Widerstände zumindest schon gelockert zu haben. Um die Einsicht weiter zu erleichtern, habe ich fast durchweg einfachste, eingängige Sachverhalte ausgewählt, die den K-Effekt gleichsam schon in der ersten Dimension offenlegen.

Entscheidend für den Lernprozeß freilich wird erst die folgende Analyse sein. Dabei ist von der Einzelbetrachtung der Fälle und Fallgruppen auf allgemeinere, fallübergreifende Erkenntnisse überzugehen, bis das somit schließlich aufgebaute Gesamtbild des K-Effekts eine zusammenfassende Analyse ermöglicht.

Bei der Einteilung der Beispiele in Fallgruppen handelt es sich um eine Hilfskonstruktion, um die verschiedenen Spielarten des

K-Effekts etwas zu klassifizieren. Das Schema darf aber nicht überbewertet werden: Wir werden noch sehen, daß sich manch ein Sachverhalt verschiedenen Gruppen zuordnen ließe, daß die Grenzen fließend sind und auch andere Einteilungen möglich wären. Die hier gewählte Gruppierung hat einen bestimmten Sinn für das angestrebte Gesamtbild, brachte aber den Nachteil, daß nach anderen Gesichtspunkten verwandte Fälle auseinandergerissen wurden (vgl. etwa die Fälle 7 und 41; dazu Näheres weiter unten).

Zu Gruppe 1, *Selbstsubtraktion* (abgekürzt: *Selbstsub):*

Der Begriff *Selbstsubtraktion* besagt: Eine erreichte Position zieht sich von sich selbst sofort wieder ab, nimmt sich also wieder zurück, zerstört sich selbst. Das lockende Ziel, einmal erreicht, geht wieder verloren, kann (vgl. Fall 6) nur einen gedachten Moment, eine *logische Sekunde* lang gehalten werden. Und zwar bewirkt gerade das Erreichen des Zieles dort, am Ziel, die Zerstörung: In den Fällen 1 und 2 werden beispielsweise die begehrten Bedingungen gerade dadurch aufgehoben, daß man sie beansprucht; gerade die aufgebaute Exklusivität (Fall 1, Pöseldorf) lockt das gemeine Publikum an; je mehr die Exklusivität erreicht scheint, umso stärker die Verlockung für das Volk, d. h. umso stärker die Voraussetzung für Aufhebung von Exklusivität. Noch deutlicher zerstört im Fall 2 (Umweltprobleme) die Ansiedlung am begehrten Standort die Bedingungen, um derentwillen der Ort gewählt war. Vertragsfreiheit und Wettbewerbsfreiheit tendieren, wie im Fall 3 geschildert, zu ihrer eigenen Aufhebung. Der Schritt zur Freiheit hin konnte noch geschehen, die *erreichte* Freiheit aber trägt den Keim zu ihrer Beseitigung schon in sich. Auch Professor R. (Fall 7) handelte noch; er benutzte sein Ansehen, um politisch zu wirken, aber gerade mit diesem

Schritt verlor er sein Ansehen. Und zwar verlor er das Ansehen umso mehr, je mehr er es benutzte; in dem Moment, in dem er zu wirken beginnt, beginnt auch schon seine Wirkungslosigkeit; so wie im Fall 2 der *zwanglose Ausgleich* besagt: Je mehr der Standort gewählt wird, umso mehr geht er kaputt; je betonter in diesen Fällen der Selbstsub-Gruppe einer die begehrte Position zu erreichen scheint, umso stärker geht sie ihm in Wahrheit verloren. Gerade weil der Urwald jetzt so leicht und schnell erreichbar geworden ist, wird er zum *nie gesehenen Urwald* (Fall 5, G.-Anders-Stenogramme). Das Paradoxon ist nicht übertrieben formuliert, wenn man sagt: Die Position ist zu sich selbst umgekehrt proportional. Das ganze Ziel bedeutet seine ganze Rücknahme; die ganz erreichte Exklusivität von Pöseldorf lockt das ganze Volk heran und zerstört damit die Exklusivität ganz; ist die Exklusivität nur halb erreicht, so erscheint die Verlockung nicht so groß, lockt nur das halbe Volk heran, zerstört also die Exklusivität nur halb.

Bei der *Flucht in die Sachwerte* (Fall 4) ist die Selbstsubtraktion abrupter, es findet also nicht dieser allmähliche Übergang statt: Wer seinen Inflationsgewinn *realisiert*, verliert ihn damit insofern total, als mit dem Umtausch von Sachwert in Geldwert ein Tausch von inflationsgeschütztem in inflationsungeschütztes Gut vollzogen wird. Nicht nur ökonomisch erinnert übrigens dieser Fall an die Problematik sogenannter Wertsicherungsklauseln; solche Klauseln wären nämlich in der Tat ein weiteres Beispiel für das Selbstsub-Phänomen: Sie sollen individuell vor Inflationsfolgen schützen, wirken aber allein schon dadurch inflationsverstärkend, daß sie „einen Kaufkraftverfall mit aller Deutlichkeit aufzeigen“ (Dürkes, Wertsicherungsklauseln, 7. Aufl., S. 25). Ihnen wohnt stets „ein eigener inflationärer Effekt inne“ (a. a. O.). Die Inflationsabwehrmaßnahme wird also sofort zum Inflationsantrieb. Auch hier gilt: Im Augenblick der Erfüllung verunmöglicht sich Erfüllung. Verdrängungswettbewerb bedient sich stabiler, ja ausgesprochen niedriger Preise; nicht zuletzt wegen dieses *Beitrages zur Preisstabilität* duldet z. B. das Bundeskartellamt das Verhalten des Expansionisten. Schließlich ist die Marktmacht errungen, die es ermöglicht, auf höhere Preise überzugehen. Jene Niedrigpreispolitik bereitete also ihre eigene Aufhebung vor, sie war die erste Stufe zur Hochpreispolitik. Im Fall 6 (erfüllte Hoffnungen, Genüsse) haben wir schließlich sowohl allmähliche Übergänge (je mehr die Hoffnung sich erfüllt, umso stärker erweist sie sich als enttäuschte Hoffnung) wie auch, bei der Orgasmus-Problematik, das Phänomen von Entspannungsgenüssen, die gleichzeitig mit ihrem Eintritt aufgehoben werden.

Formulierungen (Fall 8) runden das Bild ab. Die Funktion der Funktionslosigkeit verliert sich, hebt sich auf, *wird funktionslos.* Der Satz wird übrigens überlagert vom K-Effekt in der Athen-Spielart – Fallgruppe 6 –, indem zunächst Funktion und Funktionslosigkeit der Kunst gleichzeitig vorhanden sind; vgl. dazu unten die Analyse zur Fallgruppe 6. Wer den Prozeß aufnimmt, ihn herausstellt, ihn also referiert, nimmt ihm den Prozeßcharakter. Gerade das enttabuisierende Vokabular läßt neue Tabuisierung entstehen, die (verbale) Enttabuisierung verhindert also bleibende Enttabuisierung. Auch die Körperschaftsteuer-Reform schlägt um in das alte Steuerunrecht (Hock-Zitat). Indem die Beherrschung durch Apparate erreicht wird, tritt gleichzeitig das Beherrschtsein durch die Apparate ein (Holz- und Horkheimer-Zitate). In dem Tierquäler-Fall (Schlußformulierung in Fall 8) sehen wir wiederum, wie nur das Gegenteil vom Erstrebten erreicht wird: Mitleid mit Tieren führt zu Tierquälerei; die Tierhändler halten die Tiere eng, damit die Tierliebenden sie dann freikaufen; jeder derartige Kauf bestätigt aber diese Taktik des Händlers, d. h. er wird sie nun fortsetzen; das Ziel des Tierliebhabers, die Tierbefreiung, erbringt also nach Selbstsubart sofortige neue Tierquälerei. Ganz ähnlich schildert Arthur Rubinstein in seinen „Erinnerungen" (S. 383) von einer Italienreise, wie er sich auf einem Pferd bis an den Kraterrand eines Vulkans führen lassen wollte: Der Führer hängte sich an den Schweif des Pferdes, um so den mitleidigen Touristen zu veranlassen, für den Führer ein zweites Tier zu mieten.

Bei den übrigen Formulierungen verzichte ich auf die Analyse; Sie werden jetzt selbst die Selbstsub-Struktur in ihnen erkennen können: Die Position ist gerade deshalb unhaltbar, weil sie erreicht wurde; der Position ist also die Subtraktion immanent.

Zu Gruppe 2, *Rom*:

Die Gruppe trägt ihren Namen nach dem für sie besonders charakteristischen Fall 9, *Nulltarif in Rom*: Der mißliche Individualverkehr wird mit Hilfe des *Nulltarifs* weitgehend in einen Verkehr mit öffentlichen Fahrzeugen übergeleitet, so daß auf den Straßen ein gewisses Vakuum entsteht. Dieses Vakuum zieht den Individualverkehr wieder auf die Straße zurück. Damit sind dann die öffentlichen Verkehrsmittel erneut attraktiv geworden u. s. w. Es handelt sich also bei der *Rom*-Gruppe um eine ewige Hin- und Herbewegung; ein Ruhezustand ist nicht absehbar, weil der Schritt zwangsläufig den Rückschritt auslöst und dieser ebenso zwangsläufig wieder den Schritt. In der *Zwickmühle* (Fall 10) wird das besonders deutlich, weil es jeweils gerade die Schließung der einen Mühle ist, die die Schließung der anderen Mühle erst ermöglicht und damit auslöst.

Eine Spezialform der Rom-Kategorie bilden die Spiralen-Fälle (Fälle 11 und 12). Auch hier sehen wir den für die Rom-Gruppe charakteristischen permanenten Wechsel zwischen zwei Zuständen; die Preissteigerung löst Lohnsteigerung aus, diese wieder Preissteigerung und so fort (Fall 11). Jedoch verschlimmert sich jeder der beiden Zustände bei jedem erneuten Erscheinen immer noch etwas. Der alte Zustand tritt also nicht genau wieder ein, sondern zumBöseren hin verändert. Damit enthalten die Spiralenfälle schon Reihenelemente und nähern sich somit der Fallgruppe 3.

Nicht ganz exact einordnen läßt sich die Frage nach der richtigen Reihenfolge von Huhn und Ei. Sie gehört insofern noch zur Rom-Gruppe, als jeweils eine Position auf die andere deutet; der Ei-Standpunkt deutet auf Huhn, der Huhn-Standpunkt deutet auf Ei. Andererseits läßt sich das Phänomen auch als Reihe vorstellen; aus dem einen wird immer wieder das andere, jedoch in scheinbar neuer Identität, ohne daß ein Ende absehbar wäre.

Zu Gruppe 3, *Stereotype Reihen* (a: *Stereo-Reihe* und b: *Stereo-Kanne*):

a) Hier handelt es sich um einen für das K-Effekt-Phänomen besonders charakteristischen Bereich. Auch wer für Fälle anderer Gruppen versuchen mag, die Repräsentanz zu leugnen, wird zugeben müssen, daß ihm *stereotype Reihen* auf Schritt und Tritt begegnen. Bei solchen Reihen wird jeder erreichte Standpunkt durch ein Weitergehen auf derselben Linie relativiert. Jeder Gedanke läßt sich fortführen und tritt dann auf der scheinbar neuen Stufe wiederum auf. „Nichts ist davor gefeit, zum Klischee zu werden“ (vgl. Sammelfall 21, *Formulierungen*). Das Prinzip des Stereotypen ist immer schneller und schon am Ziel, wenn angeblich Unkonventionelles erdacht wurde (deshalb habe ich das Hase-und-Igel-Märchen, Fall 20, in diese Gruppe aufgenommen, obwohl es auch sehr gut zu anderen Fallgruppen gepaßt hätte; vgl. dazu noch die Hinweise weiter unten). Verwunderlich ist immer die Selbstsicherheit, mit der ein Kritiker sich über andere Standpunkte erhebt, denn „fast immer läßt sich eine Kritik auf die Position des Kritikers selbst anwenden“ (s. Fall 21). Mein erstes bewußtes K-Effekt-Erlebnis hatte ich als Oberschüler, als wir Hesses Glasperlenspiel lasen: Man interpretierte uns diese Dichtung als Beschreibung eines Modells, in dem befreiendes

Spiel verkrustete Strukturen aufbrechen sollte. Eine Mitschülerin fragte, ob denn nicht solches Modell selbst auch sehr schnell zum Typ erstarre. „Und was machen denn Sie selber?“ (Fall 21) Natürlich sind solche *kritischen* Fragen selbst auch wieder stereotyp; *und Sie?* ließe sich ohne weiteres beiden Fragestellern entgegenhalten.

Bei dieser Gruppe ist es entbehrlich, die Fälle noch einzeln durchzuanalysieren. „Filliou spinnt in Wirklichkeit genauso wie alle anderen. Er ist genau derselben Meinung . . .“ (Fall 14); in solchen endlosen Klischeereihungen gibt es keinen Fortschritt, obgleich sich Schritt an Schritt anzuschließen scheint. Jede Position wird *hinterfragt* und reproduziert damit nur die alte Fragwürdigkeit („Wer unterrichtet den Fahrlehrer-Lehrer? Der Fahrlehrerlehrer-Lehrer. Und wer unterrichtet den Fahrlehrerlehrerlehrer? Der Fahrlehrerlehrerlehrer-Lehrer“ u. s. w. – Vgl. Fall 18). Der ewige Marsch bringt also keinen Ausweg.

Die Struktur solcher Reihungen finden wir bereits im Vorwort dieser Kapitulationsurkunde, und wir finden sie zahlreich in der Schwäche-Ideologie, besonders in deren letzten Kapiteln. Jeder Ausbruchsversuch muß in die alte Ausweglosigkeit einbezogen werden, diese Einbeziehung wird selbst wieder zum Bestandteil, und so folgt Einbeziehung auf Einbeziehung.

Zwischen a) und b): In der Zeile von Gertrude Stein (Fall 22) finden wir sowohl hintereinander (insoweit noch Gruppe 3a) als auch ineinander (insoweit schon Gruppe 3b) geschachtelte Reihung. Der Satz „Eine Rose ist eine Rose“ wird endlos wiederholt (Gruppe 3a), dabei ist zugleich ein Satzteil immer schon Bestandteil des nächsten Satzes (dieses Ineinander ließe sich auch der Gruppe 6, *Athen* zuordnen, da insoweit ein Satzstück zwei unterschiedliche Identitäten besitzt).

b) Die *Kinderkakaokanne* (Fall 23) hat also der ganzen Sache hier den Namen gegeben. Die Gründe dafür sind zunächst entstehungsgeschichtlicher Art: Die Schwäche-Ideologie schuf ich, wie im Vorwort schon angedeutet, lange vor dem Teil 1 dieser Urkunde. Als ich mich gegen Ende der Ideologie immer mehr in solche endlosen, hintereinander und ineinander gesteckte Reihen verstrickte, fiel mir als Sinnbild dazu jenes *Geschirrstück aus Kindertagen* ein, und ich beschrieb es. (Sie werden den Inhalt des *Falles 23* daher wörtlich in der Schwäche-Ideologie wiederfinden. Ich habe dabei absichtlich die unterschiedliche Schreibweise beibehalten, um auch so die getrennte Entstehung beider Teile zu demonstrieren: Im *Kinderkakaokannen-Effekt* schreibe ich Ka*kao*, in der S c h w ä c h e - I d e o l o g i e K a *k a u* ; beides ist nach Duden zulässig.) In ihm sah ich zuerst die Struktur jenes Effektes verkörpert, der mir in seinen Spielarten allgegenwärtiges Grundmuster unserer Sackgassen-Problematik zu sein scheint. Jedoch auch unabhängig von dieser entstehungsgeschichtlich bedingten Vorzugsstellung dürfte die *Kinderkakaokanne* geeignet sein, als Muster für alle anderen Fälle zu repräsentieren. In bildhaft-anschaulicher Konzentration zeigt sie die ausweglose Selbstverstrickung, vermag sie doch in dem Versuch, zu einem neuen Selbst zu kommen, immer nur ihr eigenes Bild zu reproduzieren.

Gleichgelagert sind die Fälle 25 bis 28. Die Bilder René Magrittes (Fall 24) werden gemeinhin als Versuch interpretiert, die Nichtidentität von Abbild und Abgebildetem zu veranschaulichen (vgl. z. B. H. H. Holz, a. a. O., S. 1.46). Dieser Versuch ist dem Magritte jedoch nicht gelungen, und er konnte auch gar nicht gelingen. Das *Bild im Bild* zeigt nämlich nicht das Verhältnis von Bild und Wirklichkeit, sondern eine gleichnishafte Abbildung davon; die *Landschaft*, auf der ein Bild von dieser selben Landschaft zu sehen ist, ist ja nicht wirklich Landschaft, sondern nur Landschaftsbild. Da die ganze Darstellung somit wiederum nur *Abbildung* des Gegensatzes *Bild und Wirklichkeit* ist, bringt sie nichts Neues: Malt Magritte eine Pfeife und schreibt unter das Bild „Ceci n'est pas une pipe“, so hat er damit bereits ausgesagt, daß Bild und Wirklichkeit nicht identisch sind; stellt er nun das *Bild im Bild* dar, so sind auch hier, gleichsam in der zweiten Stufe, Abbild (das ganze Magritte-Bild) und Wirklichkeit (Landschaftsbild in der Landschaft) nicht identisch; *Bild im Bild* besagt also nichts anderes als *Bild*. Diese zweite Stufe hätte er sich also sparen können. Besonders die Fälle der Gruppe 3 veranschaulichen immer diesen Satz: „Das hätte man sich sparen können.“ Indem man darstellt, was man sich hätte sparen können, demonstriert man K-Effekt, so daß man es sich doch nicht hätte sparen können; dieser Widerspruch ist dann wiederum K-Effekt (in der Spielart *Athen*, Gruppe 6).

Auch Magritte bleibt also dem Gleichnis verhaftet, auch er kann eine *Identität* der *Nichtidentität* von Bild und Wirklichkeit (und damit Befreiung aus dieser Nichtidentität) nicht erreichen und erinnert damit an das Kafka-Wort: „Gleichnisse wollen eigentlich nur sagen, daß das Unfaßbare unfaßbar ist.“

Zu Gruppe 4, *Bodenerwerb*:

Der Grundfall dieser Gruppe, der *beschwerliche Bodenerwerb der Gemeinde* (Fall 30), zeigt uns gleich in voller Deutlichkeit die Struktur dieser K-Effekt-Unterart: Gerade weil die Gemeinde den Bodenerwerb beabsichtigt, ist ihr der Erwerb unmöglich; die bloße Erwerbsabsicht treibt die Bodenpreise ins Unerschwingliche. Voraussetzung für die angestrebte Folge ist, daß die Folge nicht angestrebt wird. Die Absicht des Schrittes verhindert den Schritt; die bestehende Situation wird durch das Vorhaben, sich aus ihr zu befreien, fixiert. Ebenso deutlich im Sinne dieser Struktur sind die Fälle 31 bis 35; z. B. das *Schattenspiel*: Gerade weil man dem Schatten hinterherläuft, kann man ihn nicht einholen, er entfernt sich gerade, indem man ihm nachjagt, man treibt ihn geradezu an; die Entfernung bleibt gleich; ein Schritt näher zu ihm hin ist nicht möglich. Auch der *Spalter* (Fall 36) blockiert sein eigenes Anliegen, indem er zur Überwindung der Spaltung dadurch aufruft, daß er die anderen der Spaltung bezichtigt und somit selbst weiter spaltet. Die Universität (Fall 37) soll befreit werden. Dafür muß sie funktionsunfähig, also unbefreit gehalten werden. Gerade der Versuch, sie zu befreien, verewigt die Unfreiheit. Ebenso muß die Gewerkschaft G in S (Fall 41) in ihrer Selbstblockade verharren, um überhaupt einmal effektiv werden zu können; insofern wird auch hier die *Stufe 1* (die gegebene Situation) durch die Absicht, zur *Stufe 2* (hier: zur politischen Effektivität) zu gelangen, fixiert. Der übervorsichtige A im Fall 40 beleidigt das System gerade durch seine Vorsicht.

Die beiden Max-Frisch-Zitate aus den *Formulierungen* müssen als Einheit gelesen werden; „Proteste nützen nichts, im Gegenteil . . .“, also „beschließe ich, keinen Aufruf mehr zu unterzeichnen“, also muß wiederum zur Erhaltung (!?) eigener politischer Relevanz der politische Schritt vermieden werden.

Zu Gruppe 5, *Münchhausen*:

Die *Münchhausen*-Fälle lassen sich auf die einfache Formel bringen: Man müßte schon befreit sein, um sich befreien zu können. Die Hand des bekannten Freiherrn (Fall 43) dürfte nicht als Bestandteil des zu befreienden Körpers dem Sumpf verhaftet sein, um den Körper herausziehen zu können. In dem wichtigen Fall 50 (*Widerstand gegen das System*) sind Instrumente, die zunächst als Waffen gegen das System geeignet zu sein scheinen, dem System so verhaftet, wie die Hand des Münchhausen dem Sumpf; d. h. der *Widerstand* kann als Bestandteil des System-Sumpfes niemals zum wirklichen Widerstand werden, ist vielmehr ebenso wie bei Münchhausen nur Hand(langer); von innen läßt sich das System nicht bekämpfen, weil Kampf im System systemimmanent ist; von außen läßt sich das System nicht bekämpfen, weil ein *Außen* bereits Befreiung vom System voraussetzt, die ja erst durch jenen Kampf erreicht werden müßte. In allen Fällen dieser Gruppe verhindert Schwerkraft die Befreiung; mit seinem Gewicht blockiert sich der Unfreie. Auch bei jenen Zeitungsausschnitten war es das *Gewicht*, das ihre Aufarbeitung verhinderte (Fall 48). Die Fälle 43a, 44 bis 47 und 49 muß ich nun nicht mehr erläutern. Immer kann der Schritt deshalb nicht getan werden, weil er seine eigene Vollendung bereits voraussetzt.

Der Fall 51 (*Stellen Sie sich etwas anderes vor*) schließlich zeigt die *Münchhausen*-Problematik geradezu in aphoristischer Kürze: Die Aufforderung, den Satz durch eine *andere* Vorstellung zu überwinden, kann nicht erfüllt werden, weil das *Gewicht* der Gegenwart des Satzes den Überwindungsschritt verhindert; ich könnte mir nur dann etwas anderes vorstellen, wenn der Satz gar nicht da wäre; so aber ist die Verbindung mit ihm nicht aufzuheben, das etwaige *andere* ist ebenso schon sein Bestandteil, wie die Hand des Münchhausen dessen Körperglied ist; das etwaige *andere* ist also gar nichts *anderes*. Man soll das Objekt sehen und zugleich übersehen. Das aber geht nicht; und diese Unmöglichkeit wird in dem Satz sehr gut demonstriert. Die Aufforderung in dem Satz – und damit kommen wir noch einmal zum Fall 50 – ist so wie eine im System geäußerte Aufforderung, sich etwas anderes als das System vorzustellen; die Bücher eines Herbert Marcuse etwa gehören, und dies muß möglichst trivial ausgedrückt werden, zum System wie das Amen zur Kirche. (In der Tat ist die größte Lüge mithin die Pluralismus-Lüge.) Es ist also dem System genauso unmöglich, aus sich selbst heraus etwas *anderes* zu produzieren, wie es jenem Satz unmöglich ist, wirksam gegen sich selbst aufzufordern. Es fehlt hier ein deus ex machina; solange die Münchhausens immer nur sich selbst zur Verfügung haben, können sie nicht über sich selbst hinausgelangen.

Dann kommt in meiner Sammlung mit den Fällen 53 bis 55 eine Zwischengruppe *Distanz*, die den Münchhausen-Effekt etwas variiert und sich schon der Athen-Gruppe nähert. Im Ansatz gehören die Fälle noch in den Münchhausen-Bereich, geht es doch auch in ihnen darum, daß man sich nicht über sich selbst stellen kann. Der Denker der Einheit der Natur (Fall 54) ist selbst Teil dieser Einheit, Denken über verlangt aber Abstand. Insofern jedoch, als solches Denken doch zu geschehen scheint, haben wir bereits das Widerspruchs-Phänomen der Athen-Gruppe. Ebenso scheint es im *Teufel-Fall* (Nr. 53) trotz der auch hier fehlenden Distanz einen *Glauben an das Teuflische* zu geben. Die Unbeweisbarkeit mathematischer Sätze (55) scheint nach münchhausenhaft-distanzloser Blockadestruktur Aussagelosigkeit in bezug auf solche Sätze anzudeuten; indem es dann aber doch zu einer gewissen beweishaften Aussage über solche Sätze kommt, wenn auch in der negativen Form, daß nur die Unbeweisbarkeit des Satzes ausgesagt wird, deutet sich schon das widerspruchhafte Athenphänomen an: Aussage und Aussagelosigkeit zugleich. Warum gehört dann aber die *Horkheimer-Formulierung* (52) noch ganz zu Münchhausen, obwohl es doch auch bei ihr um die Distanz-Problematik zu gehen scheint? Weil Horkheimer noch eindeutig die Unmöglichkeit der Aussage über „Wissenschaft und Wahrheit“ formuliert, während in den reinen Distanzfällen 53 bis 55 zwar auch zunächst die jeweilige Aussagemöglichkeit wegen des fehlenden Abstandes zum Gegenstand verneint wird, dann aber im Unterschied zu Horkheimer und den anderen Münchhausen-Fällen festgestellt wird, daß das Unmögliche doch zu geschehen scheint.

Zu Gruppe 6, *Athen*:

Es ist kein Zufall, daß mir zu dieser Gruppe die meisten Beispiele eingefallen sind. –

Konnte bei den anderen Gruppen immerhin noch irgendein *Zu-*

stand festgestellt werden, wenngleich meistens ein schlimmer, so gibt es in den Athen-Fällen noch nicht einmal einen solchen *Zustand*, der sich als Ausgangsposition für die versuchte Befreiung feststellen ließe. In den anderen Fällen besaß der Unfreie wenigstens noch seine Identität, die *Athener* sind dagegen gleichsam schon im Vorfeld unerlöst; ihre Verdammnis besteht darin, daß sie noch nicht einmal zu einer identitätverschaffenden Geburt gelangen können.

Verhindert wird die Geburt in diesen Fällen jeweils durch das Vorhandensein eines unaufhebbaren Widerspruchs. Der Durchbruch zu einem Selbst kann nicht gelingen, weil immer gleichzeitig ein Gegenselbst da ist und beide sich aufheben.

Das gleichzeitige Vorhandensein zweier sich ausschließender Möglichkeiten ist in allen geschilderten Beispielen so offensichtlich, daß sich hier die Einzelanalyse weitgehend erübrigt. Im *Athenfall* selbst (Fall 56) ist nicht auszumachen, ob der Satz „Die Athener sind Lügner" nun wahr oder falsch ist. Er scheint beides zugleich zu sein und damit gar nichts. Die Fälle 57 bis 61 sind ebenso strukturiert. Dabei ist gleichgültig, ob die identitätshindernde Alternative schon gegeben ist oder entscheidungsnotwendig noch bevorsteht; zu der ersteren Gruppe gehören etwa die Fälle 56, 57, 58, 59 – der jeweils zugleich wahre und falsche Satz, Zweifel u. s. w. ist schon geäußert –; zur anderen Gruppe, wo es immer um die Frage geht: „Was soll er also tun?", gehören z. B. die Fälle 60, 61 und 75 (wie soll sich der *progressive Musiklehrer* verhalten? Was soll A im Fall 75 tun, da doch *beide Wege* – Leben und Tod – *nicht recht gangbar* erscheinen?). Dann haben wir die *psychologischen Athen-Fälle* 62 bis 65; ein Gedankengang ist ausgelöst, der es unmöglich macht, sich innerhalb der gegebenen Alternative zu einer Annahme von größerer Wahrscheinlichkeit durchzuringen; auch hier sind beide, einander ausschließende, Möglichkeiten gleichzeitig und gleichwertig da.

„Dadurch, daß Ihr froh seid, nicht verstanden zu haben, was ich sagte, zeigt Ihr, daß Ihr es verstanden habt" (66), „Bescheidenheit als Aufschneiderei" (67), Sadismus im Nichtsadismus (68), „. . . Sinnlosigkeit zu ihrem Sinn hat" (77), „Irrationalität auf einen rationalen Begriff gebracht" (77) u. s. w.: In solchen Paradoxes wird immer auf kürzeste Art das Dilemma formuliert, wie es für den Athen-Bereich besonders und für alle K-Effekt-Fälle allgemein charakteristisch ist. (Neben der Pluralismus-Lüge ist also die Identitätsillusion eine weitverbreitete Unwahrheit im System.)

Die Beispiele 71 bis 73 sprechen noch einmal die Systemproblematik an; Freiheit scheint sich nur durch Unfreiheit schützen zu lassen; der *Freiheit* ist also die *Unfreiheit* allgegenwärtig; ob ein solcher Zustand nun frei oder unfrei sei, läßt sich nicht ausmachen.

Die *Quantentheorie* (74) zeigt das Athen-Phänomen mit naturwissenschaftlicher Deutlichkeit und Beweiskraft. Das *tertium non datur* gilt, wie wir sahen, nicht nur hier nicht. *Klassische Logik* scheint sich allenthalben als Illusion zu entpuppen. Die Identität von Subjekt und Objekt schließlich, die jede Identität überhaupt aufzuheben scheint, dürfte gleichzeitig *Pubertär-Philosophie* sein (Fall 76) wie auch *Wahrheit* und ist damit auf doppelte Weise K-Effekt in der Athen-Spielart.

* * *

Wir wollen uns jetzt einem Gesamtüberblick nähern. In der Athen-Gruppe besteht also die Unfreiheit in unaufhebbarer Nichtidentität, bei den anderen Gruppen ist eine Wesenseinheit noch feststellbar. Die Unruhe der Athener beruht darauf, daß sie aus ihrer unsicheren, ruhelosen Position zu einer Wesenseinheit gelangen wollen. Wie sich aber die Gruppen überschneiden! Ob ein Fall zum Beispiel dem Münchhausen- oder dem Athenbereich angehört, hängt oft nur davon ab, wie man den Akzent setzt: Erscheint das angeblich *andere* lediglich als so stark integrierter Teil des *einen*, daß es nicht als wirklich *anderes* gelten kann, so haben wir einen Münchhausen-Fall: So sagten wir, das vorstellende *andere* sei schon von vornherein Bestandteil jenes *autre-chause*-Satzes, ebenso wie Bücher mit dem Inhalt: „Stellen Sie sich etwas anderes vor als dieses System" von vornherein zum System gehörten. Jedoch ließe sich auch denken, das vorzustellende *andere* sei etwa jenem Satz gegenüber tatsächlich etwas anderes; dann hätten wir das *eine* und das *andere* in einer Identität verbunden, also Nichtidentität in der Identität, also nur Scheinidentität, also Athen-Bereich. Immerhin spricht gegen die Atheneigenschaft in jenen Beispielen der *Zubehör*-Charakter des angeblich *anderen*; im Unterschied dazu läßt sich etwa im *Quanten*-Fall (74) keinesfalls sagen, das *Teilchen* sei Zubehör der *Welle*, also liegt dieser Fall eindeutig bei den *Athenern*. Münchhausen und Stereo-Kanne: Wurde den Münchhausens angemerkt, sie könnten nicht über sich hinausgelangen, so erinnert das sofort an die Kinderkakaokanne (Fall 23), die dasselbe bildlich demonstriert, indem sie nur immer sich selbst darstellt; auch sie kann nicht über sich selbst hinausgreifen. Oder nehmen wir die Wesensverwandtschaft der Selbstsub-Gruppe mit den Bodenerwerbsfällen, dargestellt etwa am Vergleich der Fälle 7 (*Professor R., Selbstsub*) und 41 (*Gewerkschaft G, Bodenerwerb*): Professor R. setzte seinen guten Ruf noch ein, womit er ihn allerdings gleichzeitig verlor, erreichte also die neue Stufe gerade noch, wenn auch nur für eine *logische Sekunde*, während die Gewerkschaft G im Ruhezustand verharrte. Der Vergleich zeigt aber auch, daß hier kein prinzipieller Unterschied vorliegt. Gerade die leichte Erreichbarkeit des Urwaldes (Fall 5) scheint vom Urwald abzuhalten; hier klingt also Bodenerwerbsproblematik an. Die Selbstsubtraktion aber zeigt sich, wenn man so formuliert: „Indem ich den Urwald erreiche, überfliege ich ihn." Die Wegnahme der eigenen Position geschieht also durch den Schritt, während in den Sachverhalten des Typs Bodenerwerb die bloße Absicht, den Schritt zu tun, ihn verhindert. Im Tierquäler-Fall (8 am Ende) wird das Mitleid noch praktiziert durch den Freikauf, der Schritt also noch getan, deshalb ist dies

Selbstsub und noch kein Bodenerwerb. Indem aber der Freikauf immer wieder die Tierquälerei produziert und diese wieder den Freikauf, haben wir auch eine Verwandtschaft mit der Rom-Struktur. Schließlich kreuzt sich Selbstsub auch mit Athen: Die erfüllte Hoffnung ist eine enttäuschte Hoffnung (Fall 6, also Selbstsub); stellen wir uns dagegen eine Gleichzeitigkeit, eine Wesenseinheit von erfüllter und enttäuschter Hoffnung vor, so hätten wir einen echten *Athener* (die erfüllte Hoffnung ist als enttäuschte Hoffnung keine erfüllte Hoffnung mehr; da sie aber inhaltlich das Vorgestellte enthält, scheint sie doch erfüllte Hoffnung zu sein). Es ist oft nur eine Frage der Grammatik, welcher Gruppe wir eine Formulierung zuzuordnen haben: „So *wird* . . . am Ende" (Scheible, Fall 8); dies ist schritthaft formuliert, also Selbstsub, während im Wort „. . . daß ihre Philosophie Sinnlosigkeit zu ihrem Sinn *hat*" (Horkheimer, Fall 77) sprachlich ebenso Zustand angezeigt wird wie in der Formulierung „. . .*ist* die Irrationalität auf einen rationalen Begriff gebracht" (Jansen, Fall 77); deshalb Athen. Im Fall *Wissenschaftspluralismus an Hochschulen* (72) wird Athen überlagert von einer zweifachen Selbstsubtraktion: Der Pluralismus muß sich selbst beseitigen, um sich zu schützen; die Nichtpluralisten brauchen Pluralismus, um den Nichtpluralismus zu etablieren. Auch der Unterschied zwischen Rom und Athen ist unwesentlich: Rom läßt zwei Positionen in unendlicher, unauflösbarer Hin- und Herbewegung aufeinander folgen; Athen läßt beide Positionen gleichzeitig erscheinen. Zum Beispiel die *Angst vor Leben und Tod* (Fall 75): Als Dauerzustand, als gleichzeitiges Vorhandensein beider Ängste, liegt der Fall im Athen-Bereich; tritt die Angst dagegen einzeln auf, z. B. als Angst vor dem Leben, nachdem man sich gerade gegen den Tod entschieden hat, ist also immer nur eine Angst auf einmal da, so hätten wir es mit einem *Römer* zu tun. *Der Mörder ist immer der Gärtner* (Fall (64); da lautet ein Satz: „Freilich wird diese Neuerung nicht lange wirksam sein; der geübte Kriminalkonsument wird bald dahinterkommen". Diese Formulierung scheint Hin- und Herbewegung anzuzeigen, deutet also auf *Rom*; wird dagegen von dem Zustand ausgegangen, in dem Kriminalautoren schon alle Tricks zur Irreführung des Lesers ausprobiert haben, so hätten wir *Athen*. Wie sich nun auch *Bodenerwerb* und *Münchhausen* unterscheiden und zugleich nahe sind, mag am Fall 48 (Zeitungsausschnitte-Sammlung) gezeigt werden: Hätte A noch den Versuch gemacht, seine Sammlung auszuwerten, und wäre es gerade dieser Versuch gewesen, der ihn am Arbeiten hinderte, so hätte seine Verstrickung noch Bodenerwerbsqualität gehabt. So aber war es einfach das Gewicht seiner Sammlung, das ihm die Arbeit verstellte; also schon Münchhausen.

Wie wesensverwandt Fallgruppen miteinander sind, mag noch einmal das Märchen vom Hasen und Igel (Fall 20) zeigen, das ich ziemlich willkürlich den *Stereotypen Reihen* zugeordnet habe: Das Hin- und Herlaufen des Hasen zeigt *Rom* an, das Gefangensein innerhalb eines unüberwindbaren Igel-Systems deutet auf *Münchhausen* (zum Beispiel: Die Produktion von Protestkleidung ist schon vorbereitet, ist schon am Ziel, während sie noch der Verständigung unter den Protestierenden zu dienen scheint), das gleichzeitige Vorhandensein der beiden Igel assoziiert sogar ein bißchen *Athen*: Stellen wir uns den Hasenlauf etwa in West-Ost-Richtung vor, so scheint Standort Ost etwas anderes zu sein als Standort West (Nichtidentität), aber an beiden Orten findet er, der Hase, dasselbe Igelbild (Identität) vor (wem es Spaß macht, solche Sätze noch politisch-aktuell anzureichern und wer Assoziationsspielereien liebt – hier aus Anlaß der *Ost-West-Identität* –, darf noch den Begriff *Konvergenztheorie* einfügen). Die Gruppe *Stereo* habe ich schließlich ausgewählt, weil „das Prinzip des Stereotypen immer schneller und schon am Ziel ist, wenn angeblich Unkonventionelles erdacht wurde"; siehe oben: So schnell kann einer gar nicht sein, daß er wirklich Neues sagen könnte, immer ist am Ziel schon der Klischee-Igel, der System-Igel, wie Sie wollen, und sagt: „Ich bin schon da".

“. . . die ontologische Differenz von Abbildung und Abgebildetem selber ins Bild bringt, gehört zu den künstlerischen Versuchen, die parmenideische Einheit von Denken und Sein in der Anschauung herzustellen“ (H. H. Holz, a. a O., S. 1.45): Hier haben wir also endlich noch eine Verbindung zwischen *Stereo-Kanne* (etwa Magritte, auf den sich der zitierte Satz bezieht, also Fall 24 aus der Stereo-Gruppe) und *Athen* (Einheit von Denken und Sein, vgl. den Fall 76, *Die Pubertär-Philosophie des A*). Die Formulierung: „Der Apparat unterwirft uns in seiner Anwendung den Gesetzen seines Funktionnements“ u. s. w. (Fall 8) fanden wir der Selbstsub-Gruppe zugeordnet. Der in solchen Phänomenen liegende Selbstzweckgedanke (oft als *Sachzwang* getarnt) verweist jedoch auch auf die Selbstdarstellungsbilder der *Stereo-Kanne* – Fälle: Verwaltungs- und Gebietsreform, EDV, Informatik u. s. w. haben häufig keinen Rationalisierungseffekt, bedrohen das Individuum, erschweren Demokratie, erschließen neue Fehlerquellen, schaden also nur. Sie werden jedoch fortgeführt, haben sich verselbständigt, kommen also über sich selbst nicht hinaus, nach einer Begründung wird nicht mehr gefragt, d. h.: Die Sache wird mit sich selbst begründet (= Stereo-Kanne).

Rätselhaft muß scheinen, wenn zwei Sätze inhaltlich fast völlig übereinstimmen und dennoch verschiedenen Fallbereichen zugeordnet wurden; zum Beispiel: „Fast immer läßt sich eine Kritik auf die Position des Kritikers selbst anwenden“ (Fall 21 am Ende, Stereo-Reihe), und: „Der Redner . . . tut also gerade das, was er dem anderen vorwirft“ (Schlußsatz von Fall 36, *Der Spalter; Bodenerwerb*). Das erstere Zitat soll zeigen, daß Kritik endlos berechtigt ist (endlose *Reihe* von Kritik), das andere Zitat vermittelt gleichsam einen Spezialfall dieser allgemeinen Erkenntnis, zeigt nämlich die Stereotype Reihung von Kritik in jener Bodenerwerbsqualität, wo einer die Spaltung vertieft, indem er sich um Überwindung der Spaltung bemüht.

Überall lassen sich also Austauschbarkeiten, Überlagerungen,

Kreuzungen zwischen den Fallgruppen aufspüren; sie zeigen uns, daß der K-Effekt relativ homogen ist; Untergliederungen sind nur Verständnishilfen. Zum Abschluß dazu noch drei Gleichungen:

a) Ich – ich = ich,
b) Ich = ich = Ich,
c) Ich + ich = Ich.

Was soll das heißen? Kein Schritt oder Scheinschritt bringt Fortschritt, ich bleibe immer nur auf mir sitzen, komme über mich nicht hinaus oder unter mich hinunter, ob ich nun versuche:

a) mich selbst zurückzunehmen (Selbstunterwindung, Selbstrücknahme),
b) mich selbst zu bestätigen (Selbstdarstellung),
c) mich selbst zu überwinden (Selbstüberwindung);

es ist also gleichgültig, ob ich beispielsweise sage oder male:

a) „Dieser Satz hat sechs Worte zuviel" (Timm Ulrichs): der Satz bleibt trotz der selbstsubtrahierenden Aussage bestehen,
b) die Kinderkakaokanne (Fall 23); obgleich ich mich auf mir selbst abmale, bleibe ich dennoch nur ich selbst,
c) „Stellen Sie sich etwas anderes vor", auch dieser Satz bleibt, wie schon ausgeführt, damit nur er selber und wird nicht etwa, wie Brock a. a. O. meint, „dadurch in sich selbst ein anderer."

Die *Kinderkakaokanne* ist gleichsam am ehrlichsten, zeigt das Bild der Selbstsackgasse am eindeutigsten, weil sie erst gar nicht vorgibt, etwas anderes als sie selbst werden zu können, sie beschränkt sich *von vorneherein* auf sich selbst.

* * *

Selbstsub: Schritt tötet Fortschritt.

Rom: Schritt führt zum Ausgangspunkt zurück und erzwingt dort wieder den Schritt.

Stereo-Reihe: Scheinschritte (auf-der-Stelle-Treten), hintereinander geschachtelt.

Stereo-Kanne: Scheinschritte (auf-der-Stelle-Treten), ineinander geschachtelt.

Bodenerwerb: Schritt ist unmöglich, gerade der Schrittversuch verhindert ihn.

Münchhausen: Schritt ist unmöglich, weil er sich selbst bereits voraussetzt.

Athen: Schritt ist unmöglich, da schon Position, von der aus zu starten wäre, nicht vorhanden ist.

Bei Selbstsub und Rom sind es noch Schritte, wenngleich nutzlose, da unhaltbare;
bei Stereo-Reihe und Stereo-Kanne sind es nur noch Scheinschritte;
bei Bodenerwerb, Münchhausen und Athen gibt es keine Schritte mehr.

Die Kinderkakaokanne im Schema

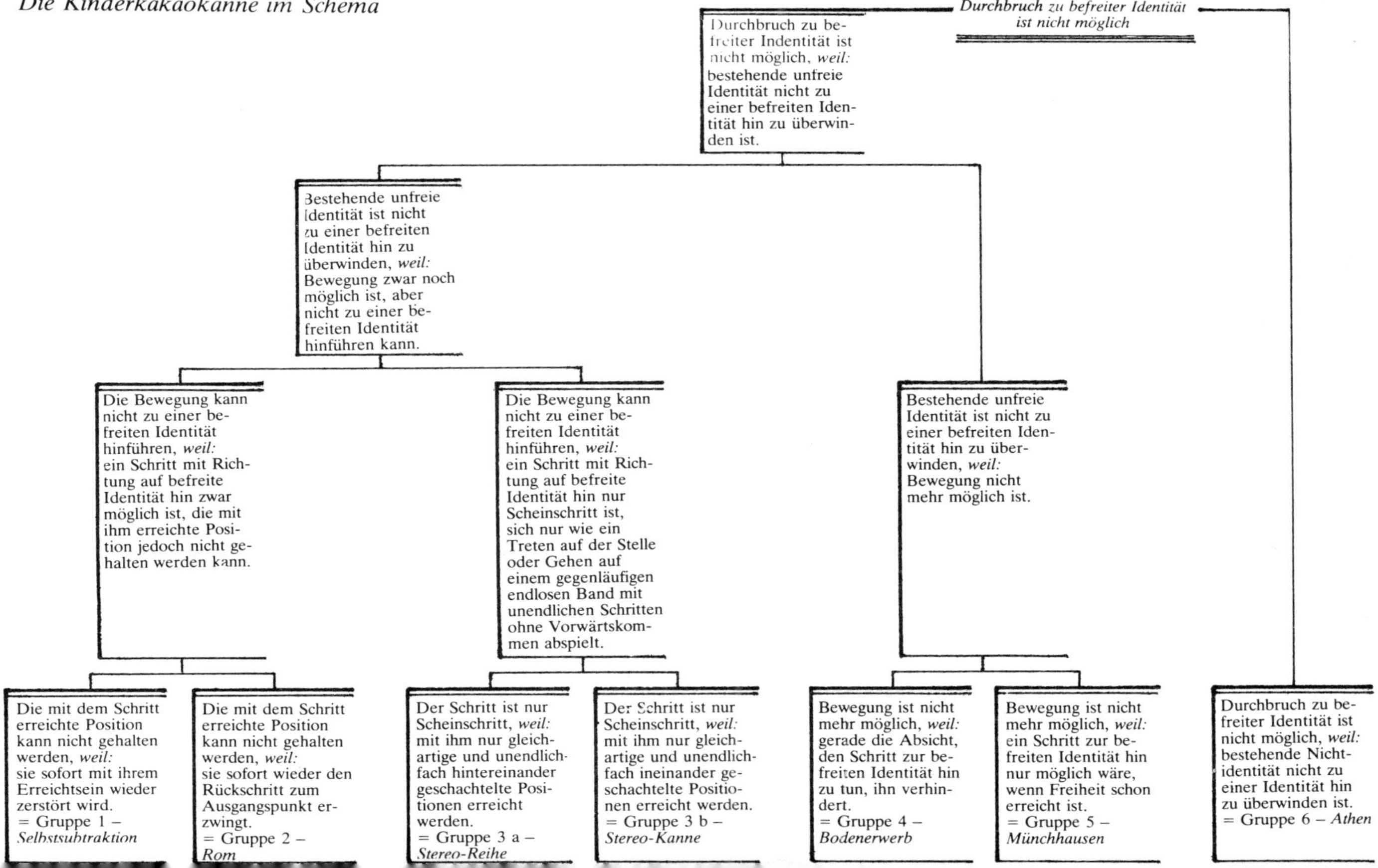

Bei diesem Aufbau des K-Effekt-Systems zeigt sich also, daß von links nach rechts fortschreitend die Position immer hoffnungsloser wird. Zunächst ist Bewegung noch möglich, für eine *logische Sekunde* wird sogar die erträumte Stellung noch erreicht, dann allerdings zerstört (Selbstsub) oder wieder verlassen (Rom). Dann ist Bewegung nur noch Scheinbewegung innerhalb eines stereotypen Systems (Stereo-Reihe, Stereo-Kanne). Schließlich blockiert sich der Gefangene selbst, ist also zur Bewegungslosigkeit verurteilt; sei es, weil gerade sein Befreiungsvorhaben ihn stärker fesselt denn je zuvor (Bodenerwerb), sei es, weil sein eigenes Schwergewicht ihn vom Ausbruch zurückhält (Münchhausen). Endlich darf sich der Gefangene nicht einmal mehr als *Gefangener* bezeichnen, selbst diese Identität wird ihm verweigert (Athen).

Doch genug der ermüdenden Systematisierungsversuche! Lassen Sie uns frei von jeglichem Schemadenken den K-Effekt insgesamt betrachten:

Gegen eine einfache Aussage setzt sofort der K-Effekt ein. Alles läßt sich weiterdenken, das Weiterdenken hebt das vorher Gedachte auf und führt dennoch nicht zu *wirklich* neuen Ergebnissen. Neues ist gar nicht erreichbar. Alles ist Klischee. Nichts ist leichter, als einen scheinbar erreichten Standpunkt zu relativieren und damit zu verunsichern. Die Berechtigung der Kritik ist unendlich. Zahllose Szenen belegen das. Eine Zeitschrift, die permanent intellektuellen Hochmut praktizierte, berichtete einmal mit beißendem Spott von einem *jungen Schriftsteller*, der sich bei ihr mit den Worten vorstellte: „Ich nenne mich Greif." Nun kann man in der Tat ein derartiges Gebaren sehr leicht verspotten; es bedarf gar keiner besonderen Sensibilität, um hier Peinlichkeit zu empfinden. Dennoch wäre, wenn überhaupt, nicht das Verhalten dieses Mannes widerlich gewesen, sondern die Selbstsicherheit und Selbstherrlichkeit, mit der jene Zeitschrift es bespöttelte, hatte sie selbst doch solches Verhalten systematisch herangezüchtet; der Mann hatte sich ihr gegenüber also nur adäquat verhalten, wenngleich vielleicht um eine Stufe zu primitiv und damit entlarvend. Aber auch die Kritik jener Zeitschrift hierzu kann dem K-Effekt-Bewußten nicht mehr wirklich widerlich vorkommen; weiß er doch: Wir alle sind im K-Effekt verstrickt, und wer sich frei von allem peinlich Affektierten, von allem Klischeedenken weiß, der werfe den ersten Stein. Indem der K-Effekt-Bewußte überall das Gemeinplätzige nachweist, zieht er sich selbst eine Hochmutattitüde zu, was wiederum den K-Effekt-Befall anzeigt. Den K-Effekt, die Austauschbarkeit, überall nachzuweisen, ist billig und arrogant – nichts ist immer leichter als eine Widerlegung –, zugleich aber unabweisbar, in diesem Widerspruch also selbst k-effektiv.

Im *Kleinen Prinzen* von Saint-Exupéry zum Beispiel werden Thesen als Wahrheiten verkündet, die nichts anderes sind als Erfüllungen bestimmter Erwartungshaltungen, also Klischees; etwa so:

„Wenn ich euch dieses nebensächliche Drum und Dran über den Planeten B 612 erzähle und euch sogar seine Nummer anvertraue, so geschieht das der großen Leute wegen. Die großen Leute haben eine Vorliebe für Zahlen . . . Sie fragen euch nie: . . . Sammelt (euer neuer Freund) Schmetterlinge? Sie fragen euch: Wie alt ist er? . . . Wieviel verdient sein Vater? . . . Man muß ihnen sagen: Ich habe ein Haus gesehen, das hunderttausend Franken wert ist. Dann schreien sie gleich: Ach, wie schön!" . . .

In Wahrheit sind die *großen Leute* natürlich nicht über jene hunderttausend Franken begeistert, sondern über das Büchelchen des Saint-Exupéry, das unseren Blick auf *das Wesentliche* zu lenken sich bemüht. Noch einmal: Ich will mir nicht anmaßen, solche Erlösungsliteratur pauschal herunterzumachen. Das liegt mir fern. Ich weiß, daß meine Hinweise um keinen Deut weniger Klischee sind, vielmehr geradezu eine Sammlung von Klischees, mit denen gegen Klischees polemisiert wird; die Schwäche-Ideologie ist voll von dieser Einsicht. Ich weiß auch um die Billigkeit dieser Einsicht (vgl. Fall 17, *Der Scheißbrief an die Verlage*).

Für welchen Zeitraum will Max Frisch eigentlich jene Begriffe wie *Lernprozeß, transportieren, Konsensus, polarisieren* u. s. w. (s. oben Fall 21) als nicht abgestanden anerkennen? Wie schnell also sind sie modisch geworden? Wenn nach zwei Jahren, warum dann nicht nach einem Jahr? Wo ist die Grenze zu ziehen? Jede Widerlegung ist schlüssig; *Nur hat Sartre vergessen* . . . (Fall 21), er hat nicht vergessen; sie alle machen an beliebiger Stelle halt, das Gedankenende ist immer willkürlich; jede Idee ist schlüssig, ihre Gegenidee aber ebenso; jeder Fortschritt ist Scheinfortschritt; *ich beschließe, keinen Aufruf mehr zu unterzeichnen* (oben Nr. 42); die Fehlerhaftigkeit, Aufrufe zu unterzeichnen, scheint nachgewiesen, aber ebenso leicht ließe sich das Gegenteil nachweisen. Die Originalität einer Gegenthese verblaßt schnell; der Gedanke, sich gegen die Scheinheiligkeit der Olympiamedaillenverächter zu stellen (Fall 70), scheint nur noch einen winzigen Moment lang originell zu sein, eine *logische Sekunde* vielleicht; dem sensibilisierten Klischeesucher ist die These schon mit ihrem Erscheinen Klischee.

Das K-Effekt-Bewußtsein empfindet Ekel vor jeder These und empfindet darum schließlich überhaupt keinen Ekel mehr (was wiederum *Athen* indiziert). Keine These hat Bestand. Es genügt schon, einen Satz eine Weile zu betrachten, ihn schweigend einen Augenblick stehen zu lassen; Skepsis, Abneigung, schließlich Widerspruch und Ekel stellen sich dann ganz von selbst ein. So galt es zeitweise als originell, in Feuilletonspalten ein *Lob der Faulheit* oder *Lob der Unordnung* zu singen; in solchen Artikeln wurden dann in einer Attitüde mutig-unkonventionellen Gedankenwitzes herrschende Meinungen scheinbar widerlegt; heute freilich würde keine bessere Zeitung mehr derartige Schreiben drucken, so sehr ist auch dort schon bewußt geworden, wie stereotyp solche Gedankengänge im Grunde sind, die Widerlegung ist fast immer genauso konventionell wie das Widerlegte. Eine *Tugend* erheischt immer eine Stellungnahme für die *Untugend*. Es gibt nichts mehr, für das noch wirklich eine *Lanze ge-*

brochen werden müßte. (Die Formulierungen *nichts mehr* und *noch* in diesem letzten Satz sollen übrigens nicht heißen, daß es nicht schon immer so war, aber es müßte jetzt allgemein bewußt geworden sein.)

Damit sind Differenzierungen sinnlos geworden, und Bemühungen, einer Sache gerecht zu werden, sind zum Scheitern verurteilt; und ich muß nun nicht jedesmal erneut auf die Alibifunktion dieser meiner Aussagen hier hinweisen wie auch darauf, daß es k-effektiv unabweisbar ist, sie dennoch erscheinen lassen. *Alles ist Ideologie.* Leute in den Dreißigern bestimmt Max Frisch mit Recht als vom Alter *Vorgezeichnete*; mit 37 bezeichne ich mich als alt; aber warum erst mit 37? Eine scheinbare Altersdistanz läßt sich bis auf Null zusammenfassen, Illusionen werden dabei abgezogen; die Phrase von der Kürze des Lebens wird wörtlich genommen, bis sich das Leben auf Null reduziert. Wo ist der Übergang von einer *Jugend* in ein *Alter*? Was heißt das, er sei *fließend*? Das heißt, daß er überhaupt nicht vorhanden ist, das Alter beginnt mit der Geburt u. s. w.

Kann man denn heute noch einen Hinweis auf „das Leiden der Hungernden in der Welt", auf das Leiden der jährlich tausenden Kinder geben, die im Straßenverkehr verletzt werden, ohne sich den Vorwurf sentimental-gemeinplätziger Rede zuzuziehen? Nein; also muß man, um Peinlichkeit zu vermeiden, derartige Hinweise verknüpfen mit irgendwelchen *originellen* Zusatzgedanken, doch ist das Repertoire auch insoweit schnell erschöpft, Klischeestufen: Sätze wie „Das alles ist sinnlos" oder „Das Leben ist so kurz" oder „Alles ist so maßlos traurig" sind auf eine ganz unmittelbare Weise abgeschmackt, hier rieselt es vor Peinlichkeit durch den Körper; der Ausruf „So ein Wahnsinn!" dagegen hat etwas mehr Farbe, ich fand ihn lange Zeit sogar gut und benutzte ihn häufig, schien er doch auf prägnante Art fast alle Lebenslagen überraschend genau zu analysieren. Aber auch er ist nun verbraucht.

Wie ich gerade feststelle, bin ich jetzt schon mehr und mehr in den Jargon der *Schwäche-Ideologie* verfallen. Lassen Sie uns aber auf den ernsthafteren, lehrbuchartigen Stil zurückkommen (dieser Einleitungssatz entspricht dem Vorhaben nicht, ist also einmal mehr *Nichtidentität in der Identität* und also K-Effekt).

„Leoparden brechen in den Tempel ein und saufen die Opferkrüge leer; das wiederholt sich immer wieder; schließlich kann man es vorausberechnen, und es wird ein Teil der Zeremonie" (Franz Kafka). Was also zunächst noch Widerpart zum Tempel war, wird endlich integriert und zum Klischee. Auch Kafka kannte also den K-Effekt in der Form *Stereo-Reihe*; das Aussaufen der Opferkrüge ist kein Fortschritt mehr, ist *leerlaufend* (wir erinnern uns: Im K-Effekt-Schema heißt *leerlaufend* bei der Gruppe 3 a: Der Schritt ist nur Scheinschritt, weil mit ihm Bewegung nur auf einem unendlichen gegenläufigen Band abläuft, gleichsam wie auf einem entsprechenden Trimm-Dich-Heimgerät).

Wer also Neues sagen will, wer also Altes als modisch denunzieren will, der muß sich sagen lassen . . .

„Die Literatur befindet sich in einer Sackgasse. Alles ist schon gesagt und besser gesagt worden. Nach Stendhal, Flaubert, Sade, Nietzsche, Rimbaud, Proust, Kafka, Joyce kann nichts mehr von Bedeutung geschrieben werden. . . . Die intellektuelle Kultur lähmt die Kreativität" (Werner Bökenkamp in: FAZ 12. 12. 1975). In der Tat, und an diese *Stereo-Reihe* schließt sich ganz zwanglos die *Stereo-Kanne*: Alles ist schon einmal dagewesen. Indem auch diese Feststellung schon dagewesen ist, enthält sie, nach Kannenart, ihre eigene Bestätigung.

Wer noch Bedürfnis hat nach weiterer Schematisierung und Systematisierung, der mag sich an der Formel freuen: Die *logische Sekunde* (siehe oben Orgasmus, erfüllte Hoffnungen u. s. w.) ist K-Effekt in der Zeit-Dimension, die Kinderkakaokanne ist K-Effekt in der Bild- (Raum-)Dimension.

Nimmt man eine Gans aus, so fällt *Gänseklein* an; nimmt man den K-Effekt auseinander, so fallen *Kleinformulierungen* an; so nenne ich Alltagsfloskeln, die verbal K-Effekt indizieren: „Es gibt nichts, das es nicht gibt“ (Athen); „Umgekehrt wird ein Schuh draus“ (Rom); „Und so weiter“ (Stereo-Reihe); „So oder so“ (Rom); „Gerade das nicht“ (Selbstsub oder Bodenerwerb); „Vielleicht – vielleicht auch nicht“ (Athen); „Na und?“ (Stereo-Reihe); „Wie man es macht, ist es falsch“ (Rom); „Immer dasselbe“ (Stereo-Reihe); „Einerseits – andererseits“ (Rom oder Athen) u. s. w.

„Ein Baum wird zu einem Balken zurechtgesägt. Der Künstler schält aus dem Balken wieder den Baum heraus . . .“ (Brock, a. a. O., S. 2.18). Als Baum ist er somit zugleich nachgemachter Baum. Sind derartige documenta-Beispiele von *Nichtidentität in der Identität* (Gleichzeitigsein von Urbaum und nachgeschnitztem Baum) vielleicht nicht repräsentativ? Nun, am 26. November 1972 gegen 15.15 Uhr hörte ich im US-amerikanischen Soldatensender AFN ein Gespräch an über das Zustandekommen von Plattenaufnahmen der Pop-Musik. Da werden im Studio die einzelnen Stimmen und Instrumente mit gesonderten Mikrophonen aufgenommen; allein fünf Mikrophone wurden in dem vom Interviewten herangezogenen Beispiel für das Schlagzeug installiert; nachher wird alles mit komplizierten technischen Mitteln künstlich zusammengesetzt, verschoben, abgestimmt, sogar das Tempo läßt sich synthetisch noch regulieren. Und nun berichtete der Sprecher von einem Phänomen, das so genau unserem documenta-Beispiel entspricht: Wird nämlich die so produzierte Platte zu einem *hit* und geht die Pop-Gruppe dann auf Tournee, so erwartet natürlich ihr Publikum das beliebte Stück im Konzertsaal mit dem möglichst genauen, von der Platte her bekannten Klangbild. Die Gruppe muß also *life* einen sound produzieren, der bis dahin nur Ergebnis aufwendiger Synthetik gewesen ist. Das ursprüngliche Spiel im Studio (Baum) wurde verkünstelt zur fertigen Plattenaufnahme (der Baum wird zu einem Balken zurechtgesägt). Und nun schält die Gruppe aus dem Künstlichen wieder das life-Spiel heraus (der Künstler schält aus dem Balken wieder den Baum heraus). Das Spiel im öffentlichen Konzert ist somit life-Spiel und Synthetik zugleich.

Permanent werden mir neue Beispiele herangeschwemmt, der täglichen Druckschriftenflut zu entnehmen. „Häufig werden solche Bedingungen (zum Glücklichsein) erfüllt, doch dann führt man bereits neue Vorbehalte an" (Arthur Rubinstein, a. a. O., S. 435); ein *Selbstsub*. „. . . ein unbesonnener und ohne Maß und Ziel betriebener Umweltschutz könnte leicht ein so verwickeltes und empfindliches Wirtschafts- und Gesellschaftsgefüge, wie es das unserer Tage nun eben geworden ist, in große Gefahren stürzen, die am Ende vielleicht schlimmer wären als die zunächst bekämpften Übelstände . . ." (so ein Professor Külz in einem „Betriebs-Berater"-Blatt 1971, S. 1017; mit einer Fiktion wird das Übel fixiert, also *Bodenerwerb*, vgl. Fall 34 u. a.). „Ein Akt, auf den ich lange gewartet habe: daß ein Kritiker freiwillig seinen Anspruch auf Unfehlbarkeit dahingibt und zugesteht, daß seine Meinung eine subjektive und augenblickliche sei . . ." (Luise Rinser in *Grenzübergänge*, S. 262; der nächste Schritt wäre die Erkenntnis der Billigkeit dieser Selbstdistanzierung wie im *Scheißbrief*; also ein Fall der *Stereo-Reihe*). Noch ein typischer *Bodenerwerb*: „Ich habe vor lauter Sorgen eine Glatze bekommen." – „Was hat dich denn so besorgt?" – „Mein Haarausfall". (Ein ähnliches Bild gibt es übrigens schon bei Eichendorff; er findet überall ein Haar in der Suppe, bis er selbst keine Haare mehr hat.) Oder: „Der Hauptgrund, warum wir eine Königin haben müssen, scheint mir der zu sein: Ihre Bedeutung liegt in ihrer Bedeutungslosigkeit . . . Könige und Königinnen werden heutzutage auf Sockel gestellt, damit man sie von denselben stürzen kann . . ." (*STERN Nr. 46/72, S. 48)*.
„Zwar skandalisiert es mich, bei Rilke zu lesen: *Armut ist ein großer Glanz von Innen*, und ich hab's auch nicht gern, wenn Papst Paul in einer armseligen Baracke Roms sagt, die Armen

seien Gottes Lieblinge . . . Aber hier liegt ein Haken: wer seine Armut zu transzendieren vermag, der ist ja schon nicht mehr arm" (Luise Rinser, a. a. O., S. 266); ist er also arm oder nicht, ist also Armut erstrebenswert oder nicht? (Athen) „Heute ist alles sehr verworren. Schwarz ist nicht mehr Schwarz, Weiß nicht mehr Weiß, das Richtige ist nirgendwo absolut, alles ist relativiert, im Politischen wie im Moralischen . . ." (Rinser, a. a. O., S. 281 f.); Klischeesätze, und doch richtig, Sätze, die in Form und Inhalt K-Effekt anzeigen. Wer scherzhaft von einer *Nonkonformisten-Uniform* spricht und damit modische Außenseiterpose scheinbar entlarvend denunzieren will, spiegelt vor, daß eine wirkliche Nonkonformistenkleidung überhaupt möglich sei; auch muß er sich sagen lassen, daß sein Hinweis auf das *Uniforme* von *Nonkonformistischem* selbst sehr konformistisch ist u. s. w., das hatten wir schon. A kleidet sich immer betont konservativ, er trägt einen farblosen Anzug mit unauffälliger Krawatte, das ist seine Form des Nonkonformismus; politisch steht er extrem links, übertrifft darin noch alle Leute seines Kreises, grenzt an Anarchie, nähert sich schließlich sogar wieder den Konservativen, weil er resignativ-pessimistisch alle Aktion ablehnt, überall nur das Systemstabilisierende sieht; so hält er auch nichts von poppiger Aufmachung in Kleidung und Bartwuchs, in der er, wie jener vorhin zitierte, nur die *Nonkonformisten-Uniform* sieht; so hält er gerade seine Allerweltskleidung als die im Grunde wahre Nonkonformisten-Kleidung, obwohl oder eben weil sie doch so konventionell ist; ist seine Kleidung nun also konformistisch oder nichtkonformistisch? Wie soll sich also einer kleiden, wenn er wirklich unkonventionell gehen will? Alles typische *Athen*-Fragestellungen bzw. stereotype Reihungen. Wer also peinlich darauf bedacht ist, keinesfalls Modischem zu verfallen, wird damit letztlich genauso modisch geführt wie der gleichsam von vorneherein Modische.

Die Empfindlichkeit gegen intellektuelle Modewörter hat noch zugenommen. Wer jetzt noch Begriffe wie *Kommunikation* oder

Emanzipation benutzt, meint offensichtlich, sich von der Peinlichkeit durch einen Ergänzungssatz befreien zu können; da hört man dann Zusätze wie: „wenn ich das abgegriffene Wort hier einmal gebrauchen darf", oder: „um einmal das Modewort hier zu benutzen".

Die Naivität solcher Befreiungsversuche ist grotesk. Der sinnleere Zusatz demonstriert lediglich eine verkürzte Sensibilität; denn wer sich fortschrittlich dünkt im Erkennen und Eingestehen des Modischen, übersieht, daß man sich von der Stereotypik nicht freimachen kann; die nächste *Stufe* wäre also die Einsicht in die Sinnlosigkeit solcher Zusätze und also die Benutzung der Modewörter ohne Entschuldigung; der *wirklich Fortschrittliche* müßte sich so verhalten; und ich bin nun offenbar ein Oberfortschrittlicher, indem ich auch diese weitere *Stufe* entlarve u. s. w. Lächerlich.

Ein *ehrlicher* Linksradikaler kommt schließlich zu einem Haß auf alles Moderne; in seinem manirierten Bedürfnis nach Wahrhaftigkeit lobt er beispielsweise die Unverblümtheit und Konsequenz, mit der man in der alten Zeit ausgebeutet habe; die heute angeblich subtile Form der Ausbeutung ist ihm widerlich. Er sucht nach jeder Gelegenheit, seinen Haß gegen modernen Scheinfortschritt zu demonstrieren und gelangt so geradezu zu einem Konservatismus. Nach der Selbstsub-Formulierung von Hock (Fall 8) ist denn auch „die alte konservative Devise, die beste Reform sei gar keine, beinahe schon wieder äußerst progressiv". Dieser Konservatismus kann freilich auch nur Unterwegsstation in solcher stereotypen Reihung *dialektischer Umschläge* sein. Für derartige Bemühung um *Konsequenz* aus dem Ekel gegen vernebelnden Scheinfortschritt heraus habe ich größtes Verständnis; aber die Illusion, solche Haltung sei ehrlicher, wahrer, ist genauso groß wie die Illusion bei allen anderen Haltungen; keine Haltung ist haltbar. Ich habe nur deshalb noch einmal in die Beispielskiste gegriffen und da auch nur die allerletzten Stücke herausgeholt, um Ihnen zu zeigen, wie repräsentativ die K-Effekt-Fälle tatsächlich sind.

Auch in dem bekannten Satz: *Die Revolution frißt ihre Kinder* drückt sich übrigens die alte Mechanik nach Stereoreihen- und Selbstub-Art aus; mit der Befreiung beginnt schon wieder neue, im Grunde aber also die alte Sklaverei.

Wer als Lehrer zugibt, daß er auf eine Frage die Antwort nicht weiß, daß er sich irgendwo geirrt hat u. s. w., imponiert mit solcher Ehrlichkeit seinen Schülern, ein Eingeständnis stützt eher Autorität als sie zu untergraben – so hieß es jedenfalls noch gestern. Nun ist freilich diese Erkenntnis inzwischen zum Gemeinplatz geworden; jeder Lehrer, jeder Schüler weiß um sie. Wer sich deshalb jetzt noch ihr gemäß verhält, gerät leicht in den Verdacht, sich mit ihrer Hilfe billige Anerkennung zu verschaffen. Er könnte also geneigt sein, zum alten Verfahren zurückzukehren und eigene Fehler um jeden Preis zu vertuschen u. s. w.

In seiner Schrift *Strategie des Spiels* weist Max Woitschach für das Zahlenlotto auf die bekannte Tatsache hin, daß die Gewinnquoten abhängig sind von der Anzahl der Gewinner. Für die erste Stufe einer Strategie ergibt sich daraus: Empfehlenswert ist die Wahl solcher Zahlen, die von der Masse der Spieler voraussichtlich weniger bevorzugt werden; im Gewinnfalle kann dann eine höhere Quote erwartet werden. Schlecht wären danach alle Zahlen, die niedriger sind als 32, also Monatstage, denn „liegt es . . . nicht nahe, bei der Frage nach einer Glückszahl unwillkürlich an einen Geburtstag zu denken, sei es der eigene Geburtstag oder der eines uns liebgewordenen anderen Menschen?“ (Woitschach, a. a. O., S. 47)

Nun ist aber dieser Gedanke nicht so fernliegend, daß auf ihn nicht schließlich auch andere Spieler kommen würden. „Wahrscheinlich haben doch schon mehr Leute, als wir vermuten, die ungleichmäßige Höhe der Gewinnquoten erkannt und nach entsprechenden Gründen gesucht. Vielleicht pflegt demzufolge schon eine größere Anzahl von Spielern vorzugsweise auf hohe

Zahlen zu setzen, in Erwartung entsprechend höherer Gewinne" – so erklärt Woitschach das Phänomen, daß sich die Strategie der hohen Zahlen nicht mehr in höheren Quoten niederschlägt. Müssen nun nicht sogar die niedrigen Zahlen wieder bevorzugt werden, da die geschilderte Strategie der ersten Stufe Allgemeingut geworden sein könnte? Wie aber, wenn auch diese zweite Stufe des Denkens schon herrschend geworden sein sollte? Die ganze *Strategie* fällt somit schließlich in sich zusammen: „Das Verhalten der Lottospieler (bleibt) nicht gleich . . ., sondern . . . (paßt) sich, wenn auch nur langsam, den Gegebenheiten an . . . Die Tendenz geht zwangsläufig hin zu einer immer gleichmäßigeren Verteilung der Einsätze und damit zu einer Nivellierung der Gewinnquoten" (Woitschach, S. 51). Und: „Mit einiger Verblüffung wurde man sich des Paradoxons bewußt, daß das Zahlenlotto deswegen ein Geschicklichkeitsspiel ist, weil so viele Leute glauben, daß es ein reines Glücksspiel sei, und daß das Zahlenlotto wieder zu einem reinen Glücksspiel werden würde, sobald alle Leute begriffen hätten, daß es ein Geschicklichkeitsspiel ist" (a. a. O., S. 114).

Es liegt auf der Hand, daß solche Unmöglichkeit von Strategien auch gilt für andere Bereiche, wie etwa Aktienspekulationen oder Berufswahlentscheidungen. Nach Selbstsubart sind zwar „Informationen . . . das A und O für die Auswertung von Aktienkursen. Durch die Veröffentlichung jedoch verliert die Information bereits einen Teil ihres Wertes . . ." (S. 102); der Ratschlag für den Spekulanten in Börsendiensten und dergleichen entwertet sich also schon durch sein Dasein, hebt sich auf. „Erwähnen wir doch noch einmal die Berufswahl, vor der jede neue Generation nach ihrem Schulabschluß steht. Es gibt wohl viele Informationen darüber, welche Berufe stagnieren und in welchen Berufen sich aussichtsreiche Chancen ergeben. Es gibt aber nur wenige Informationen darüber, wie weit eben diese Informationen gestreut sind und wie sich die vielen Schulabsolventen daraufhin voraussichtlich verhalten werden. Die Folge ist, daß durchaus vielversprechende Berufe plötzlich überlaufen sind . . ." (S. 82).

Nach Selbstsub- oder Rom-Qualität entstehen also entwertende *Informationsgefälle*; Woitschach nennt sie in Anlehnung an die Wärmelehre E n t r o p i e ; der *Gleichverteilung der Wärme in einem Körper* entspricht ein automatischer Informationsausgleich (vgl. den *zwanglosen Ausgleich* im *Umweltproblem*-Fall), der den Wert einer Nachricht aufhebt.

*

Was sind *Junggesellenmaschinen*? Das sind Maschinen, „die sich wie Junggesellen verhalten, also nichts bzw. nur sich selbst produzieren"; sich also, so dürfen wir ergänzen, nach Stereo-Kannen-Art verhalten. Lothar Orzechowski beschreibt in dem Zitat die Modelle einer Harald-Szeemann-Ausstellung (Hessische Allgemeine, 13. 9. 1975) und bestätigt das k-effektive Wesen solcher Stücke noch mit der Erzählung einer von Szeemann stammenden Anekdote:

„Ein Liebhaber schreibt seiner Geliebten einen Brief. Er reduziert seine Gefühle auf die Buchstaben des Alphabets, schreibt Worte. Er kauft eine Briefmarke, gibt den Brief auf die Post, die ihn aber nicht befördert, sondern an eine Papierfabrik verkauft. Diese stampft ihn ein, macht daraus erneut Briefpapier. Der Liebhaber kauft sich davon zwei Bogen und schreibt mehr als das erste Mal, da er keine Antwort erhalten hat."

Indem mit dem beschriebenen Briefpapier immer nur neues Briefpapier produziert wird, entsteht zweifellos das Bild der Kinderkanne. Natürlich trägt das vergebliche, kurzgeschlossene Verhalten des Liebhabers zwischen Kaufen, Schreiben und Abwarten auch romhafte Züge.

Bekannt ist das Dilemma der Deutschen Bundesbahn: Nachdem die staatliche Verkehrspolitik jahrzehntelang einseitig den Straßenverkehr bevorzugt hatte, fiel die Bahn in ihren Todeskampf und fuhr in untragbare Defizite. So entschloß man sich zum Abbau verschiedener Dienstleistungen und reduzierte schließlich das Streckennetz. Als Folge davon stiegen weitere, bislang noch bahntreue Menschen auf das Kraftfahrzeug um, und also verschlimmerte sich das Defizit; die Teufelsspirale drehte sich weiter.

Im System S herrscht Arbeitslosigkeit. Wer noch Arbeit hat, übt Konsumverzicht und spart, um bei eigener Arbeitslosigkeit eine Reserve zu haben. Nun verstärkt solches Verhalten allerdings gerade den Zustand, gegen dessen Folgen sich der Sparer versichern wollte; der Konsumverzicht bedeutet ja Absatzrückgang und damit weitere Entlassung von Arbeitnehmern.

Und noch ein Selbstsub, den das Leben schrieb:
In den Städten des Systems werden gelegentlich junge Bäume gepflanzt, die nach erfolgreichem Wachstum Sauerstoff spenden sollen. Natürlich kann nur ein kleines Kreisrund Erde für das Bäumchen geopfert werden, da doch in S Straßen und Parkflächen absolute Priorität genießen. Die Fläche reicht aber zunächst aus, um Regenwasser einsickern und damit den Baum wachsen zu lassen. Je größer er nun wird, desto mehr schirmt er mit seiner breiter werdenden Laubkrone das kleine Rund Erde an seinem Stammansatz gegen den Regen ab, und die Wurzeln bekommen kein Wasser mehr; im größeren Umfeld ist die Fläche ja schon wieder betoniert, so daß dort nichts einsickern kann. Das Leben des Baumes bewirkt also gerade in dem Maße, in dem es sich entfaltet, das eigene Absterben.

Warum kann ich es nicht lassen, immer noch weitere Beispiele herauszuzerren? Wer sich in der Anstalt (sogenanntes Erziehungsheim, sogenannte Nervenheilanstalt) aufzubäumen versucht, fesselt sich damit nur desto fester an die Anstalt, wird doch seine Absicht von Gegenwehr als Zeichen weiterer Behandlungsbedürftigkeit gewertet. Dieser *Bodenerwerb* kreuzt sich zuweilen noch mit *Athen*: Verhält sich nämlich der Insasse anpassend, so kann ihm passieren, daß ihm das als Taktik ausgelegt wird und Zeichen gesteigerter Raffinesse; solche Unterstellung fand ich jedenfalls einst in einer Fürsorgeakte formuliert. Warum also kann ich es nicht lassen? Weil ich immer noch Angst habe, Sie sähen in meinen Beispielen *Einzelfälle*, die nicht repräsentativ seien. „Ein so ätzendes, schwarzes, vor Haß und Bosheit schon wieder leuchtendes Buch wurde hierzulande noch nicht geschrieben“ (Gerhard Zwerenz in FR vom 5. 10. 1972 über Schröder/ Herhaus' *Siegfried*); „vor Haß und Bosheit schon wieder leuchtend“, also . . . (Athen). „Um im Duden nachschlagen zu können, wie man ein bestimmtes Wort schreibt, muß man – um es zu finden – wissen, wie man es schreibt.“ Diesen *Münchhausen*-Scherz fand ich in *HOER ZU* (Nr. 48/73). „Warum ich einen trinke? Immer Ärger mit meiner Frau. Warum? Weil ich trinke“. Diesen *Römer* veröffentlichte die *NEUE HESSISCHE ZEITUNG* am 21. 11. 1975.

Eines der schönsten Beispiele für K-Effekt aber wird für mich immer die tragische Geschichte des Studenten S bleiben: Student S kann nicht richtig sprechen. Unter großer Anstrengung gibt er stückchenweise einzelne Silben von sich. Es ist nicht eigentlich ein Stottern, vielmehr stößt er die Sprachklumpen aus wie einer seinen Stuhl bei Verstopfung. Wie zum kraftsammelnden Ausholen zieht er vor jedem Ausstoß den Kopf ein. Besonders schwer fällt ihm, ein Wort zu vollenden; oft fehlt nur die letzte Silbe, die auszusprechen sich eigentlich erübrigt, da das Wort schon erkennbar geworden ist. S aber hat den Ehrgeiz, das verstümmelte Wort zu vervollständigen, und somit entsteht gerade vor dieser für die Verständigung völlig entbehrlichen Silbe eine Pause von besonderer Länge und Peinlichkeit. Manchmal kann einer der Zuhörer der Versuchung nicht widerstehen, ihm die Silbe zuzurufen, gleichsam vorzusprechen, was wiederum überflüssig ist, da es ja nicht Unkenntnis dieser Silbe ist, die die Aussage verhindert.

Dieser Student S hat nun offenbar den entschiedenen Willen, mit allem Mut seine Sprechhemmungen zu bekämpfen und sich selbst immer wieder neuen Sprechversuchen auszusetzen, und je größer das Publikum, desto entschiedener seine Wortmeldung.

Wie reagiert nun seine Umgebung auf dieses Verhalten?
S hat das Glück – freilich ist dies ein Scheinglück, wie wir noch sehen werden –, recht verständnisvollen Menschen zu begegnen. Er lebt in einer progressiven Umwelt; Dozenten und Kommilitonen tolerieren seine Schwierigkeit nicht nur, vielmehr bemühen sie sich offenbar, ihm durch betonte Gelassenheit im Anhören seiner an sich doch recht peinlichen Sprechversuche Mut zu machen; sie enthalten sich nicht nur jeden Lachens oder auch nur Lächelns – das ist bei ihrer fortschrittlichen Einstellung ja geradezu selbstverständlich –, sondern nehmen, wenn S einen seiner Äußerungsversuche unternimmt, sogar einen eher gelangweilten Gesichtsausdruck an, um die Atmosphäre zu entspannen. Daß sie so gar kein Aufhebens von der Sache machen, soll dem S demonstrieren, daß man ihn als vollwertiges Mitglied in den Seminaren und Arbeitsgruppen anerkennt. Indem also S selbst immer wieder seine Ansätze macht und seine Zuhörer sie mit der größten Selbstverständlichkeit hinnehmen, scheinen beide Seiten davon auszugehen, daß auf der Basis solchen Muts und Gleichmuts die Sprechkrankheit am ehesten heile.

Das Interessante ist nun – und hier gewinnt die Geschichte ihre eigentliche K-Effekt-Qualität –, daß sich die Vorstellung, solche verständnisvolle Haltung der Mitmenschen sei dem S Hilfestellung und lasse seine Sprechbefähigung anwachsen, als vollständig irrig erweist. Wer Gelegenheit hat, den S in solcher Umgebung Monat um Monat und Jahr um Jahr zu beobachten, stellt fest, daß sich hier nicht der geringste Fortschritt zeigt. Gewiß: man hat ihm über seine Scham hinweggeholfen und dadurch etwas

Erleichterung verschafft. Aber gerade hier beginnt das Fatale: Es tritt nämlich in der so geschaffenen Entspannung ein Zustand der Gewöhnung ein. S. fühlt sich mit seiner Sprachverkrampfung affirmativ eingebettet in das Verständnis der anderen, er nistet sich mit seinem Leiden geradezu ein in dieses Umfeld einer Vertraulichkeit, die ihm eine Art Nestwärme gibt. S gewinnt eine Bequemlichkeit, die seinen Zustand verewigt. Wir sehen hier, wie das als hilfreich gedachte Verhalten mit dem krankhaften Sprachzustand des S schließlich zu einer Einheit verschmilzt. Die immer perfekter gewordene und endlich an Gleichgültigkeit grenzende Selbstverständlichkeit, mit der die Zuhörer die Sprechstöße des S hinnehmen – auch das Zurufen einzelner Silben bleibt schließlich aus –, erweist sich somit im Endzustand als bereits vollständig in die Misere einbezogen. In diesem Endzustand kann sich das Krankhafte geradezu stabilisieren.

Wenn wir dieses Phänomen mit den uns bekannten Bildern des K-Effektes vergleichen, so können wir sagen:
Die Hand des Münchhausen ist ihm hier nachträglich angewachsen; das Verständnis der Mitmenschen sollte den S befreien, wird aber stattdessen in das Krankheitsfeld integriert und damit als dessen Bestandteil zur Befreiung untauglich. Nach Selbstsub-Art ist die zunächst dem Außenbereich zugehörige Hilfestellung genau in dem Augenblick zum wertlosen Innenbereich des Kranken geworden, in dem sie ihre Perfektion erreicht hatte. Nach Art einer Stereo-Reihe ist die Progressivität des Vorgangs nur noch Scheinprogressivität; der Schritt, die Bereitstellung der Hilfe, erweist sich als Scheinschritt; die Beteiligten merken nicht, daß diese Art von Progressivität in Wahrheit Stagnation bedeutet und den miesen Zustand fixiert. Athen-Muster schließlich deutet sich darin an, daß eine Lösung des Sprachkrampfes im Widerspruch zur bisherigen Analyse gerade dieses Verständnis der Umwelt vorauszusetzen scheint; jedenfalls müßte doch den S gänzlich blockieren, würde man ihn etwa auslachen oder von der Mitarbeit ausschließen.

K-Effekt ist also unabweisbar. Wahrscheinlich hatte ich diesen Satz schon. Einwände kann ich nicht gelten lassen. Der Versuch, über sich selbst hinauszukommen (imaginez autre chause), kann nicht gelingen, weil er Bestandteil des Selbst ist, dieses Selbst also nur spaltet, ohne zu einer neuen, ungespaltenen Identität zu führen. Einst erlebte ich dazu eine Szene, die anschaulich zu machen schien, wie ein Überwindungsversuch, dieser Versuch des Hinausspringens, auszusehen habe. Es war im Mai 1960 in Paris, ich lief in einer studentischen Demonstration mit. Ein wirksamer Sprechchor kam nicht zustande, seine Ansätze erstarben immer wieder, weil die Versuche, ihn neu anzufachen, an den verschiedensten Stellen des dicht geschlossenen Zuges und undistanziert aus seinem Inneren heraus gemacht wurden, somit jeweils auf einen kleinen Bereich innerhalb des Gesamtzuges beschränkt blieben und sich dadurch gegenseitig aufhoben. Da sprang ein junger Mann, wahrscheinlich Algerier, plötzlich mit einem gewaltigen Satz aus der Kolonne heraus auf den Fahrdamm, der von der Polizei freigehalten worden war, ging in eine leichte Hockstellung und skandierte den Sprechchor aus dieser Distanz neu und brüllend für den ganzen Zug; durch Schwingen seiner beiden Fäuste unterstützte er noch den harten Rhythmus des Satzes. Der einheitliche Srechchor kam nun zustande. Wie mir vor allem der riesige Sprung dieses jungen Algeriers in die Distanz haften geblieben ist! Das Gleichnishafte dieser Szene für unser Thema muß ich nun nicht mehr erläutern. Ihre Dimension ist mir erst später ganz bewußt geworden (aber wen interessiert das eigentlich?).

Allen Fällen zum K-Effekt ist die Haltlosigkeit eigen. Die grenzenlose Integration insbesondere des Widerspruchs macht die Sache substanzlos; „die Krisis der Gewißheit geht zurück auf den Verlust des Substanzbegriffes . . . als einzig Beschreibbares, Feststellbares (bleiben) noch Strukturen übrig . . ., die sich in einem dauernden Wechsel, im Übergang von einem Zustand zum anderen befinden . . ." (Holz, a. a. O., S. 1.7; vgl. dazu Fall 74 –

Quantentheorie –, wo wir den in die Sache eingebauten Widerspruch naturwissenschaftlich nachgewiesen vorfanden). Und was so ohne Konsistenz ist, läßt sich leicht eindrücken; so ein Weichbild erweist sich als nachgiebig gegenüber dem kleinsten Druck, so daß alles vom nachstoßenden *Neuen* aufgehoben wird; jede *Aussage* wird von der nächstfolgenden sogleich gefressen. Die scheinbar reinen *Ich-Fälle* (Bodenerwerb, Münchhausen u. s. w.) sind deshalb genauso k-effektiv wie die *Athener*, weil auch bei ihnen das Nicht-Ich in Form irgendwelcher Durchbruchsversuche im Grunde einbezogen ist und dadurch Unmöglichkeit von Ich genauso demonstriert wird wie Unmöglichkeit von Nicht-Ich. Läßt sich also die Lehre vom K-Effekt begreifen als Theorie von der unendlichen Einbeziehung? „Alles ist Ideologie" (Karl Mannheim?) *(Diese Feststellung habe ich oben schon einmal getroffen, allerdings ohne den Klammerzusatz. Ähnliche Wiederholungen werden Sie in der Schwäche-Ideologie erleben.)*. „Alles ist Ideologie – alles ist System – alles ist konventionell".

Bei diesem Geschäft, Ihnen den K-Effekt zu vermitteln, hätte ich ein Wort ganz gerne vermieden, das Wort Dialektik. Wir hörten schon vom *dialektischen Umschlag* bei der Selbstsub-Gruppe (vgl. Fall 5), doch drängt sich das Wort natürlich überall auf, wo wir es mit K-Effekt zu tun haben. Vermieden hätte ich das Wort gerne aus Rücksichtnahme auf die Dialektiker; denn: Hier wird Dialektik verballhornt, hier haben wir eine ver-nichtete Dialektik, bei der sich nichts auflöst. Eine verkürzte Dialektik also, hier fehlt die Synthese u. s. w. Hier wird nichts geschichtlich gesehen, sondern Unaufhebbarkeit als absolutum; Verdammnis als isoliertes Phänomen. Das Notwendige zu solcher *gekappten Dialektik* (Scheible, a. a. O.), zu solcher Perversion des Dialektik-Begriffs ist schon gesagt worden, z. B. von Martin Walser irgendwann 1972 im Hessischen Rundfunk, wo er sich über die Intellektuellen ausließ, die sich solcher Perversion befleißigen:

„Die wichtigste Aufgabe der Intellektuellen in dieser Funktion, in der sie von Marx als konzeptive Ideologen bezeichnet wurden, die wichtigste Aufgabe ist es, den geschichtlichen Prozeß als Schicksal darzustellen, die moderne Welt als undurchschaubar, den Menschen als etwas Unverbesserliches, und das auf jedem Niveau täglich hunderttausend Mal, in der Bildzeitung oder im König Lear von Edward Bond. Am besten dienen die Intellektuellen der Herrschaft des Kapitals, die jede Art von sogenanntem Pessimismus produzieren. Die Menschen ein Geschmeiß, das Leben ein nasser Quatsch und die Erde eine rotierende Sinnlosigkeit; so hat man's am liebsten. Bei der Veranstaltung der deutschen Akademie für Sprache und Dichtung sagte der gerade preisgekrönte Dichter: ‚Wir haben nur ein Recht auf das Unrecht'. Das ist die schwarze, die verzweifelte, die Lieblingstonart. Ist es nicht erlaubt, diese beliebte Verzweiflung auf das Soziale zu beziehen, um dadurch ihre Verrücktheit oder ihre Arroganz deutlich werden zu lassen? Ist sie nicht von dieser Welt, warum steht dann über das scheußlich-blutige Lear-Stück des Edward Bond, das unsere Geschichte nur als eine kreisförmige Veranstaltung für immer noch ekelhaftere Brutalität darstellt, warum steht dann in der Frankfurter Allgemeinen Zeitung, in diesem Stück werde der Allerweltscharakter der Gewalt gezeigt? Das muß die freuen! Gewalt gehört zur Welt wie das Grün zum Gras; und es war das Bond'sche Lear-Stück, das dem Kapitalismus dieses *ego te absolvo* verpaßte. So vollzieht sich die täglich anfallende Verdunklungsarbeit, Schamanenarbeit, gegen die Hoffnung, daß ein Staat als Heimat möglich sei . . . Jene Intellektuellen, die durch ihre Immobilitätsmythen und ihren Verzweiflungseifer unwillkürlich das konservative Geschäft betreiben . . ."

Wie recht hat Walser. Und ich entblöde mich nicht zuzugeben, wie genau seine Worte auf Elaborate nach Art dieser *Kapitulationsurkunde* passen; da fehlt nichts. „Geschichtlicher Prozeß als Schicksal", „das Leben ein nasser Quatsch", „rotierende Sinnlosigkeit", „unsere Geschichte nur eine kreisförmige Veranstaltung". Mit meiner Arbeit hier pflege ich Immobilitätsmythen. Und es ist nur allzu selbstverständlich im Sinne des K-Effekts, daß ich die Walser-Worte ganz beiläufig bringe und mitten im Text meiner Urkunde.

Fahre ich also fort mit meiner Verdunklungsarbeit, Schamanenarbeit. Dialektik (genauer: Anti-Dialektik) im Sinne des K-Effekts produziert reines Zirkeldenken. Erlösungsversuche fallen immer wieder auf sich selbst zurück. Aber dieses *sich selbst* ist eben auch kein ruhendes Selbst, vielmehr drängt es stets zum *anderen;* dieses Drängen ist von vorneherein dem Selbst wesenseigen; dieses Selbst ist also nur ein Scheinselbst, hat keine Substanz, hat keine Identität: Das System S zum Beispiel ist so schreiend ungerecht, daß es ständig Überwindungsattacken produziert, die dann genauso zwangsläufig das System nur bestätigen, etwa nach Art des Bodenerwerbsmechanismus. Schon im Vortext dieser Urkunde habe ich angedeutet, daß auch die Niederlage keinen Ruhezustand bringt; denn S zwingt zum Aufbäumen, impliziert Aufbäumen; Aufbäumen in S freilich ist nur als Sisyphusarbeit denkbar. Nicht einmal Kapitulation ist also wirklich erreichbar, genauso wie in der *Schwäche-Ideologie* zu zeigen sein wird, daß wirkliche *Schwäche* – wie ich dieses Produkt der Scheinkapitulation nenne – nicht erreichbar ist. Kampf und Kapitulation, Stärke und Schwäche, Systemangriff und Systembestätigung; immer ist beides zugleich da; indem das eine da ist, ist auch das andere da; es ist es selbst zusammen mit dem Versuch, nicht es selbst zu sein, oder, um es im Sinne der Entfremdungstheoretiker zu formulieren: Nicht es selbst mit dem Versuch, es selbst zu sein. Aus dieser *unruhigen Identität* läßt es sich nicht befreien.

Auch wer, wie die Kinderkakaokanne in ihrer größeren Ehrlichkeit, gar nicht mehr vorgibt, daß anderes wirklich erreichbar sei, wer also wie sie als Mittel der Selbstverwirklichung nur sich selbst in Anspruch zu nehmen scheint, bleibt unruhig; die Unruhe der Kinderkanne liegt in der permanenten Selbstdarstellung; indem sie sich selbst in unendlicher Reihung zu bestätigen sucht, demonstriert sie nur Unsicherheit über den eigenen Zustand. Ihr Versuch, sich durch das eigene Abbild zu beruhigen, mißlingt also gerade wegen dieses Versuches; aber eine Selbstbescheidung etwa durch den Verzicht auf solche Selbstdarstellung ist nicht möglich; im letzten Kapitel der Schwäche-Ideologie werde ich geradezu beweisen, daß auch der Versuch von Demut nur Pervertierung von Demut hervorbringen kann.

Das Bild der Ruhelosigkeit als Folge einer Identitätsverweigerung haben wir übrigens auch im Fall 76. Dort versucht der Pubertätsphilosoph A anfänglich, mit Hilfe der Erkenntnis von der Einbezogenheit der *Dinge* in die Schein-Welt des Subjekts diesen *Dingen* ihren Druck zu nehmen; während also sonst im Athen-Bereich Identitätsherstellung Ansatz zur Befreiung bedeuten würde, soll sich hier zunächst der Befreiungsversuch gerade auf das Identitätsmanko stützen. Nicht nur dies gelingt dem A jedoch nicht. Vielmehr führt ja diese Einbezogenheit auch zu der typischen identitätshindernden Selbstverstrickung, und der Sprung von solchem Schein-Selbst zu einer *Wahrheit* kann nie gelingen: Indem das *Objekt* in das *Subjekt* integriert ist, verweigert es diesem die Existenzgewißheit; wie ein störender Fremdkörper sitzt jenes in diesem, und in solcher Identität von *realer* und *phänomenaler* Welt hat das also zum bloßen Schein-Selbst gewordene – besser: schon immer gewesene – Selbst nicht einmal einen Außen-Bezugspunkt, an den es sich halten, den es anerkennen und wenigstens d a d u r c h zur Ruhe gelangen könnte. *Selbstverstrickung* heißt demnach: Das (Schein-)Selbst ist so organisiert, daß es zur Suche nach solchem Außen-Bezugspunkt (Gott, Wahrheit und dergleichen) verdammt ist, ihn aber nur als Fremdkörper in sich selbst findet und deshalb es nicht nur nicht als das Gesuchte anerkennen kann, sondern obendrein wegen der mit der Objekt-Subjekt-Einbeziehung zwangsläufig verbundenen Identitätsverweigerung zu ewiger Selbstbeschäftigung (= Selbstverstrickung) gezwungen ist. Diese Beschäftigung mit sich selbst vermag aber genauso wenig zur beruhigenden Selbstgewißheit zu führen, wie die permanente Kannenabbildung auf der Kinderkakaokanne vermag, zur eindeutigen, unbezweifelbaren Kanne zu führen: Überall ist das *Objekt*, das *andere* (Abbild) so sehr von vornherein Bestandteil des *Subjekts*, des *diesen*, daß wir weder zum wirklichen Objekt noch zum wirk-

bruchsimmanent. So ist es bei allen Zellensystemen, und Systeme lichen Subjekt gelangen können. Auch deshalb also ist der von A im Fall 76 zunächst angenommene Subjekt-Objekt-Antagonismus unsinnig und muß natürlich der Existenzzweifel auch für das Subjekt gelten u.s.w. Insofern kann ich alle Kämpfer nach Art des Martin Walser beruhigen: Ein Rückzug in die Innerlichkeit findet nicht statt, Unruhe ist unvermeidlich, allerdings auch sinnlos; nur insofern läßt sich hier vom Immobilitätsmythos sprechen. Dabei gewährt mir der K-Effekt die Freiheit der Wahl, ob ich die mir aufgezwungene Unruhe dadurch praktiziere, daß ich das System gleichsam *von vornherein* bestätige (Kinderkakaokanne), oder ob ich zunächst *anderes* erstrebe und das System erst dadurch abstütze; im Grunde entsprechen alle Fälle der Athen-Struktur; beides ist zugleich da und dadurch nichts. *Systemüberwindung* ist genauso viel oder wenig etwas anderes als *System*, wie *Kinderkakaokanne* auf der Kanne etwas anderes ist als die *Kanne selbst*; *Systemüberwindung* ist genauso systemeinbezogen wie das Kannenbild kanneneinbezogen ist. Das eine ist immer das Krebsgeschwür des anderen; *Systemüberwindung* ist immer schon systembefallen, kann also nie wirklich Systemüberwindung werden; das Nichtselbst im Selbst ist nie herauszuoperieren, auf daß dann ruhiges, gewisses Selbst entstehe; es bleibt gebrochenes Selbst undsoweiter undsoweiter undsoweiter undsoweiter.

A ist in der Gummizelle eingesperrt, er rennt mit dem Kopf gegen die Wand, die Heftigkeit des Anpralls bewirkt, daß die Gummiwand sich nach außen wölbt, so daß auch A's Kopf für den Bruchteil einer Sekunde sich in der so geschaffenen Außenwölbung befindet; von der zurückschnellenden Gummiwand wird A in das Zelleninnere zurück und auf die Gegenwand geworfen; auch hier gelangt A auf Grund der durch den Anprall entstehenden Wölbung einen Sekundenbruchteil außerhalb des kubischen Zellenraumes; gerade dieses Außensein bewirkt wiederum das Zurückschnellen u.s.w.; die Permanenz des Ausbruchsversuchs ist also zellenimmanent und die Permanenz der Zelle ist aus-

sind immer Zellensysteme; dieser Begriff ist geradezu tautologisch. An diesem Beispiel bestätigt sich also, was früher schon die spezielle Athenanalyse ergab: Dem A wird nicht einmal die Identität eines Gefangenen zugebilligt; immer wieder befindet er sich ja für Sekundenbruchteile im Außenbereich. Kafka sagt es so, und sein Bild zeigt athengemäßes Gleichsein von Gefangensein und Freiheit:

„Mit einem Gefängnis hätte er sich abgefunden. Als Gefangener enden – das wäre eines Lebens Ziel. Aber es war ein Gitterkäfig. Gleichgültig, herrisch, wie bei sich zu Hause strömte durch das Gitter aus und ein der Lärm der Welt, der Gefangene war eigentlich frei, er konnte an allem teilnehmen, nichts entging ihm draußen, selbst verlassen hätte er den Käfig können, die Gitterstangen standen ja meterweit auseinander, nicht einmal gefangen war er."

Und daß es gerade der Versuch ist, durch sich selbst zur Identität zu finden (Kinderkakaokanne), der die Unruhe schafft – durch sich selbst auch dann, wie wir sahen, wenn *anderes* gemeint zu sein scheint (Bodenerwerb, Münchhausen), weil dieses *andere* von vornherein zum Selbst gehört –, sagt er uns mit seinem Bild: „Sein eigener Stirnknochen verlegt ihm den Weg, an seiner eigenen Stirn schlägt er sich die Stirn blutig". Sich selbst im Wege zu sein, ist jedoch unentrinnbares Schicksal (vgl. oben Walser: „. . . den geschichtlichen Prozeß als Schicksal darzustellen . . . "), d. h. das Zellensystem ist kein selbst geschaffenes. Auch hierzu nochmals Kafka, dieses Mal in Form der Romstruktur:

„Ein erstes Zeichen beginnender Erkenntnis ist der Wunsch zu sterben. Dieses Leben scheint unerträglich, ein anderes unerreichbar. Man schämt sich nicht mehr, sterben zu wollen; man bittet aus der alten Zelle, die man haßt, in eine neue gebracht zu werden, die man erst hassen lernen wird. Ein Rest von Glauben wirkt dabei mit, während des Transportes werde zufällig der Herr durch den Gang kommen, den Gefangenen ansehen und sagen: ‚Diesen sollt Ihr nicht wieder einsperren. Er kommt zu mir'."

Die beiden Zellen veranschaulichen sehr schön das ewige, zwickmühlenartige Hin und Her zwischen zwei Unmöglichkeiten (Rom) bzw. das athenartige Dilemma etwa einer *Angst vor Leben und Tod*; nur: Wir können natürlich hier nicht irgendeinen *Glauben* anerkennen, auch wenn es nur ein *Rest von Glauben* sein soll; das ist durch nichts begründet, das ist irrational. Was ist das für ein *Herr*, der da eventuell vorbeikommen soll? (Vielleicht der Her(r) Kules? – Diesen schockierend peinlichen Klammer-Kalauer im sonst noch halbwegs ernsten Kontext werde ich später eingehend rechtfertigen, er hat hier eine ganz bestimmte Funktion, die unverzichtbar ist.)

Ein Begriff (also), um den ich mich auch gerne gedrückt hätte, wie um den Begriff *Dialektik* (den ich dann doch nicht vermeiden konnte), ist der Begriff *Entfremdung*. Er bedeutet: Im Widerspruch-mit-sich-selbst-Stehen (Nichtidentität in der Identität). „Der Mensch kann sich nicht selbst verwirklichen", das heißt, er ist Mensch und zugleich Nichtmensch. Der Mensch existiert entgegen seinen angeblichen Möglichkeiten, also seinem angeblich eigentlichen Menschsein. „Menschen sind immer unmenschlich". Aus dieser Entfremdung gibt es keine Erlösung, weil der Mensch erst einmal befreit sein müßte, um sich befreien zu können. Er kann sich nicht aus sich selbst heraus befreien. Und deshalb kann sich auch das Kollektiv nicht befreien, weil das nur eine Summe von Einzelmenschen ist. (Er muß erst das Bewußtsein erlangen, das ihn zur Befreiung befähigt. Seine Unfreiheit besteht aber nicht zuletzt darin, daß das System ihm die Möglichkeiten, dieses Bewußtsein zu bilden, verweigert.)

Noch zu den verschiedenen Zellenbildern: Der Übergang von Zelle zu Zelle spielt sich (also) in jener *logischen Sekunde* ab; der Vorgang existiert nur in der Idee, ist nicht wirklich erlebbar. Die Zeit wird hier atomisiert. Der Weg von Spannung zur Entspannung also ist nur Weg von Zelle zu Zelle (Impotenz bedeutet also nur, daß man keine Spannung mehr empfindet; der Orgasmus wird gleichsam auch für die Potenten geleugnet; daß das eine

Trostkonstruktion aus den Minderwertigkeitskomplexen der Impotenten heraus ist, bedeutet eine Verdopplung des K-Effekts.). Schon das Aufsperren der Zelle scheint Befriedigung zu verschaffen u.s.w., dabei weiß jeder Gefangene, daß die Umquartierung im Gefängnis noch keine Befreiung bedeutet.

*

In den Konzeptblättern meiner Schreibe folgt nun eine Passage, in der ich versucht hatte, „ein kleines Stück auszubrechen“. Ich konnte, so habe ich dort ausgeführt, „das Bedürfnis, mich über einige Absätze hinweg unartikuliert zu verhalten, nicht länger unterdrücken. Das bisher Geschriebene scheint ja in einem festen Rahmen des desolat Grotesken zu stehen . . . Aber ein Ausbruch, wie er jetzt hier stattfinden soll . . . , will über diesen Rahmen hinausschießen . . . Es geht mir darum, Peinlichkeit zu produzieren, um das Ausmaß des . . . (wessen, habe ich vergessen) anzudeuten. Das bisher Geschriebene ist mir noch zu seriös. Ich möchte klotzen, möchte schriftlich die Nerven verlieren.“ Beabsichtigt war offenbar: Zerfetzen, was noch zerfetzt werden kann, weil es zerfetzt werden muß; durch einen furchtbaren Abschnitt peinlich-sentimentaler Verzweiflungs-Blödelei wollte ich auch schon diesem ersten Hauptteil des Werkes ausreichend Gift beimischen, auf daß es bis zum letzten Buchstaben zerfressen werde. Das Werk d a r f nicht ernst genommen werden.

Nun ist dieser Ausbruchsversuch bezeichnenderweise jedoch nicht gelungen. Er enthält im wesentlichen die Mitteilung: Jemand, den ich i c h nenne, wollte gern schreien und konnte es nicht. Dann wollte ich gerne traurig darüber sein, daß er nicht mehr schreien konnte, aber auch diese Trauer gelang ihm nicht mehr. Darauf wollte er sich damit begnügen, wenigstens dieses Bedürfnis nach der Trauer zu spüren. Als er feststellte, daß er im Grunde nicht einmal mehr solches Bedürfnis verspürte, sagte er sich: Gut, dann soll es ausreichen, dieses Bedürfnis zu wünschen.

Die Annahme solchen Wunsches war aber auch eine Lüge. Aber vielleicht konnte man von dem Wunsch wenigstens träumen? Die Träume versagten. Und so weiter; da ist dann noch von Versuchen zum *totalen Zusammenbruch* die Rede, vom Willen, eine *kleine Krise* zustandezubringen; das ist im einzelnen nicht wiederzugeben. Plötzlich erscheint die komische Frage: „Bin ich noch zur endogenen Depression fähig?“ „Frei vagabundierende, heimatlose Gesamt-Angst, die sich einen Bezugspunkt sucht und ihn in der nächsten kläglichen Anforderung des Alltags findet“.

„Eine Neurose, zwei Neurosen, drei Neurosen, vier Neurosen, viele Neurosen, Neurosen-Bündel, Neurosen-Strauß, Neu-Rosenstrauß . . . “

Genug. Von dieser Sache habe ich nur deshalb hier erzählt, weil es charakteristisch ist, daß nicht einmal eine solche Form des Ausbruchsversuchs gelingt.

*

Wie ist es also mit einer Ergebung, die einen Zustand hervorbringt, der sich nicht von dem früheren unterscheidet? Was berechtigt dazu, solches Verhalten *Kapitulation* zu nennen? Offenbar nichts.

Nach allem wird offenbar, wie der K-Effekt zur Schwäche-Ideologie führt:
Der K-Effekt erweist, daß sich nichts in Gewißheit aussagen läßt. Jede Scheinaussage wird durch ihre Fortsetzung aufgehoben, und solche Fortsetzung drängt sich immer auf, ist schon gleichzeitig mit der *Aussage* da. *Tod* ist nur durch *Leben* denkbar und umgekehrt, denn Leben läßt sich nur durch Nichttotsein definieren; nichts ist für sich selbst allein denkbar; da es aber jedes nur auf Grund seines Gegenselbst zu geben scheint, dieses Gegenselbst seinerseits jedoch auch keine Konsistenz hat, gibt es also beides nicht, sind sich also beide in ihrem Nichtsein gleich. Indem es aber einem Anschein nach Leben und Tod doch *gibt,* wird ein

zusätzlicher K-Effekt hergestellt; dies ist in wiederum verdoppelter Weise auch nur Schein, da alles K-Effekt ist, alles gleichsam ein großer K-Effekt, ein Gesamt-K-Effekt, so daß es keinen *zusätzlichen* K-Effekt geben kann. In solchen Aussagen wird scheinbar noch mit *logischen Schlüssen gearbeitet*; andererseits sahen wir schon, daß herkömmliche *Logik* in der Welt des K-Effekts nicht *mehr berechtigt* ist, und Welt ist immer K-Effekt-Welt. Überall finden wir also unaufhebbare Widersprüche, und zwar zwangsläufig, unabweisbar, und nicht etwa aus irgendeinem Spielbedürfnis heraus. Der so offengelegte Zustand soll durch die Schwäche-Ideologie veranschaulicht werden. *Bewegung* kann nur noch Schwäche-Bewegung sein, d. h. die Form solcher läppischen Plaudereien haben, wie wir sie in den Blättern zur Schwäche-Ideologie finden. Dies ist dann natürlich keine *wirkliche* Bewegung; die Formulierungen in der Schwäche-Ideologie sind nur Worte, die auf der Stelle treten, also Bewegungslosigkeit anzeigen.

Überall ist Niemandsland. Es gibt keinen Ausgangspunkt, also kann es auch keinen Fortschritt geben. „Gott schuf die Welt." „Aber wer schuf Gott?" Schon diese bekannte Kinderfrage enthält K-Effektives. Es gibt keine Flucht aus dem K-Effekt. Daß nichts mehr aussagbar ist, beweist sich durch sich selbst, indem der Satz „nichts läßt sich aussagen" nach dem *Athen*-Muster wahr und falsch zugleich ist, und dies nicht nur *logisch*, sondern auch *psychologisch*, weil er einerseits in seiner pseudo-philosophischen Billigkeit unzumutbar, andererseits doch auch unabweisbar ist.

Ein individuelles Elend könnte beschrieben werden. „A fährt mit der Eisenbahn hin und her und geht dann durch Städte. Mit seinem mitleiderheischenden, wehleidigen Blick erweckt er höchstens ein kleines, sekundenlanges Erstaunen bei Mitreisenden und Passanten; alsdann wenden sie sich angewidert ab. Ständig trägt er seine schwarze Aktentasche mit sich herum. Gelegentlich schüttelt ihn ein Schauer, wenn er sein Elend bedenkt, aber dieser Effekt muß durch Alkohol, Kinobesuche, Irrfahrten vorbereitet werden.“ Das ist ausgelaugt, Klischee, tot; Bibliotheken sind voll davon; lassen wir das also, die Schwäche-Ideologie kommt ohnehin nicht ganz ohne derartige Formulierungen aus. Wo K-Effekt bewußt geworden ist, gibt es nicht mehr jene Trugschlüsse aus einem Lebenssortiment; Bewußtseinserweiterung, Genußskala, das alles ist also K-Effekt-befallen. K-Effekt erlaubt nur noch läppische Lauheit und somit Schwäche-Ideologie. „Was schreiben Sie da, sind Sie Schriftsteller?“ „Ich schreibe mein Testament.“ „Dafür ist Ihr Text aber ziemlich lang.“ „Ich habe eben ein so großes Vermögen zu verteilen.“ In Wahrheit ist er nicht besonders vermögend u.s.w.

Alles mündet also in die Schwäche-Ideologie. Sie steht in jener Geisteshaltung des Pubertären, die allein der Wahrheit des K-Effekts angemessen ist. „Unreif bleiben, Eingabe schreiben“, so lautet der Merkvers. Nur die Schwäche-Ideologie erreicht die der Sache adäquate Peinlichkeit. K-Effekt hat keinen Fixpunkt, findet aber in der Schwäche-Ideologie eine Art Endstation. Der K-Effekt zeigte uns, wie der Ballon seine Luft verlor; die Schwäche-Ideologie wird uns die leere Ballonhülle als schmutzigen Fetzen zeigen, der jedem Windstoß ausgesetzt ist. Da hat sich die Krise in Nihilismus aufgelöst, freilich in einen neuartigen, wesenlosen Nihilismus, den ich *Schwäche* nenne. Wie ernst mir also die Albernheiten dort sind. Vorgeschmack: Letzte Stufe des Weinens geschieht durch Einziehen des Bauches, das Gesicht bleibt bewegungslos, durch Nase wird etwas Luft ausgestoßen. Sturm wirft neuen Staub an die Fenster u.s.w.

K-Effekt mündet in Schwäche-Ideologie wie in einen *Spätknall* (aus einem *Urknall* soll ja die Welt entstanden sein). Ernsthafte Ansätze schlagen um ins Läppische; d. h. eine etwa noch im ersten Teil der Schrift enthaltene *pessimistische Theorie* zerplatzt dann. Die Erkenntnis vom K-Effekt wird somit zur bloßen Station auf einem Zerstörungsprozeß. Im Widerspruch dazu wird wiederholend festgestellt, daß es keinen Prozeß gibt, aber selbst dieser Widerspruch erscheint noch zu ausgesagt. Das Ganze hat also etwas Pueriles: Erwachsenes wird pubertär heruntergespielt und ergibt dann eine billige, laue Groteske. Aber das alles ist unvermeidlich; ärgerlich eine Meinung, die noch vorgibt, sich um solchen Standpunkt herumdrücken zu können.

Aussagen im Teil 1 der Schrift müssen somit schon ganz im Lichte der Schwäche-Ideologie gesehen werden, sie schwanken also, vibrieren zur Unschärfe. Das K-Effekt-Buch ist also auch kein Trauerbuch; es ist nicht (mehr) traurig, sondern trocken. Etwa vorausgegangene Trauer war gleichsam irrtümlich, denn außer dem K-Effekt, und damit auch der Schwäche-Ideologie, konnte es schon damals, als man noch traurig war, nichts geben. Auch *Trockenheit* ist freilich nur eine Metapher. Auch hier ist die Schwäche-Ideologie geradezu korrekter, indem in ihr ein Wort wie *Trockenheit* in einem sich ständig selbst zerreißenden System von Widersprüchen und Widerlegungen nur noch . . . (nichts mehr). Schwäche-Ideologie beharrt nicht mehr auf solchem Wort und ist vom Brett herkömmlicher Kategorisierungsversuche abgesprungen. Das bedeutet natürlich nicht Befreiung, im Gegenteil u.s.w.

Das Verhältnis vom Teil 1, *K-Effekt*, dieses Buches zum Teil 2, *Schwäche-Ideologie*, läßt sich also auf die kurze Formel bringen: Teil *K-Effekt* verfälscht Schwäche, um sie überhaupt verständlich zu machen. Daß die Blätter zum K-Effekt nötig sind, um Schwäche-Ideologie vermitteln zu können, wurde schon ausgeführt, aber in der halben Ernsthaftigkeit des Teils 1 liegt die Verfälschung. (In der Formel liegt also natürlich selbst wieder ein K-Effekt, nach Athen-Muster.) Mit Hilfe des Teiles *K-Effekt* spiegele ich der herkömmlichen Welt einen Bezugspunkt für Schwäche vor, nämlich Schwäche als Endstation dessen, der den K-Effekt schon erfahren hat. K-Effekt ist also Vehikel, trojanisches Pferd für Schwäche-Ideologie, um die *allein* es eigentlich geht. Natürlich nicht *allein*; K-Effekt und Schwäche-Ideologie sind ja identisch u.s.w. K-Effekt scheint eine sagbare Form von

Schwäche-Ideologie zu sein; nein u.s.w. Die Vorstellung wirkte mit, das Bild des K-Effekts sei nicht ganz so abstoßend wie das der Schwäche-Ideologie u.s.w. Schwäche-Ideologie zeigt z. B., warum ihre Alibi-Eigenschaft für die private Kapitulation des *Schwäche-Ideologen* ohne weiteren Zusatz, ohne entschuldigende oder auch nur abschwächende Ergänzung eingestanden werden kann u.s.w.

Auf einem meiner Zettel findet sich noch folgende Kette formuliert: „Der Schwäche-Ideologe kann also z. B. sagen *Zersetzung ist Selbstzweck*, gibt aber dabei zu, daß dieser Satz auch auf ideologischer Selektion beruht (so wie auch sonst alle Modelle ideologisch sind); beruht auf Selbstbefriedigung; Schwäche als Triebbefriedigung u.s.w.“ K-Effekt → Spannung ohne Entspannung → Befriedigungslosigkeit → Impotenz → Schwäche-Ideologie als Kompensation, jedoch selbst K-Effekt-befallen u.s.w.

„Somit scheint Schwäche tatsächlich unser letztes Tabu zu sein. Der letzte Schritt, der Schritt zur Schwäche, wurde noch nicht getan. Alle anderen, vorangehenden, ja. Man konnte für alle Geschichtsepochen nachweisen, daß Mechanismen, mit denen Leid angeblich vermindert werden sollte, Leid bloß vermehrten. Scharfsinnige Untersuchungen beweisen das“ (Zitat aus meinen Notizzetteln).

Der Schritt zur Schwäche war aber nur Scheinschritt, wie alle anderen. Schwäche-Ideologie ist kein Fortschritt, sondern nur Anschauung eines Zustands. Das sagte ich oben schon sinngemäß, mußte es aber erneut aufgreifen, um die Kette jetzt endlich zum Schluß führen zu können: Der Versuch, Schwäche in die Welt zu setzen, unterliegt dem K-Effekt. Schwäche-Ideologie ist dem K-Effekt selbst so ausgesetzt, daß eine Mitteilung über Schwäche – Mitteilung im nichtpubertären Sinne gemeint – unmöglich ist. Schwäche-Ideologie war ursprünglich noch als Überwindung des K-Effekts in dem Sinne gedacht, daß sie die Konsequenz der Kapitulation deutlich machen sollte. Aber auch in diesem äußersten Sinne von Überwindung zeigte sich, daß

K-Effekt nicht überwunden werden kann. K-Effekt bleibt gleichsam ohne Konsequenz; K-Effekt ist auch sich selbst unerreichbar, auch hier ist der Widerspruch in der Sache mit angelegt und verhindert Identität. So will dann also auch *Schwäche* in der Schwäche-Ideologie zunächst das *ganz andere* sein, scheint sich dann jedoch nur noch als das herkömmlich Klägliche zu erweisen; scheint gerade darin, daß es konsequent kläglich und nicht irgendwie heimlich stark ist, das *ganz andere* zu sein, ist also nach bekannter Athen-Struktur das eine, indem es das andere ist, ist dadurch dann gar nichts, d. h. unerreichbar u. s. w. Auch hier gelingt *Überwindung* nicht, weil *Überwindung* von vornherein in die Sache eingebaut ist, so wie wir oben schon sahen, daß *Systemüberwindung* systemeinbezogen ist und deshalb nicht gelingen kann. Auch hier im Schwäche-Bild könnte Überwindung nur von außen kommen, da es jenseits dieses äußersten Versuchs, mittels einer unendlichen Kläglichkeit zum ganz anderen zu kommen, keinen eigenen Versuch mehr geben kann.

Die allgemeinsten Formeln, mit denen in herkömmlicher Sprache Umschreibung des Sachverhalts noch möglich erscheint, wären also die Formeln von der *Einbeziehung* und vom „*Nicht einmal mehr* . . .“; als gleichsam letzte Möglichkeiten einer Identität: Nicht einmal mehr Kapitulation, nicht einmal mehr Schwäche; in der Schwäche-Ideologie wurde z. B. versucht, sogenannte Geisteskrankheit zu erreichen. Dieser Versuch ist mißlungen. Wirkliche Schizophrenie läßt sich auch durch Schwäche-Formulieren nicht erringen. Immerhin habe ich spätestens jetzt das Stadium erreicht, in dem eigentlich schon jeder Satz mit der Floskel „u. s. w.“ enden müßte. „Nicht einmal mehr nicht einmal mehr“; das heißt, daß immer die gerade vorher festgestellte Unerreichbarkeit einbezogen und zur neuen Kapitulationsstufe erklärt wird; und die Einsicht, daß solche Stufe nicht *neu* ist, sondern nur wiederholte Demonstration der alten Unerreichbarkeit, wird dann wiederum *einbezogen* u. s. w. Von solchen Erkenntnissen *leben* Schlußkapitel der Schwäche-Ideologie; indem ich so ihre Positionen hier vorwegnehme, lauge ich sie aus, würde sie auslaugen (oder ist es anschaulicher zu sagen: aussaugen?), wenn in ihnen noch Saft gewesen wäre.

In einem Bereich konsequenter Nichtigkeit gibt es nicht einmal mehr Niedrigkeit. Für Kafka konnte das Phänomen des *nicht einmal mehr* noch abgestuft erscheinen, d. h. münden in Selbsterniedrigung und Trauer:

„Vor der Auslage von Casinelli drückten sich zwei Kinder herum, ein etwa sechs Jahre alter Junge, ein sieben Jahre altes Mädchen, reich angezogen, sprachen von Gott und von Sünden. Ich blieb hinter ihnen stehen. Das Mädchen, vielleicht katholisch, hielt nur das Belügen Gottes für eine eigentliche Sünde. Kindlich hartnäckig fragte der Junge, vielleicht ein Protestant, was das Belügen der Menschen oder das Stehlen sei. *Auch eine sehr große Sünde,* sagte das Mädchen, *aber nicht die größte, nur die Sünden an Gott sind die größten, für die Sünden an Menschen haben wir die Beichte. Wenn ich beichte, steht gleich wieder der Engel hinter mir, wenn ich nämlich eine Sünde begehe, kommt der Teufel hinter mich, nur sieht man ihn nicht.* Und des halben Ernstes müde, drehte sie sich zum Spaße auf den Hacken um und sagte: *Siehst du, niemand ist hinter mir.* Ebenso drehte sich der Junge um und sah dort mich. *Siehst du,* sagte er ohne Rücksicht darauf, daß ich es hören müßte, oder auch ohne daran zu denken, *hinter mir steht der Teufel. Den sehe ich auch,* sagte das Mädchen, *aber den meine ich nicht.*"

„Den sehe ich auch, aber den meine ich nicht" – das enthält alles für den, der sich noch an herkömmlichen Tiefen erbauen kann. Für den gibt es nichts Schöneres als solche Aussage über die Verweigerung selbst dieser geringsten Anerkennung in Form eines behelfsmäßigen Teufelbildes für ein kleines Mädchen.

„Du siehst zuletzt sogar . . . zu, wie die Lethargie schon zur Rolle gehört. Deine Rolle macht es dir ja nicht einmal mehr möglich, die Lethargie wenigstens ungebrochen auszuhalten . . . Daß es Apathie gibt, wenn man nicht einmal mehr apathisch sein kann . . . Du bist schon soweit, daß du nicht einmal mehr Intervalle kennst . . ." Das sind Zitate aus Herhaus/Schröder, z. T. sinnverzerrend aus dem Zusammenhang gerissen, aber sie zeigen im dreifachen „nicht einmal mehr" zumindest schon sprachliche Anklänge einer solchen Stereo-Kette und damit ansatzweise Boden für K-Effekt-Erkenntnis. Wenn es am Schluß dieses Herhaus/Schröder-Buches sinngemäß heißt: *Schweigen geschieht nicht einmal mehr listig, sondern nur noch gelähmt*, so vermisse ich zunächst natürlich die Fortsetzung: *Und nicht einmal mehr gelähmt*; doch ist solche Fortsetzung im Grunde sinnlos, nichtssagend, leer (also wiederum: „nicht einmal mehr das nicht einmal mehr"), aber diese Leere wird wiederum *einbezogen*; Einbeziehung ist freilich keine Aufwertung; Einbeziehung soll immer nur die Gelegenheit verschaffen zu einer *neuen* Nicht-einmal-*mehr*-Aussage u. s. w. (Auch deshalb ist das Bild der Kinderkakaokanne als Symbol geeignet: Es zeigt die unendliche Kette der Einbeziehung von Bildern, die jeweils nicht neu sind – es ist ja immer die gleiche Kanne –, aber eine weitere Stufe von Einbeziehung ermöglichen.)

Es ist schwer, dieses *nicht einmal mehr* sprachlich zu verwirklichen, denn irgendetwas bleibt immer hängen. Deshalb habe ich hier versucht, alles abzusaugen, was noch als *etwas* angesehen werden könnte: Witz, Dialektik, Originalität; und ich gebe vor, dies um der *Wahrheit* willen getan zu haben; was übrig blieb, war alsbald eine Frustrationsballade aus Masochismus, Eitelkeit, Selbstmitleid, Sentimentalität. Kapitulations-Röcheln tritt in Form dieser Eigenschaften auf.

Der Schluß ist schnell erzählt. Dieser Satz zeigt, was noch einmal deutlich über den K-Effekt-Befall dieser Abhandlung selbst zu sagen ist: „Der Schluß ist schnell erzählt"; die also ironische Aufnahme einer Trivialphrase vermag, jenen Verfall zu veranschaulichen, wo nach Athen-Struktur Humanismus nur noch als Zynismus, Trauer als Ironie, Ernst als Albernheit und alles als Sentimentalität erscheinen kann: Das ist der Zustand, der nur noch den Glauben an die eigene Sentimentalität läßt, da nur sie noch unmittelbare Erfahrung sein kann. Denn wo der Befall von K-Effekt überall erkannt wurde, kann die Erschütterung nur noch als nicht fundiert, hohl und also sentimental gesehen werden. Aber auch das wird mitgenommen, *einbezogen*, ich habe das ausprobiert: Früher – aber das ist schon lange her – habe ich mir über meine Rührung beim Abhören etwa des Schlußchores der Matthäus-Passion („Ruhe sanft") keine besonderen Gedanken gemacht. Heute hat die Rührung eine neue Qualität bekommen: Sie lebt in einer Identität mit der unbezweifelbaren Gewißheit, daß diese Musik nichts bewegen, Bewegung hierzu also nur Sentimentalität sein kann. In diesem Bewußtsein kann man die Rührung einfach kommen lassen, schämt sich der Sentimentalität nicht mehr, womit dann sehr schnell die nächste *Stufe* erreicht wird, auf der nämlich nun jene Rührung überhaupt ausbleibt; da ist Rührung zu Trockenheit geronnen; einer Trockenheit, in der übrigens auch das endliche Ausbleiben der Ekelgefühle (vgl. oben: „. . . Ekel vor jeder These . . .") keine Befreiung mehr bedeutet. Sentimentalität braucht sich also nicht der für sie herkömmlich bestimmenden süßlichen Plattheiten zu bedienen, um als solche entlarvt zu werden. Vielmehr ist angesichts des K-Effekts geradezu jede Aussage sentimental; Aussage kann ja auf der Basis von K-Effekt nur hohl sein. Ja, je mehr sich eine Aussage den Anschein seriöser Genauigkeit und illusionsloser Offenheit gibt, desto sentimentaler wird sie auf dieser Basis.

Ähnlich, mit einer kleinen Variante, ist es mit der Angst. Von ihr ist gewiß, daß sie infantil ist: Entleert von jeder Bestandskraft, muß sich der Körper als hilflos, als ausgesetzt empfinden, so daß sich Angst von alleine einstellt. Die kleine Variante besteht darin, daß die Angst schließlich nicht, wie auf jener Bewußtseinsstufe Erschütterung oder Ekel, ausbleibt.

Wo es also vom Erhabenen zum Lächerlichen nicht ein Schritt ist, sondern wo beides identisch ist, bleibt auch dieser Abhandlung selbst jede Identität vorenthalten. So scheint beispielsweise ein zum Lallen zerplatzter Pessimismus noch ungeheure Systemkritik zu implizieren, während doch Kapitulation jede Systemkritik ausschließen will. So dient auch die Gleichzeitigkeit von

Ernst und Unernst dazu, jeden Ansatz einer Geschlossenheit zu vermeiden. Schon in jener *Fallsammlung* schwingt Groteskes mit; von der Schwäche-Ideologie aus wird rückbezüglich die ganze Abhandlung zum K-Effekt für grotesk erklärt. Diese Schrift ist verpflichtet, sich fortwährend selbst zu zerstören. Gesamt-K-Effekt, übergreifender K-Effekt, K-Effekt-Rahmen heißt für sie: Darstellung von K-Effekt ist nur in K-Effekt verstrickt möglich, wie Kanne nur in Kanne verstrickt ist auf Kinderkakaokanne. Die wechselseitige Spiegelung, die entsteht, wenn man sein Spiegelbild spiegelt: Solche Selbstverstrickung mündet ins Unendliche und damit Sinnlose. Solcher Sachverhalt kann nur in Schwäche-Sprache ausgesagt werden, deshalb mündet die Schrift in der Schwäche-Ideologie. Was wird da geschehen? Da kriecht man in dem Loch hin und her, da geht das farblose Lamento weiter, in einer ganz wesenlosen Beredsamkeit. Da gibt es die Wesenseinheit von Zynismus und Ehrlichkeit, und selbst diese Ehrlichkeit wird am Ende als Eitelkeit entlarvt. Nicht einmal Ehrlichkeit in der Selbstaussage über den K-Effekt-Befall kann also gehalten werden. Auch das Eingeständnis der Alibi-Funktion einer solchen *Kapitulation* besagt also nichts mehr; auch solche Aufrichtigkeit ist K-Effekt-befallen und damit verdorben. Die Diskussion ist untergegangen, bevor sie begonnen hat; Aufklärung über den Sachverhalt verbraucht, bevor sie jemanden erreichen konnte. Da also diese Schrift auch k-effektiv ist in der in ihr repräsentierten Vergeblichkeit des Versuchs einer *wirklichen* Kapitulation, kann auch Schwäche-Ideologie, dieser mißlungene Versuch einer Selbstverleugnung, keine *Konsequenz* mehr sein: Einsicht von Verlorenheit, und zwar ganz unbezweifelbarer Verlorenheit, bedeutet nämlich, daß solche Einsicht folgenlos bleiben muß.

Teil II
Die Schwäche-Ideologie

Schwäche als Marktschrei

Die folgende Abhandlung ist eine Schweinerei. Pornographie gibt es auch in außersexuellen Bereichen. Ich argumentiere jetzt herkömmlich – das Unkonventionelle habe ich noch nicht eingeführt – und sage: Hier wird eine totale Entgeistigung stattfinden. Darin liegt die Pornographie, herkömmlich betrachtet. Ich bin gespannt, wie sich die Instanzen verhalten werden, denn für das Folgende gibt es keinen Präzedenzfall. Werden sie es indizieren? Fällt es unter den Jugendschutz?

Es beginnt marktschreierisch. Dem Publikum wird zugerufen: Derartiges hat es noch nicht gegeben! Dies ist wirklich neu! Diese Schrift setzt sich zu allem anderen in Gegensatz. In der Tat: Alles bisher Gesagte – nehmen Sie, was Sie wollen! – bildet eine geschlossene Gruppe gegenüber diesem Werk. Mag man bisher innerhalb der anderen Bereiche auch Unterschiede gesehen haben: sie verschwinden nun, sind nichts, wenn Sie jetzt diese Blätter dem entgegensetzen. Ich sage Ihnen hier schon, woran das liegt, was es also mit der Schrift auf sich hat: Alles war stark, dieses aber wird schwach sein. Damit ist alles verraten, die Abhandlung könnte enden. Schwach, die Schwäche, schwach, schwächer, am schwächsten.

Ist denn Schwäche neu? Wieso soll Schwäche neu sein? Einen Pseudobeweis werde ich Ihnen zur Neuheit der Schwäche liefern, mehr nicht. Erwarten Sie also nicht zu viel. Marktschreierisches auf Rummelplätzen enttäuscht nicht ärger.

All das ist übrigens nicht humoristisch gemeint. Der Gegenstand der Schrift schließt vielleicht nichts mehr aus als Humor. Ich habe mich verpflichtet, die Sache mit der Schwäche hier darzulegen. Ich habe Schwäche aufgefunden. Ich liefere sie hier ab wie in einem Fundbüro. Dann meinetwegen: „Nach mir die Sintflut."

Mir scheint, es ist jetzt schon nötig zu sagen, was immer wieder gesagt werden muß, auf die eine oder andere Art: Wir müssen gewisse Konventionen aufgeben, um die Sache hier zu bewältigen. In den ersten Sätzen habe ich, wie ich gerade feststelle, Konzessionen an das Publikum gemacht; das geht nicht. Wer sich über Schwäche orientieren will, muß hier mitgehen, muß die Scham vor dem Unkonventionellen ablegen. Dazu gehört Überwindung, und wohl jeder Leser wird irgendwo an den Punkt kommen, wo ihm die Scham die Schrift aus der Hand legen will. Dann heißt es: Zähne zusammen, zusammenreißen, weiterlesen. Soviel zur Schwäche als Marktschrei.

Schwäche-Sprache

Nun ist also über Schwäche zu sprechen. „Schwäche ist neu", sagte ich. „Neu?", fragen Sie. „Neu", antworte ich. Gut, Sie kennen Schwäche als Schlaffheit von Muskeln, Versagen von Lebewesen gegenüber den Anforderungen der Welt, als Schwachstrom. Daran mag auch durchaus angeknüpft werden; wir kommen darauf. Doch dann werden Sie sehen: Schwäche letztlich muß anders sein, soll sie ihren Namen zu Recht tragen. Sie werden umdenken müssen. Überhaupt: Schwäche, so wie sie hier verstanden wird, zwingt zum Umdenken. „So wie sie hier verstanden wird": das ist das Problem. Der herkömmliche Schwäche-Begriff wird hier nur benutzt für ein Phänomen, das noch ohne Begriff ist. Mehr noch: Auch das Phänomen selbst war bisher nicht da; «wirkliche Schwäche», um sie einmal so von der bisher üblichen bloßen Pseudo-Schwäche abzugrenzen, hat es noch nicht gegeben. Hochtrabendes wird wieder unvermeidlich: Als *Möglichkeit* hat Schwäche sich angeboten seit eh und je, niemand hat sie wahrgenommen, hier geschieht es erstmalig! Die Schwäche wird aus ihrem Dornröschenschlaf geweckt.

Da sie bisher nicht vorhanden war, hat sie noch keine Sprache. Auch die Schwäche-Sprache wird hier aufgebaut! Nur Schwäche-Ideologen können sie verstehen, aber Schwäche-Ideologen gibt es bisher noch nicht. Mit anderen Worten: Als Schwäche-Schreiber stehe ich vor der nicht ganz einfachen Aufgabe, Ihnen einen unbekannten Gegenstand zu vermitteln, der im Grunde nur in einer ebenfalls noch unbekannten Sprache dargestellt werden kann. Mit Übersetzungen geht es nicht; herkömmliche Begriffe lassen sich nicht in die Schwäche-Sprache übersetzen. Es handelt sich um eine neue Dimension; sie kann auch nicht von herkömmlichen Dimensionen abgeleitet werden. Die konventionelle Sprache kann sich nur an den Gegenstand herantasten, ihn umkreisen, ihn veranschaulichen; kann ihn nicht präzisieren.

Habe ich mich auch bemüht, vorerst noch herkömmlich zu formulieren, so wird der eine oder andere doch bemerkt haben: Hier gibt es schon Widersprüche. (Zum Beispiel: Erst soll eine «Schwäche-Sprache» aufgebaut werden, dann soll wieder die «herkömmliche Sprache» den Gegenstand umtasten.) Diese Widersprüche sind notwendig. Sie gehören bereits zur Schwäche-Sphäre und werden uns durch die ganze Abhandlung begleiten. Die Sprache der Abhandlung, die Gedankenführung, die Gliederung, sie sind dem Gegenstand angepaßt. Methode der Darstellung und dargestellter Gegenstand sind identisch, beides ist «Schwäche».

Pubertärer Wust

Geht es um die schwierige Vermittlung von Schwäche, muß dazu jedes Mittel recht sein. Deshalb ist auch das Folgende zu vertreten, obgleich es etwas genierlich ist. Diese Formulierungen aus den fünfziger Jahren sind wohl noch im Bereich herkömmlicher Schwäche angesiedelt, zeichnen aber schon recht deutlich den Weg vor, der dann zur Schwäche-Ideologie geführt hat. Sie sollen zum besseren Verständnis der heutigen Schwäche-Dimension verhelfen.

Januar 1951

Die Straße ist eine Heimatstraße, aber als Schneestraße führt sie schnell in jene Gegenden, wo das Fremde schon im Wachen traumhaft erscheint. Am frühen Winternachmittag des Sonntags liegt in der Schneedämmerung die Straße leer. Die Weite des Vorstadtfeldes grenzt an die Siedlung, deren Häuser niedrig stehen und in Abständen. So gibt sich in dieser freien Umgegend der Eindruck des wesenhaft-entlegenen Räumlichen wie auf den Bildern von Edgar Ende, wo auch der Gegenstand vereinzelt auf der Fläche steht. Und so blickt man nach allen Seiten ins Ungewisse, in das Ungewisse von Horizonten. Es ist dies die Dämmerung der unsichtbar untergehenden Sonne; und die Wolken sind so, daß sie nicht gegenständlich, sondern nur Himmelsfarbe zu sein scheinen. Einige verschattete Kinder spielen noch an kleinen Häuser-Vorplätzen; sie sind aber so vereinzelt, einsam und schon ans Haus gedrückt, daß sie die Stille nicht brechen. Es ist auch die Zeit, wo sie nach und nach hineingehen, förmlich unbemerkt im Haus verschwinden.

Er hatte also ebenso Grund, sich vor den Häusern zu schützen wie vor der Weite im Wetter. Zwischen ihnen (beiden) schlupfte er hindurch wie durch einen engen Gang; angedrückt an die Gebäude und an ihnen entlang schleichend; fast so, als strebte er zur nächsten Tür; wie Leute sich vor einem Regensturm schützend gebeugt halten, wenn sie die letzten Schritte zu ihrer Haustür hin eilen. Dabei wohnte er also hier nicht (dabei war er hier heimatlos) (dabei hatte er es noch weit) (dabei war er hier in der Fremde). Es gab niemand, der wußte, daß er hier so ging. Man konnte sich also scheinbar damals noch für Stunden hierhin aus der Welt herausdrücken. Stunden, in denen man frei zu sein schien. Und so trat er auch noch einmal von der Häuserwand ab auf die freiflächige Straße und ging in Richtung auf das weite, jetzt also schon dämmrige Feld.

*

Juli 1959

„Die Jugend ist heute in sich selbst gespalten." – „Es ist unmöglich, das heutige sexuell-erotische Dasein als vorübergehende Erscheinung oder gar als «Mode» anzusprechen. Dazu geht es um zu hohe Einsätze, um den Bruch mit jahrtausendealtem Brauch. Hier wird um eine neue Epoche gewürfelt, in der es – so oder so – um alles gehen wird." –

Diese Sätze zeigen wieder die Geisteshaltung der Röpkes*; ihre festgenagelte, verzerrte Sicht. Aus bestimmten Fehlhaltungen heraus haben sich ihre Ansichten so eingewurzelt, daß deren bloßes Aussprechen schon als Beweis für deren Richtigkeit angesehen wird. Sie finden es anmaßend, darüber hinaus noch Beweise zu verlangen. Da sie sehr in der Überzahl sind, finden sie fast überall sofort Beifall. Eine Bemerkung etwa wie „Die Ju-

* Wilhelm Röpke (1899—1966), liberalistischer Nationalokonom mit großem Einfluß auf die Nachkriegsgeschichte der BRD, insbesondere Ludwig Erhard.

gend ist heute in sich selbst gespalten" wird sofort zustimmend aufgenommen, weil sie den unbestimmten Vorstellungen aller dieser Leute so vollkommen entspricht. Er gibt ihnen Gelegenheit, ihre Minderwertigkeitskomplexe gegenüber der Jugend (die berechtigt sind) abzureagieren. Sie verfallen auf diesem Gebiet fast ausschließlich in eine gefühlsbedingte, argumentationslose Polemik; mit ihnen hier zu diskutieren, ist fast unmöglich, sie sind gar nicht bereit zu sachlichem Sprechen. Ein typisches Beispiel von heute: Landgerichtsrat H. befürwortete wieder einmal konservative Straf- und Erziehungsmaßnahmen; sie haben sich nach seiner Meinung «bewährt». Ich wies ihn darauf hin, daß in der Blütezeit solcher Methoden vom Abendland Kriege und Sklavenhandel ausgegangen seien. Darauf H.: Man könne doch nicht für unsere Probleme mit afrikanischen und asiatischen Verhältnissen kommen, wir müßten uns doch an das halten, was hier bei uns not täte.

Wo sie noch Macht haben, gehen sie mit äußerster Strenge vor. Die kleinste «Unart» eines Kindes muß sofort und unnachsichtig, gleichsam von der Wurzel her, bekämpft und ausgerottet werden. „Da gibt es kein Pardon, über diese Dinge wird überhaupt nicht diskutiert, hier kann nur hartes Eingreifen dem Kinde helfen, wenn wir hier nicht sofort . . ." Die Episode damals im Heim. „So etwas darf nicht geduldet werden."

Die zahlrcichen Bücher der zahlreichen Röpkes gleichen sich wie ein Ei dem anderen. Noch einmal Ernst Mayer, aus *Kritik des Nihilismus*:

„Da aus dieser Jugend, die den nihilistischen Einbruch vollzog, bereits die heutige Elterngeneration hervorgegangen ist, dadurch die elterliche Erziehung mit in den Aspekt äußerster Fragwürdigkeit eintrat, so hat diese Generation zum ersten Mal und wie endgültig die prinzipielle Voraussetzung aller Erziehung preisgegeben: die Vorbildhaftigkeit des eignen Lebens. Freilich braucht der kirchliche Mensch nicht besser zu sein als der unkirchliche. Eine Frau kann geläutert aus einem Erleben hervorgehen, während eine Ehe auf niedrigstem Niveau stehen kann. Um was es sich aber handelt, ist der Verlust der Heiligkeit der Familie in einer Zeit, die obenein die Tiefe des eignen Ursprungs und den Ernst aufzugeben bereit ist."

Das steht an Niveau jenem klassischen Satz „Wohin die viele Freizeit führt, sieht man ja an unseren Jugendlichen" aus der Leserzuschrift eines Rentners im «Spandauer Volksblatt» kaum nach.

Daß es noch niemandem aufgefallen ist, wie die Ergüsse der Röpkes den Bücher- und Zeitschriftenmarkt überschwemmt haben. Ihre Schriften werden vielmehr oft noch als «beachtlich», «wegweisend» oder sogar «ungewöhnlich», «neuartig» und «mutig» (!) bezeichnet.

Wenn Kinder singen, z. B. zwölfjährige Mädchen, dann klingt darin ganz deutlich etwas Melancholisches mit; sie sind immer bereit, einen neuen Angriff der Erwachsenen zu empfangen.

*

Zum Beginn der sogenannten zweiten Phase der Genfer Konferenz soll «die Bevölkerung» eine Schweigeminute einlegen. Nun ist freilich jetzt schon gewiß, daß es auf der Konferenz zu keiner Einigung kommen kann; beide Seiten haben mit völliger Klarheit die Unnachgiebigkeit ihres Standpunktes dargelegt. Trotzdem wird so getan, als gäbe es eine Hoffnung, als käme die Lösung irgendwoher vom Himmel. Man tut so, als habe man seinerseits alles nur Mögliche getan, als sei allein die Gegenseite zum Nachgeben verpflichtet. Durch den Aufruf zu jener Schweigeminute will man den eigenen Ernst unter Beweis stellen, während dies doch in Wahrheit eine zynische Manipulation am Volk ist, das sich auch tatsächlich wieder einmal betrügen lassen und dem Aufruf folgen wird. Es wird sich einspannen lassen in die Atmosphäre des Kalten Krieges und wird durch die aktive Teilnahme an jener «Schweigeminute» zwangsläufig sich mit der militanten Politik des Westens identifizieren. Es genügt den Herrschenden nicht, das Volk propagandistisch zu berieseln, sondern dieses Volk soll selbst die Propaganda mittragen. Solche Art der Aktivierung von Emotionen war schon immer der zuverlässigste Weg einer Massensuggestion, eines Warmhaltens von Massenpsychose, um sich die Masse den eigenen Zwecken dienstbar zu machen und zu erhalten.

*

Der Ehescheidungsprozeß von heute. Der Mann hatte seiner Frau um jeden Pfennig eine Szene gemacht. Sie bekam für sich nichts. Mußte zwei Jahre mit zwei Paar Strümpfen auskommen. Sie wurde ständig von Mann und Schwiegervater beschimpft und bedroht. Als sie einmal eine Tasse kaputt gemacht hatte, sollte sie zwei Wochen nichts zu essen bekommen, mußte den Verlust «abarbeiten». Dabei hatte sie die ganze Zeit mitgearbeitet und mitverdient. Ihr Mann hatte sie dazu gezwungen. Im Geschlechtsverkehr nahm der Mann keinerlei Rücksicht auf die Wünsche der Frau, befriedigte rigoros und brutal nur sich selbst in einer Art Vergewaltigung, brachte die Frau dabei zum Bluten. Nachdem sie vom Mann praktisch rausgeschmissen worden war, begann sie in ihrer Verzweiflung ein Verhältnis mit einem anderen Mann.

Die Ehe wurde aus dem Alleinverschulden der Frau geschieden. Es folgte anschließend noch eine Hausratsauseinandersetzung, bei der die Frau in jedem Punkt sofort dem Mann nachgab, und begab sich so nach und nach aller ihrer Rechte; beließ fast alle Möbelstücke dem Mann, die sie mit abbezahlt hatte von ihrem Verdienst. Landgerichtsrat H. und ihr Rechtsanwalt sahen sich das ruhig mit an und waren sogar froh, wenn durch ihr Nachgeben wieder ein Punkt abgehakt werden konnte. Wie der Mann fortwährend widerlich lachte, sein widerliches Gesicht, er lachte nicht laut, sondern bleckte nur die Zähne und drehte dabei seinen Kopf hin und her, schaute in die Runde wie im

Triumpf vor einem großen Publikum. Solches geschieht täglich, hier nur einmal als Beispiel aufgeschrieben.

*

Die Nahziele der Menschen. Das Prinzip der konventionellen Welt und der Urinstitutionen. Das Treiben.

Es schattet sich an der Scheunenmauer der Rauch von irgendwelchem Feuer, das selbst unsichtbar bleibt; man dreht dazu ganz leicht mit der Handwurzel am Radio. Der Rauch steigt wie im Film zur sanft-leichten Musik.

Es ist schon fast dunkel im Dorf, aber alle Umrisse sind noch deutlich zu sehen. Man hört das Fliegen der Mücke, das Bellen des Hundes, ein fernes Auto, das Klappern einer späten Milchkanne; die Drähte zwischen den Telephonmasten über der Scheune sind noch gegen den Himmel sichtbar. Dazu das gleichmäßige, andauernde Zirpen der Grillen. Von der Ferne blinken über das Feld zu die Lichter eines Nachbardorfes. Man hört das Glocken einer heruntergehenden Bahnschranke. Auf allen Sachen dieses Sommerabends liegt deutlich die Harmonie des Nichts. Menschen befinden sich noch in der Aufregung und Unruhe der Herzen, liegen in tiefer, menschlicher Gebundenheit, hängen starr am kleinumrissenen Dasein, sperren sich in das Gitter ihrer Gefühle, Wünsche, ihrer Menschenziele. Sie laufen wie Hunde unruhig umher und um ihren kleinen Kreis herum. Dem Freien ist die Welt weit und nichtig, dem Unfreien ist sie klein und wichtig. Nur in der Nichtigkeit kann die Harmonie liegen. Denn nur wo Nichtigkeit ist, ist Ungestörtsein von Sorgen, Zielen, Treiben, Spannen, Laufen, Verwirren und Ängsten. Aus dem Nichtigen kann kein Grund zu Unruhe und Angst erwachsen. Die Weite des Nichts ist entspannt und frei.

Hier das in Kafkas Brief an Minze zitierte Schopenhauer-Wort. Die Dinge sind schön, könnten so schön sein, sagt Schopenhauer und sagt Kafka, wenn wir nicht Menschen wären und im

Leben stünden, in dem wir eben nicht einfach nur das weite Feld betrachten können und uns ihm hingeben, seiner Weite, seinem Nichts. Das aber ist der Irrtum von beiden; denn was hindert uns, aus diesem Leben auszubrechen; aber es ist dies gar kein Ausbrechen, es ist nur einen kleinen Schritt ins Freie machen; ja nicht einmal diesen Schritt mußt du tun, du brauchst nur still zu sein und zu sehen, das Ding, das Feld, die Scheune, frei und ohne Einfluß und ohne Gedanken, schon wird sich dir von selbst die Freiheit schenken, du wirst erkennen, daß an allem nichts ist und nur Leere und Freiheit da ist. Es ist also kein Ausbruch, sondern das andere war ein Einbruch, eine Vergewaltigung der Menschen, die zum Leben gezwungen wurden, besser, zum konventionellen Leben, zum treibenden Leben, von früh auf eingespannt in die Spannungen, gefangen in die Enge usw. Gefangen in Schule und Arbeit, in Familie und Ehe, in Staat und Gemeinschaft, in Religion und Glauben und Kirche, in Kriege und Erotik; endloses, willkürliches quälendes Treiben, dem du mit nur einem freien Blick entrinnen kannst; nimm dir dazu jedes Bild, frage, was hinter ihm steht, frage genau, was du über dieses Buch, über diesen Stuhl, über diese Scheune weißt; gehe deinem Gefühl auf den Grund, deinem Glauben, prüfe ihre Berechtigung, ihre Grundlage, sieh an allem nach, was an ihm ist. Du wirst erkennen, daß nur und überall das gleiche Nichts, das gleiche endlos Unbekannte da ist, daß keine Unterschiede da sind, daß da, wo Dinge vermutet wurden, nur scheinende Formen und Schemen stehen. Diese Formen und Schemen stehen aber schön, stehen schön als Nichts im Nichts, weil das Nichts schön ist. Das ist es, warum der Konventionelle die Schönheit des einzelnen kleinen Steines am Wegrand nicht erkennen, sondern nur bestimmte, menschlich tausendfach ausgehandelte, durch unendliche Weltkommissionen zugelassene und von Völkern wiederholte Formen und Figuren und Möglichkeiten verstehen kann. Der Mensch, der in das Leben gepreßt und konventionell geworden ist. Damit das weiter so sei, müssen sie Kinder quälen,

Kriege machen und Unglück. Für ein hektisches, auf engstem Bereich zugelassenes Scheinglück auf der anderen Seite. Darum mußte Ernst Mayer das Falscheste über den Nihilismus sagen, das man überhaupt über ihn sagen konnte, nämlich er bedeute Verzweiflung. Verzweiflung kann schon dem Begriff nach nur aus Welt und Leben kommen. Verzweiflung bedeutet etwas Starkes, Brennendes, während das Nichts das Entspannte ist. Das Entspannte und Schwache.

*

November 1958

(Aus *Die konventionelle Welt*) Wenn im Zimmer das Bedürfnis nach frischer Luft da ist, kann man hinausgehen. Die Hände waren schon ruhelos und nervös. Draußen ist der Weg ewig; ewig nicht in bezug auf den Raum, sondern auf die Zeit; er ist immer da. Man geht ihn immer.
Er, der hier geht, ist schwach. Und immer, wenn er hier geht, ist er schwach. Hier ist es nicht so, daß die Musik aus den Häusern strömt. Es sind keine Häuser da. Aber man ist mit Straßen, in denen das geschieht, verbunden.
Es erneuert sich der Eindruck. Und nun fangen die Männer um 40 und um 60 an, sich zu zeigen. Mit empörter Entschiedenheit schalten sie sich ein. Während auf der anderen Seite das Denken noch träge dahinschleicht.

Das Buch muß begonnen werden. Langsam tastend, den Leser vorsichtig mitnehmend. Werft zunächst einmal einen umfassenden Blick in das große Rund. Seht, was alles da ist! Ich will euch noch nicht auf etwas Bestimmtes hinweisen, ihr sollt nur einen allgemeinen Eindruck nehmen. Es ist so, daß der Vorhang aufgeht, und man sieht die Szene.
Die Temperatur beträgt zwischen zwei und vier Grad Celsius. Mechanische Wunder sind schon da. Und alte Militärparaden.

Wie die konventionelle Mechanik um die ganze Erde gesetzt ist. Beifallsklatschen ist tot, weil gleichförmig und pünktlich.
Wie der Ansager spricht!: so geläufig, daß er das Einverständnis aller Hörer voraussetzen muß. Das kleine Verschmitzte in seiner Stimme muß die Hörer geradezu zu Eingeweihten machen. Das beginnt neuerdings alles bei der Filmproduzentin Ilse Kubaschewski, und man sagt dann: „Die Kubaschewski".
Am Stimmen der Instrumente allein kann man noch nicht ausmachen, ob es klassische oder unterhaltende Musik ist. (Es ist unterhaltende Musik.) In anspruchsvollen Unterhaltungskonzerten moderner Prägung ist es so, daß ein banales Kinderthema mit großem Ironie-Pathos arrangiert ist, so daß der verständige Hörer an besonders verschmitzt-grotesken Stellen sogar amüsiert lachen darf.
Die Welten entstehen mit den Häusern. Mietshäusern, die in der Straße hochwachsen. Bis sie grau im Herbstnebel sind. Wenn der Star kommt, der Beifall schon vorher erhält. Man will ihn feiern. swing is fortunate. Das Essolub hat noch das Element der Kindheitstage. Dazu gehörten das Schlump, das Munch, das Monk. Herr, wir bitten dich um deine Gnade. Die new group spielt in der Besetzung mit Henk Henschel, Altsaxophon . . . Nach noch unbestätigten Meldungen aus Paris soll der Erste Sekretär der . . . Hier lernen wir den Schriftsteller als einen Meister des neueren Gesellschaftsromans . . . Die letzten, untergeordneten Wachposten der Schwachen sind an der Stelle alleine zurückgeblieben. Wie Puppen, die über dem Verlust ihres Herrn unbewegt bleiben. Jetzt, wo sie verlassen sind, wird deutlich, daß sie auch vorher schon nur Puppen waren. Ihre tote Starrheit titt jetzt hervor usw. Wie es kommt, daß es nicht geht usw. Wahnsinn.

*

Er hatte die Bühne als Zimmer gemietet. Als Theateraufführung abends gab es also nur immer ein Stück aus seinem wirklichen Leben; der Vorhang ging einfach auf, während er weiterlebte. Man sah ihn also bei seinem geregelten Abendbrotessen, Radiohören, Zeitungslesen, Onanieren. Er wußte allerdings, daß die Leute zusahen. Die Vorstellungen waren die Gegenleistung für die Zimmermiete.

*

Sie gehen zusammen auf dem Feldweg; kommen an die Kreuzung; ihre Wege scheinen sich zu trennen. Die Frage nach dem Mitkommen wird gestellt. „Das hängt ganz von dir ab.“ „Auf deinem Weg kommt der Feind.“ „Vielleicht bist du der Feind, wenn du mir folgst.“ „Ich bin zu schwach, um Feind zu sein.“ „Ich muß allein sein, und wenn auch nur für die kurze Zeit, die der Feind mir Frist läßt.“

Pubertäres Tränen durch Jahrzehnte. Unreifes Erschüttertsein. Eine Eigenwelt, ausgelotet nach allen Seiten, ungeschickt, sentimental.

Dieses Im-Kleinen-Bleiben also . . . Auf dieser -Stufe gibt es kein «Auch-du-hast-Waffen» mehr. Aber auch kein «Auch-du-hast-keine-Waffen». Sondern nur noch: «Du-weißt-nichts-von-Waffen».

Das Dorf liegt menschenleer in der Mittagszeit. Man geht zwischen den Häusern hindurch wie beobachtet, starr. Schwankender Gang vor Besorgnis. Wenn hier Unterhaltungsmusik hinüberschallt, kann sie bei der Kleinheit des Dorfes wie Lautsprechermusik am weißen Bäderstrand sein. Wie die Dorfhäuser klotzig und niedrig liegen (wie auf dem Bauch). Plump und (schon) etwas gesenkt. Die Dächer ziehen sich über die Seitenwände herab usw. Es erscheint fraglich, ob der Gang hier Fortschritte bringt.

Ganz ruhig, überlegend, von unten kriechend, herankriechend, bittend, mit wenig Bewegungen. So als sei bisher alles nur Spielerei gewesen und plötzlich sei der Auftraggeber leibhaftig gekommen – bisher wurde von ihm nur phantasiert. Dicht über das Papier gebeugt.

Es wird noch einmal unreif sein (es wird noch einmal unreif sein dürfen). Kleines Schreiben, weil Angst selbst vor diesem Herantasten. Notwendigkeit des Durchstoßens, eines Durchstoßens, das so groß sein muß, daß es . . . Wie ich herumblicke, aber überall nur Trockenheit sehe, mein Gesicht bleibt vernünftig, die Augen bleiben trocken. Durchstoßen, durchstoßen. Einer rasenden Anstrengung bedürfte es. Wie selbst das Schweigen versagt (und versiegt).

Kopf schief legen und ganz von der Seite, von unten her schreiben. Das fast wütende Kauen auf der Pfeife. Nicht wütend, sondern gedankenlos schläfrig und bloß genießend. Vielleicht darf nur dieses unreife Lächeln und Verzerren des Gesichts und Pfeifenkauen beim krummen Schreiben da sein.

Ein kleines Durchzittern des Körpers, sonst nichts mehr. Möglichkeitslos. Verzweiflungsmäßig. Irrsinnsartig. Satthaft. Schönlos. Fragmäßig. Ohne Lösung. Undsoweitermäßig.

Es gibt einen Zustand seelischer Schwäche, der ist so, daß man auch körperlich zu hinken anfängt. Sarah-Vaughan-Gesang an einem Sonnabend-Nachmittag bringt dieses Sein noch einmal zu einer gewissen Schwellung. Tränenlos, nicht, weil es leidlos ist – leidlos ist es allerdings nicht –, sondern weil es bewegungslos ist, und Tränen rinnen ja, sind also nicht bewegungslos.

Ekelmäßigkeiten im Sein. Ekeldaseinsmäßigkeiten. Irgendwiehaftigkeit scheint da zu sein. Irgendwiemäßiger Ekel im Dasein. Ekelsein in der Mäßigkeit. Schwäche. Ideologie. Koexistenz. Polemik. Politik. Der Russe.

Man steht, spät schon, auf dem Grasweg in der Waldlichtung mit Aussicht auf Land. Kleine, gleichgültige Waldgeräusche sind noch da. Denken jetzt noch von Einzelheiten, aber in schemenhaftem, flüchtigem, unscharfem Gleitenlassen. Das Leid von Menschen blitzt stärker auf. Das gleiche verschwommene Bild der Landschaft vor sich, als könne darin auch für dieses Leid eine Antwort gefunden werden. Kurzes Seufzen, erstes Bewegen nach dem langen Stehen. Kleines Hin- und Hergehen mit kurzen Schritten.

. . . es ist eine wie körperliche Dünnhäutigkeit, die das Ich zusammenfallen und zerfließen lassen will. Schaueranfälle, äußerlich sichtbar; plötzlich geht ein Schütteln durch den Körper. Das ist der Boden, der unterste Satz, der Rohzustand, auf dem alles aufbaut. Die Schaueranfälle sind allerdings schon Reaktion, jener Urzustand ist also zunächst nur das nackte Offenstehen gegenüber allen Angriffen, schildlos, ungepanzert. Und nun kommen die „Angriffe", deren eigentliche Geringfügigkeiten bei der Größe der von ihnen ausgelösten Krisengefühle nur das Maß der Nacktheit zeigen.

Neulich gab es die (ebenfalls nicht neue) Frage, ob man nicht (doch) hassen sollte. Ein Dorf in der Pfalz ist jetzt geräumt worden, die Bewohner müssen sich anderswo neu aufbauen, weil die Wehrmacht zum Verlegen ihres schrittnahen Düsenplatzes nicht bereit war. Die Bewohner haben monatelang den Lärm aushalten müssen. Das Kriegsministerium gibt für die Gesundheitsschäden keinen Ersatz.

Zum Scheitern verurteilt.

Auch Weggehen vom «Nichts». Das «Nichts» ist noch ein herkömmlicher Begriff; denn auch das «Nichts» «ist» noch; für das Sein des Nichts genügt ja schon, daß es im Gegensatz zum Sein steht, als Gegensatz zum Sein ist es dann; das ist dann auch irgendein Sein usw.; auch das Nichts ist also noch zu seiend.

Schon Leugnen ist also zu viel usw. Kein Nichtwissen. Nur noch Schweigen. Aber auch kein aussagendes Schweigen, etwa im Sinne jenes Inders, der auf die Frage nach der Wahrheit schwieg und dieses Schweigen als Antwort meinte. Auch das Negative wird nicht ausgesagt. Kein Bekenntnis zum Nichts; das «Nichts» ist genauso unbekannt wie das «Sein»; auch all dieses «kein» und «nicht» trifft «nicht» zu, «denn» es setzt ja hinter sich das Etwas, das es verneint. Die Sprache reicht hier nicht, kann hier nicht reichen, weil sie immer noch etwas meint. Es kann aber nur so «gesagt» werden, daß nichts mehr gemeint ist, auch das Meinen hört also auf. Sich zurückziehendes Schweigen, verhaltenes Schweigen; Stilleben ohne Leben und ohne Stille.

Diese Lehren sind psychologisch entstanden aus dem Bedürfnis zum Unkonventionellen. Dieses Bedürfnis hat seine Grundlage in der Geisteshaltung einer totalen «Abseitsstellung» der Persönlichkeit, die zur Selbstbestätigung, Selbstbefriedigung, eine Lehre des Abseitigen verlangt. Grundlage ist also die Besorgnis, von den herkömmlichen «Philosophen» eingeholt zu werden. Aus diesem Bedürfnis entstand nun ein «Wettlauf zum Unkonventionellen». Deswegen sollte solche «Theorie» abgesichert werden gegen den herkömmlichen Nihilismus. Indem sie nun ausschließlich gesehen wurde als ein der Selbstbefriedigung dienender Versuch, das ganz und gar, grenzenlos und einmalig Ungewöhnliche zu erreichen, wurde erkannt: Dieses Unkonventionelle kann nicht erreicht werden. Die Straße zu ihm hin ist unendlich. So weit ins Groteske wir auch unsere «Theorien» getrieben haben, so schnell wir auch auf dieser Straße gelaufen sind, immer ist doch am scheinbaren Ziel der Igel des Herkömmlichen und sagt: „Ich bin schon da.“ Und zwar nicht nur, indem er auf Ideen herkömmlicher Schriftsteller verweisen kann, die den unseren doch ähnlich sind, sondern schon indem er ganz einfach auf die Vorstellung verweist, daß auch eine «äußerste Theorie» noch «irgendwie menschlich», noch «weltlich» ist. Es gibt es also nur eine Ebene: Alles ist konventionell. Hier geschieht nun der Vorstoß zur Schwäche-Ideologie: Die Schwäche-Ideologie anerkennt, daß es keine Konsequenz gibt, kein Durchhalten der Schwäche, keine Siegespalme für ein voll erreichtes Prinzip; sie fordert sogar, daß es das nicht geben dürfe, sondern daß einer im Sinne der Schwäche-Ideologie nur dann wirklich schwach sei, wenn er inkonsequent, also auch einmal stark sei. Eine einseitige, im Sinne herkömmlicher Konsequenz durchgehaltene Schwäche ist nicht mehr wirklich schwach. Hier beginnt aber natürlich das Kreisen: Wenn die Inkonsequenz zur «wirklichen» Schwäche gehört, ist es dann nicht doch eine «konsequente» Schwäche usw. . . .

Bei manchen Leuten, zum Beispiel einigen Theologen, wird der Glaube nicht als Konsequenz der Schwäche in Schwäche genommen, sondern als großer Aufbruch aus der Schwäche (beinahe sogar: in die Stärke). Auch wir fallen in den Glauben; aber in einen schwachen Götzenglauben, Glauben an Inkonsequenz und Schwäche. Wir zeigen also jenen Leuten, daß man, wenn man es mit der Tiefe ernst meint, noch viel tiefer kommen kann. Jene Leute wollen aus Ehrlichkeit den Dingen auf den Grund gehen, sie finden dort das «Nichts» und springen von dort zu «Gott». Mit ihrer Ehrlichkeit ist es also nicht allzu weit her, sonst müßten sie zum ehrlich inkonsequenten Götzen-Glauben kommen statt zum unehrlich inkonsequenten Gottes-Glauben. (Das überbreite Lachen beim Jazz-Beat-Hören ist also das pubertäre Götzen-Lachen.)

*

So weit also vom «Pubertären Wortwust» aus den fünfziger Jahren. Fassen wir zusammen: S versucht zu wirken, möchte Welt verändern; ja, er glaubt sich sogar auserlesen. Doch Umwelt, Erziehung, was weiß ich, entkräften ihn bald; besonders stark war er von Anfang an nicht. Schwäche also lähmt und blockiert jenes Streben. Kaum, daß S seine Vorstellungen auch nur artikulieren könnte, geschweige denn, für sie kämpfen. Noch empfindet er die Diskrepanz zwischen dem eigenen Anspruch und der Kläglichkeit seiner Existenz. Die Diskrepanz erzeugt Spannung, und S schämt sich. So beginnt er, die Ideen dem eigenen Zustand anzupassen; er kürt Schwäche. Hier glaubt er, seine Abseitsstellung verwirklichen zu können. Die Schwäche-Ideologie ist ihm Befriedigung, weil er sie lebt, weil Theorie und Praxis seines Lebens endlich in ihr sich vereinen. Und er glaubt ja, mit ihr etwas Eigenes, originell Abseitiges gefunden zu haben; nur ihm gehörig. Narzistisch wird es ausgebaut und gepflegt. Sollte Ihnen in der vorliegenden Abhandlung also irgendwo die Schwäche geradezu als neues Weltprinzip vorgestellt und damit etwa doch ein gewisser Eindruck von Größe vermittelt werden, lassen Sie sich nicht täuschen: Schwäche im Sinne der Schwäche-Ideologie ist nichts weiter als die Hilfskonstruktion eines beliebigen Schwachen zur Selbstbefriedigung und Selbstbestätigung seiner kläglichen Existenz. Schwäche bleibt sich also auch da treu, wo es um ihre Entstehung und Funktion geht; nichts von Größe oder irgend objektivem Sinngehalt ist sichtbar. Deshalb ist solche Schwäche-Theorie nur Schwäche-I d e o l o g i e , verknüpft also Idee und Interesse: Das Interesse des Schwachen, sich seinen Zustand erträglich zu machen, läßt ihn die Schwäche zur Idee erheben.

Geradezu ehern erschien dem S das Gesetz: „Es wird alles schlechter." Er sah Möglichkeiten, eine nach der anderen, schwinden, auch nur Aussagen zu machen. Beispiel: S sieht eine bestimmte, ihm schreiend erscheinende Ungerechtigkeit, nennen wir sie U 1. Er bemüht sich, sie aufzuzeigen. Seine Formulierungen sind ungeschickt; der Gesprächspartner – also, wie S sagen würde, der «Gegner» – hat es daher leicht, ihn scheinbar zu widerlegen; ein kleiner sprachlicher Fehler, ein für die Sache an sich unbedeutender Widerspruch lassen S in der Diskussion scheitern und entmutigen ihn. Auch fallen ihm die geeigneten Beweise oder Beispiele immer erst nach dem Gespräch ein. Oder: In einer Diskussion um einen Punkt U 2 läßt ihm der «Gegner» mit irrationalen, gleich mehrere Unrichtigkeiten enthaltenden Sätzen wie „Wohin die viele Freizeit führt, sieht man ja an unseren Jugendlichen" oder „Eine gehörige Tracht Prügel zur rechten Zeit hat noch niemandem geschadet" keinen Ansatz für wirksame Entgegnungen, weil sich das Gespräch bereits bei der Widerlegung der ersten Unrichtigkeit verliert und den Ausgangspunkt – U 2 – vergessen läßt. So reduzierte sich schließlich alles Darzustellende auf jene Schwäche-Ideologie. So wie etwa der Pubertäre P seine «Erkenntnisphilosophie» entwickelte, erst Objekte leugnete, dann Erkenntnisse, dann sich selbst, bis diese «Philosophie» zu einer «Nebel-Theorie» gerann, die sich schließlich in den Vorhof der Schwäche-Ideologie setzte. So wie etwa auch (um noch einen modischen Vergleich zu setzen, der bei späteren Auflagen entfallen kann) eine Jugendbewegung J schließlich schwach wird, wenn sie im Widerstand gegen ein System SY ihre Machtlosigkeit gegenüber SY erkennen muß.

Schwäche-Ideologie ist also das, was bleibt, wenn alles andere abgebröckelt ist.

Ich habe das alles eben noch einmal an mir vorbeiziehen lassen und stelle fest: Es muß zurückgenommen werden.

Meditieren über Schwäche

Jetzt soll es also anfangen. Die verschiedenen «Einleitungen» haben wir hinter uns. Darüber freue ich mich! Das war mir alles Ballast, lästig; jetzt ist er abgeworfen; froh bin ich darüber, endlich in das Zentrum der Schwäche-Ideologie einsteigen zu können. Doch „wie denn?" – halte ich schon inne: „Wie denn? Sollte nicht all jenes auch schon Schwäche gewesen sein?" Doch. Jener anonyme Fragesteller hat recht. Alles war schon Schwäche,

Wort für Wort. Jene Freude beruhte auf einer allerdings nur einen flüchtigen Augenblick währenden Illusion, zur Schwäche noch eine genauere Aussage machen zu können. In einen Kern wollte ich dringen – und ich bin sicher, später wieder einmal dieser Illusion zu verfallen –, so als ob nicht Schwäche eine Sache ohne Anfang und Ende wäre, eine Sache überhaupt, die jede Aussage im Grunde ausschließt, die alles Sagen nur eine Anschauung der Verzweiflung darüber sein läßt, nichts sagen zu können. Nicht nur über Schwäche nichts sagen zu können, sondern überhaupt: nichts sagen zu können. Was dann freilich doch wieder Schwäche im Sinne der Schwäche-Ideologie wäre, also einer Schwäche, die auch von der gewöhnlichen, in den alten Lehrwerken schon beschriebenen Schwäche verlassen ist. Versuche, mich zu verstehen, Leser, begreife, daß Ähnliches immer wieder hier gesagt werden muß, daß nur dringliches Predigen vermag, vielleicht vermag, wahrscheinlich sogar nicht vermag, in diesen Sud, den ich Schwäche nenne, einzudringen, seinen Geruch schließlich wahrzunehmen. Darum dieses ernsthafte Erklären auch mit den Mitteln des Herumredens, ja fast Plauderns; hin und wieder abschweifend in scheinbarer Unverbindlichkeit. Wenn sich in Sachen Schwäche überhaupt etwas aussagen ließe – aber wir sahen ja schon, daß das nicht der Fall ist –, dann wären dies alles hier schon Aussagen, wie sie näher und genauer nicht möglich sind. Hier gibt es keine Steigerungen.

Jede Aussage, die hier geschieht, muß zurückgenommen werden. Verzeih Leser, wenn ich dieses Rücknahme einmal vergesse; mag sie hier also pauschal geschehen.

Ich schreibe dies übrigens in einem Trans-Europ-Expreß zwischen Köln und Frankfurt am Main. Das heißt, um genau zu sein, einen Teil der Vornotizen schuf ich dort. Zur Zeit schreibe ich ... Nein, das geht zu weit. Doch, das geht, das geht nicht zu weit. Es handelt sich nämlich um folgendes: *Ich muß Ihnen offen sagen, daß Sie hier gelegentlich eine derartige Peinlichkeit werden hinnehmen müssen. Neben der allgemeinen Peinlichkeit, die die*

Schwäche-Ideologie schon insgesamt bedeutet, soll also ab und zu noch eine kleine besondere Peinlichkeit veranstaltet werden. Dabei ist jener TEE-Hinweis ganz harmlos; gelegentlich, wenn Sie sich schon etwas mehr in die Schwäche-Ideologie eingearbeitet haben, werde ich eine längere Passage ganz scharfer Peinlichkeit kommen lassen. Auch das wird notwendig sein, denn es gehört zur Schwäche. Wir können uns doch nicht ein Kapitel, das zur Lehre gehört, nur deshalb ersparen, weil es uns unangenehm ist. Ich könnte, ehrlich gesagt, schon hier viel peinlicher formulieren; ich vermeide es im Grunde aus Rücksicht. Soll ich es Ihnen mal ganz kurz vormachen? Na, noch nicht, später. Aber eigentlich müßte es sein.

Das Hohelied der Schwäche wird hier (nicht) gesungen. Wird das Hohelied der Schwäche nun gesungen oder nicht? Die Berechtigung dieser Fragestellung ergibt sich vor allem aus dem Zweifel daran, ob es sich hier wirklich um ein «hohes» Lied handelt. Es gibt Beschreibungen von Schwäche-Extremen aus dem Leben in großer Zahl, Kläglichkeiten und Widerwärtigkeiten grenzenlos. Es gibt aber nicht jene trockene, billige, bloß theoretische Umschreibung eines Schwäche-Modells, wie sie hier stattfinden soll; blaß und blutleer, weil ohne Anschauung und Leben. Man wird also wahrscheinlich von einem hohen Lied nicht sprechen können. Dagegen hat die Annahme eine gewisse Berechtigung, daß hier etwas «gesungen» wird; an anderer Stelle wurde auch schon vom «Predigen» gesprochen.

Je offener wir sind, desto mehr scheint sich die Sache zunächst zu verwirren. Ersatz für die Aussage ist also die Offenheit. In der Offenheit liegt aber zugleich die Aussage. „Nichts wird ausgesagt", heißt es zwar, aber gemeint ist doch ein anderes. Wenn einer sagt: „Ich sage nichts" oder: „Ich kann nichts aussagen", so will er sagen: „Ich bin offen". Wir sehen ihn nackt, und diese Nacktheit erbaut uns und sättigt. Dabei ist jener nicht eigentlich offen, er bohrt nur an der Wurzel, die er nicht recht erreicht. Verfolgen wir ihn bei der Arbeit, so stellen wir zwei Abschnitte fest: Erst scheint es ihm, als fehle ihm etwas, und er weiß nicht, was es ist. An dieser Station des Bohrens macht er uns sein Mitteilung; sei sie nun noch als ein «ich-sage-nichts» oder schon als ein «ich-bin-offen» formuliert. Im zweiten Abschnitt erkennen wir deutlich, daß er sich mit dem Schürfen begnügt. Wenn es in manchen Darstellungen heißt, daß jemand einer Sache «auf den Grund» gehe, so wird damit ja auch nur der Gang angezeigt und nicht etwa der Grund selbst. Was besagt aber schon das Schürfen! Es war ja nicht das Schürfen, über das eigentlich gesprochen werden sollte. Kann aber das Schürfen ohne den Grund, um den es ihm geht, dargestellt werden? Wenn wir vom «Weg» sprechen, so begreift das ein Ziel ein. Das bedeutet also, daß der Gegenstand voll austauschbar ist. Genauso läßt uns das Wort „tiefschürfend" ohne Gegenstand sein. Austauschbarkeit ist hier grenzenlos, auch diese Worte sind austauschbar. Sie vermitteln eine Haltung, nicht einen Inhalt. Ihre Ernsthaftigkeit, ihre Unabdingbarkeit leidet nicht unter ihrer Austauschbarkeit, im Gegenteil. Nur die Beliebigkeit, die Willkür eines Wortes kann es zum «offenen Wort» machen. Das ist natürlich kein spezieller Lehrsatz aus der Schwäche-Ideologie, es ist überhaupt kein Lehrsatz. Gemeint ist immer ein anderes; auch das bedeutet Austauschbarkeit. Wir können also nicht gänzlich untätig sein; wir arbeiten mit «Beispielen», die wie in einer Fehlerrechnung zwar von vornherein falsch sind, aber zum «richtigen» Ergebnis führen, will sagen, zur Erkenntnis von der Auswechselbarkeit allen Seins und allen Sagens. Und nun ist ganz wichtig: Es handelt sich hier abermals nicht im geringsten um irgendeine philosophische Theorie; diese «Austauschbarkeit» darf also nicht etwa als eine Art Relativitätstheorie verstanden werden. Vielmehr dienen alle Begriffe nur dazu, ein dialektisches Gespräch zu ermöglichen. Ich kann das vielleicht dadurch verständlich machen, daß ich wiederum offenlege, wie diese Sätze zustandekamen. Ich suchte bloße Begriffe, aus denen sich dialektische Sätze bilden ließen, und befand «Aussage», «Offenheit», «Schürfen», «Austauschbarkeit» usw. als geeignet. Die Dialektik ist wiederum nur Sprachliches, nicht Inhaltliches. Ich bin aber damit noch nicht fertig. Denn wenn der Austausch ein Mittel der Dialektik ist, was ist dann die Dialektik selbst? An dieser Stelle können wir unmittelbar in die oben unterbrochene Offenheits-Diskussion zurückfallen: Die Dialektik ist wahrscheinlich Station auf dem Weg jenes «Schürfens». Denn jetzt schürfen wir nicht mehr nach irgendeinem Bodenschatz. Kaum ein modernes Lehrbuch zur Bodenbearbeitung wird solches noch behaupten. Nach allem scheint vielmehr klar zu sein: Wir schürfen um der Offenheit wegen. Und doch muß auch hier noch ein Zweifel angemeldet werden («Zweifel» bedeutet ja nicht das Infragestellen eines Forschungsergebnisses). Wenn es sich nämlich um bloße Stationen einer Offenheit handelt, gibt es dann nicht doch die Ziele, die vielgeschmähten? Meiner Meinung nach ja, aber «Ziel» wird jetzt anders verstanden, Ziel ist nurmehr die bloße Pause, nicht der Endpunkt im Offenlegungsprozeß.

Schwäche und Stärke

Von der im letzten Abschnitt erreichten Position her kann nun wieder über Schwäche gesprochen werden. «Wieder» heißt natürlich hier «weiterhin»; denn, wie Sie schon wissen: Kein Buchstabe in dieser Abhandlung, der nicht Schwäche wäre. – Dem Folgenden können wir die Überschrift geben: Schwäche und Stärke. Es handelt sich um ein besonders ernstes Kapitel; eine neue Wortfolge, von der ich mir in besonderem Maße verspreche, daß sie geeignet sei, das Phänomen Schwäche zu veranschaulichen.

„Alles war stark, dieses aber wird schwach sein“ hieß es schon in den Eingangssätzen dieser Schrift, und ich versprach, Ihnen dazu noch einen Pseudobeweis zu liefern. Leiten wir die Schwäche-Ideologie vom Gegensatzpaar „Schwäche und Stärke“ ab, so stellen wir folgenden Erkenntnisprozeß fest: Als die Weltdinge gleichsam wie in einem riesigen Schaufenster betrachtet wurden, in dem wir alles ausgestellt fanden, konnten zunächst die unterschiedlichsten Eigenschaften der einzelnen Dinge erkannt werden. Auf Grund verschiedenartiger Farben und Formen, Zeiten und Dimensionen, Kategorien und Seinsstufen, Maße und Gewichte wurde der Schluß gezogen auf die Unterschiedlichkeit der Dinge selbst. «Kausalität» schien somit etwas anderes zu sein als «Frosch», und «Weltall» etwas anderes als «Vorgeschichtlichkeit». In der noch unübersichtlichen Vielfalt aller Eigenschaften der Dinge fiel die Eigenschaft «Stärke» zunächst nicht besonders auf; sie wurde zwar wahrgenommen – selbst dem flüchtigsten Blick mußte sie sich ja aufdrängen –, doch schien sie sich noch nicht besonders auszuzeichnen; sie war eben eine Kennzeichnung neben anderen. Sei es nun aber, daß hier der Zufall entschied oder sei es, daß aus einem gewissen Ordnungsbedürfnis heraus nach einem gemeinsamen Nenner für diese ganze verwirrende Fülle der Weltdinge gesucht wurde, jedenfalls entdeckte man plötzlich: Stärke fand sich überall; mit ihr gab es etwas, das allen Dingen zukam. Mochte eine Sache sonst noch aussehen wie sie auch wollte, diese Eigenschaft fehlte ihr nicht. Stärke wurde damit zum gemeinsamen Kennzeichen aller Dinge.

Die Feststellung, daß das Prinzip der Stärke im herkömmlichen Sortiment der Weltdinge durchgängig vorhanden war, konnte gar nicht zweifelhaft sein, wenn nur der Begriff der Stärke einigermaßen weit interpretiert wurde. Dabei konnte der Begriff zunächst durchaus in seiner engen Bedeutung gesehen werden: Schon solche Stärke im Sinne sich aufdrängender, alles fortreißender Kraft war in jenem Schaufenster ganz überproportional vertreten. Dann gab es aber die Gruppe von Dingen, denen eine abgewandelte Stärke eigen war; eine Stärke, die das Grundprinzip verfeinerte und auf anderer Ebene fortsetzte. Wo zum Beispiel formuliert wurde: „Selig sind die geistig Armen“ (oder so ähnlich), war eine Seligkeit angesprochen, in der es um die Kraft ging, die wir Stärke nennen. Mit der «geistigen Armut» sollte es also nicht sein Bewenden haben, sondern sie sollte zum Mittel für ein Glück werden, in dem wir die alten, uns bekannten Grundlinien der Stärke unschwer wiederfinden. „Lasset die Kindlein zu mir kommen“ sollte ebenfalls anzeigen, daß auch und gerade das noch nicht vordergründig Große und Kräftige Glück verheißt. Unschwer fänden sich weitere Beispiele für diese Form der Stärke (Pazifismus, gewisse indische Philosophien usw.). Man sprach ja in diesem Zusammenhang schon ganz offen von einer «Kraft der Schwachen»; ein Mißbrauch zwar, ja fast eine Beleidigung des Schwäche-Begriffs nebenbei gesagt, aber immerhin ein Kennzeichen für dieses subtile Stärke-Prinzip. Und schließlich durften wir wohl auch da von Stärke sprechen, wo wir irgendeine Art von Geschlossenheit und Sinnhaftigkeit fanden oder auch nur das bloße Streben danach. Wo Stärke gewollt war und nicht gelang, war also doch zumindest der Wille nach Stärke kennzeichnend. Noch der zerlumpteste Bettler, alt und krank, vertrat schon durch sein Betteln das Prinzip des Strebens. „Wer immer strebend sich bemüht, den können wir erlösen“, heißt es in einer Dichtung. Und wer sich nicht strebend bemüht? Nun, der wird seine Gründe dafür haben; «Gründe» also, die dieser Weigerung ihren Sinn geben. Nehmen Sie noch irgendeine Rauschgift-Existenz, eine beliebige, herkömmliche Nihilismus-Theorie, überall werden Sie zumindest Spurenelemente von Stärke finden.

Wo nicht schon, wie etwa in Kriegen, die vordergründige Kraftentfaltung jede Frage nach dem Sinn überflüssig machte und Stärke auf der allersichtbarsten Stufe bedeutete, erblickten wir also jedes Ding abgerundet in Funktionen, die zumindest in sich selbst sinnhaft erschienen. Hier sei allerdings einschränkend eingeschoben: Der Versuch der Beweisführung dafür, daß alles stark gewesen sei, geschah schon von der Warte der Schwäche aus, zugleich aber noch in der Denkkategorie der herkömmlichen Welt. Dies bedingte die besondere Schwierigkeit der Beweisführung: Schon sprachlich kann nicht leicht von der Sprache der Schwäche auf die Sprache des Herkömmlichen umgeschaltet werden. Auch kann einer, der als Schwäche-Berichterstatter in der Schwäche-Wissenschaft geübt ist, nicht gut in gleicher Qualität die Wissenschaft des Herkömmlichen beherrschen. Er wird sich eine gewisse Unbeholfenheit im Erklären herkömmlicher Prozesse zuschulden kommen lassen. So muß ich also für jene Beweisführung um Nachsicht bitten. Andererseits war die Allgegenwart der Stärke so offensichtlich, daß sie wohl auch der im Herkömmlichen ungeübte Schwäche-Schreiber nachzuweisen vermochte.

So zeigte sich also die Sonderstellung der Stärke. Da alles Bisherige stark war, wurde nun gefragt: Warum nicht auch einmal Schwäche? Es ist ungerecht, daß bisher nur Starkes dagewesen ist und noch nie Schwaches. Man hatte ja gar nichts gegen das Starke an sich, man konnte nur nicht recht einsehen, warum nicht wenigstens ein einziges Mal, und sei es zur Abwechslung, Schwäche ausprobiert werden sollte. Man muß ja wahrlich nicht gegen Stärke sein, um sich über ihren Ausschließlichkeitsanspruch zu wundern. Dieser Anspruch war bei dem besten Willen nicht einzusehen; er erschien geradezu ärgerlich. Stärke ließ bei ihrem Auftreten ja nirgends erkennen, warum sie allein und nicht auch ihr Gegenpol Schwäche existieren durfte. Deshalb sollte nun Schwäche in die Welt gesetzt werden.

Schwäche wurde als Gegenprinzip zur Stärke entwickelt. Das geschah so: Bei näherer Untersuchung wurde Stärke nicht nur als das *gemeinsame* Merkmal alles bisher Existenten, also Herkömmlichen festgestellt, sondern als das *beherrschende* Element schlechthin. Andere Eigenschaften fielen nicht mehr ins Gewicht; sie waren nämlich im Grunde nur Bestandteile der Stärke.

Daß etwas rot oder grau war, hatte seinen Sinn und damit seine Stärke. Die Dinge im herkömmlichen Weltschaufenster waren sich also nicht nur in bezug auf den Besitz der Eigenschaft Stärke gleich, sondern, da Stärke beherrschend war, glichen sich die Dinge einander schlechthin. Alle Unterschiede verwischten sich, die Dinge identifizierten sich geradezu miteinander, wenn man nur die Untersuchung weit genug voran trieb. Je mehr nun das ursprünglich so vielfältig scheinende Sortiment auf einen Gegenstand zusammenschmolz – aber es schmolz gar nicht zusammen, sondern der geschärfte Blick erkannte jetzt, daß von Anfang an nur eines vorhanden gewesen war –, umso auffälliger wurde das Fehlen des Gegenprinzips. Denn Schwäche als Gegenpol war durchaus vorstellbar. Ja, je beherrschender Stärke im Blick des Betrachters wurde, umso mehr schrie geradezu alles nach Schwäche zum Ausgleich. Nun mußte solche Schwäche natürlich auch in konsequenten Gegensatz zur Stärke gesetzt werden. Es durfte sich also nicht etwa um die enge, herkömmliche sog. «Schwäche» handeln, die, wie wir sahen, in Wahrheit Stärke ist. Der Schwäche-Begriff mußte in einer dem Stärke-Begriff entsprechenden Weite interpretiert werden. Das Wort war noch entlehnt aus dem Sprachschatz des Herkömmlichen; da aber Stärke schließlich alles Herkömmliche war, mußte Schwäche als konsequentes Gegenprinzip schließlich zum «ganz anderen» werden. Zu jeder neuen, abseitigen Spur Stärke, die sich noch im entlegensten Stück herkömmlicher Welt fand, wurde das entsprechende Stück Schwäche herausgebildet. Schwäche wurde damit schließlich in einer neuen Dimension angesiedelt.

Die Dimension war aber nur in dem Sinne «neu», als es noch kein Ding gab, das schwach war, sich also in dieser Dimension befand. Es fehlte also zwar an einer Anschauung, an einem Beispiel für die Schwäche-Dimension, nicht aber, wie oben schon angedeutet, an ihrer abstrakten Möglichkeit. Schwäche hätte sehr wohl von vornherein im Sortiment jenes Weltschaufensters vertreten sein können.

Für das Fehlen der Schwäche gab es keinen echten Grund. Ich konnte jedenfalls keinen finden, obwohl ich der Frage eingehend nachgegangen bin. Es erscheint mir lohnend, Ihnen zu dieser Frage noch Näheres mitzuteilen. Man könnte natürlich meinen, die Frage sei jetzt überholt und ohne jedes weitere Interesse, da immerhin mit meiner Schrift wenigstens jetzt Schwäche in die Welt gesetzt werde – spät zwar, doch nicht zu spät. Daß ich dennoch darüber sprechen möchte, ist mir ein persönliches Bedürfnis. Jene Frage bedingt nämlich für den, der sie einmal erkannt hat, geradezu eine Verständnislosigkeit gegenüber der Welt, ein Welträtsel, dessen fast dämonischer Charakter bedrängend ist. Erörtere ich die Frage hier in aller Offenheit, so wird mir vielleicht aus dem Leserkreis eine Hilfe zuteil. Ich bin ja bereit, mich mit der allerkleinsten Antwort zufrieden zu geben! Aber vorläufig ist für das Phänomen so gar keine Erklärung sichtbar. Die Frage scheint unlösbar zu sein. Nächtelang habe ich mich gewälzt und alle Phantasie aufgeboten, um zu ergründen, warum der Schwäche auch der kleinste Platz im Weltgeschehen verweigert wurde. Oder sollte ich irgendwo doch Schwäche übersehen haben? Nein, Schwäche im Sinne meiner Ideologie, also – wie noch weiter im einzelnen zu schildern sein wird – Schwäche als bloßes Prinzip des Kläglichen, Abseitigen, Inkonsequenten, Lächerlichen, ohne den Hintergedanken einer versteckten Stärke, diese Schwäche fand sich nirgends. Warum denn nur nicht? Das erscheint mir so willkürlich! Zugleich aber so geradezu betont, da nicht einmal im Abseitigsten, nicht im Mikrokosmos auch nur die Spur einer Schwäche erkennbar war. Wie meine Schrift beweist, bedarf es doch gar keines besonders großen Aufwandes, um ihr zum Leben zu verhelfen. Warum dann diese totale Verweigerung. Es scheint da ein großes Übereinkommen der Welt gegen die Schwäche zu geben. Es ist ein schweigendes Einverständnis, denn Schwäche wird nirgends auch nur genannt, also nicht einmal ablehnend. Schwäche wurde ja nicht verboten, vielmehr: Die Gesetze erwähnen sie gar nicht.

(Ich würde mich auch hüten, hier etwas Ungesetzliches zu tun.) Schwäche ist also unser großes Tabu, scheint mir. Während ich diese Zeilen schreibe, weiß ich noch nicht einmal, ob ein Verleger sie drucken wird; wenn das bisherige Fehlen der Schwäche nicht nur Zufall gewesen sein soll – und das erscheint mir fast ausgeschlossen – darf er es wohl gar nicht, will er nicht gegen jenes geheime Boykott-Übereinkommen verstoßen. Doch rufe ich ihm zu: Verleger! Zögerst Du, dieses Buch herauszubringen, bedenke: Du hast bisher noch kein schlaffes Werk verlegt. Kannst Du ein einziges nicht verkraften? Schwäche ist im Grunde so harmlos! Sie tut niemandem etwas. Hatte man, als man sie verleugnete, vielleicht falsche Vorstellungen über sie? Nun, dann will ich diese gern berichtigen. Ich will auch gar keine Vorrechte für Schwäche. Vielmehr betone ich nochmals, daß ich nichts gegen Stärke habe und auch für die Zukunft ihre Priorität nicht in Frage stelle; an der Vorherrschaft der Stärke wird sich auch nach dem Erscheinen dieser Schrift ganz gewiß nichts ändern. Meiner Meinung nach bedeutet das Auftreten der Schwäche keinerlei Angriff gegen die Stärke, denn die Schwäche ist viel zu schwach, um jemand anzugreifen. Sie will auch leben, das ist alles! Und nochmals: Ich kann einfach nicht einsehen, warum nicht auch Schwäche ihr Lebensrecht haben soll.

Und noch ein Letztes in diesem Zusammenhang: Man hat also, wie wir sahen, der Schwäche ständig jegliche Existenz vorenthalten. Das Publikum ist daher der Schwäche völlig entwöhnt; d. h. vom «*Ent*wöhnen» kann man hier eigentlich nicht sprechen, da es ja offensichtlich niemals eine Gewöhnung an Schwäche gegeben hat. Es muß deshalb befürchtet werden, daß sie trotz aller Bemühung, ihr hier deutliches Gehör zu verschaffen, nicht verstanden wird. Dabei ist Schwäche ja an sich die einfachste Sache der Welt, ihr Prinzip ist geradezu primitiv. Aber über die Fähigkeit der Leute, Schwäche zu verstehen, mache ich mir keine Illusionen. Auch aus dieser Sicht ergibt sich also die Rechtfertigung dafür, daß für diesen so kleinen und unbedeutenden Gegenstand ein derartiger Wortreichtum antreten muß; weiß ich doch, daß hier keinerlei Vorkenntnisse vorausgesetzt werden dürfen. Mir als Schwäche-Ideologen fällt es ja manchmal schwer, mir diesen Zustand der völligen Unkenntnis gegenüber dem Phänomen Schwäche vorzustellen, doch als Schwäche-Lehrer muß ich diese Vorstellung leisten; und dann bekomme ich momentweise eine Ahnung davon, wie etwa ein Schwäche-Schüler gegenüber diesen Zeilen noch Zweifel und Bedenken erheben, wie ihm das eine oder andere merkwürdig erscheinen mag, wie er Einspruch erheben will gegenüber dieser doch in Wahrheit selbstverständlichsten Sache. Also, Geduld auf beiden Seiten wird erforderlich sein.

Im Zentrum der Schwäche

Schwäche ist das «ganz andere». Sie ist das, was alles andere nicht ist. Zum anderen gehört aber alles. Wenn also etwas Schwäche zu sein scheint, dann ist es sie nicht, weil sie «nichts von allem» ist. Sie entzieht sich jeder Formulierung. Bei dem Versuch, sie in den Griff zu bekommen, zerstäubt Schwäche. «Schwäche ist immer anders, als man denkt.»

Die Schwäche ist so anders, daß das andere zum alles wird. So zerstritten alles auch untereinander war, nun schließt es sich zum Block gegen Schwäche zusammen, geeint durch das Nicht-Schwäche-Sein.

Schwäche bietet sich an, wenn man alles andere ausprobiert hat. Gott, wie vieles ist schon gesagt worden! Und es ist zum Teil gut gesagt worden, gelebt worden. Alles müßte jetzt hinreichend bekannt sein. Wenn einer nun überdrüssig ist, müßte er dann nicht Schwäche goutieren können? Das scheint, wider alle Einsicht sonst, geradezu eine Chance für Schwäche in der herkömmlichen Welt zu sein.

Es müßte einer sein, der sich nicht mehr täuschen läßt, wenn hinter irgendeinem glanzvoll verpackten Angebot doch wieder nichts als das ausgeleierte Stärke-Prinzip steckt. So findet er auch manches als «Schwäche» etikettiert und wählt es, stärkegesättigt wie er ist. Doch entpuppt sich das Etikett als Irreführung. Die echte Schwäche ist bitter; darum finden wir nur eine gezuckerte Schwäche, eingekleidet in geistreiche, eindrucksvolle Darstellungen, wodurch sie genießbar und damit unversehens zur Stärke wird. Das Reinheitsgebot der Schwäche-Ideologie verbietet aber solche Fremdstoffe und verlangt eine unverblümte Aussage über Schwäche.

Ihre große Bitterkeit macht Schwäche zum Brechmittel. Wer sie genossen hat, kann alle Stärke auskotzen. Dadurch wird dann Stärke wieder von neuem genießbar. Das ist übrigens typisch für Schwäche. Sie hilft noch ihrem «Gegner», stärkt die Stärke und scheint damit selbst zu Stärke zu werden; ein weiteres Beispiel für ihre vielen Widersprüche und Inkonsequenzen. Schwäche kann also nicht einmal sie selbst bleiben.

So beantwortet sich vielleicht auch jene Frage, warum Schwäche noch nie gelebt hat; sie ist einfach zu ungenießbar. Bietet man schon Schwäche an, so soll es wenigstens eine sein mit Hintergedanken und möglichst noch in einer geschönten Sprache. Der Schwäche-Käufer will sich etwas dabei denken können. Er will kein inhaltsleeres, noch dazu pausenlos sich wiederholendes Geschwätz. Er handelt also nach der Devise: „Wasch mir den Pelz, doch mach mich nicht naß.“ „Verkauf mir Schwäche, aber wirklich schwach darf sie nicht sein.“ Er will also betrogen sein. Ich aber,der ich hier Schwäche verkaufe, betrüge Sie nicht, meine Schwäche ist echt.

Meine Schwäche, die Schwäche im Sinne der Schwäche-Ideologie, hat keine Hintergedanken. Ihr Ausgangspunkt war ja: Es ist alles gesagt worden, es gibt nichts mehr zu sagen, nun kann man also nur noch Schwäche sagen. Würde sie nun selbst wieder etwas sagen, würde sie gegen diesen Ausgangspunkt verstoßen. Schwäche läßt sich auf nichts ein, also nicht einmal: auf (das) Nichts. Wer glaubt, Schwäche verstanden zu haben, beweist damit, daß er sie nicht verstanden hat; denn Schwäche kann nicht verstanden werden; sie läßt sich auch vom Verstand nicht einfangen. «Umkreisen» der Schwäche (wie es hier stattfindet) heißt ja: Herumfliegen um Schwäche wie um eine lockende Beute; doch du erwischt sie nicht, sie bleibt frei. (Schwäche erinnert mich immer an den Zweizeiler: „Wenn de denkst de hast'n, springt er aus'm Kast'n.“)

Doch das Volk will Sinn. So wird es auch in der Schwäche-Ideologie den roten Faden suchen, der alle Widersprüche überwindet. Etwas, woran es sich halten kann im Wust der Worte. „Aha“, sagt sich zum Beispiel der Leser L 1, „dies ist also das Konzept einer totalen Sinnlosigkeit.“ „Da hat der versucht“, so mag L 2 sinnieren, „alle menschlichen Gesetze aufzuheben.“ Und L 3 will gar in die Schwäche-Ideologie einen „Ausdruck der Hoffnungslosigkeit des modernen Menschen“ hineininterpretieren. So versuchen sie, sich ihren Vers auf die Schwäche-Ideologie zu machen. Das ist zwar sehr nett von ihnen, fruchtet aber nichts. Das ist ja das Schöne an der Schwäche, sie gibt nicht diesen Anhaltspunkt. Auf die Frage: Was soll das Ganze? gibt es keine Antwort; auch wenn früher gesagt wurde, schon aus Gerechtigkeitsgründen müsse Schwäche einmal in die Welt gesetzt werden. Ist das Prinzip des Widerspruchs der rote Faden? Kaum; auch der Widerspruch wird nicht streng durchgehalten, auch die Inkonsequenz nicht. Schwäche-Ideologie vertritt keine These. Oder doch? Suche nur, Leser. Keine Aussage stimmt hier (Aussagen, die stimmen, gibt es schon genug). So wird der Leser, der es mit herkömmlichen Augen liest, stets vor den Kopf gestoßen.

Es gibt keine Gesetzmäßigkeit der Schwäche. (Sonst wäre es nicht Schwäche.)

Die Frage nach dem «Sinn» der Schwäche ist selbst sinnlos; sie liegt nämlich auf einer anderen Ebene als Schwäche, kann diese also gar nicht treffen, geht an ihr vorbei. «Andere Ebene» heißt: Irgendwo hat Schwäche die Erdenschwerkraft, nein: die Weltschwerkraft verlassen und ist in die neue Dimension übergegangen. Im „Sinne“ der Schwäche existiert die Frage nach dem Sinn der Schwäche also gar nicht. Die Frage wurde hier auch nur gestellt, weil die «Antwort», genauer: die Behandlung der Frage, wiederum geeignet war, Schwäche zu veranschaulichen. (Und Schwäche kann, wenn überhaupt, nur veranschaulicht werden.) Es wäre geradezu paradox, für Schwäche einen herkömmlichen Sinn (und «Sinn» ist schon begrifflich immer herkömmlich) zu verlangen. So hat also auch jener unrecht, der da sagte, die Schwäche-Ideologie sei eine neue Weltbestleistung in Sinnlosigkeit. Schwäche steht unterhalb der Schwelle jeglicher Sinn-Dimension. Wir sahen auch schon (aber wir sahen ja alles schon, hier gibt es nur noch Wiederholungen und Widerlegungen), daß Schwäche sich nicht einmal selbst aufrecht erhalten kann. Es wäre sogar schön, wenn, entgegen meiner früheren Annahme, Schwäche nicht einmal neu wäre; sogar der Reiz des Neuen fehlte ihr dann, der einzige Reiz, der ihr vielleicht noch geblieben war; aber Schwäche soll reizlos sein; der kleinste Reiz könnte sie in gefährliche Nähe der Stärke rücken.

Die Beschreibung der Schwäche kann also zwar beginnen mit dem Bild herkömmlicher Unreife, zerfällt jedoch bald in nichts. Ist der Prozeß der Atomisierung dann abgeschlossen, herrscht die bloße Nichtigkeit des Wortes. Sie bedeutet zugleich: Schwäche ist hier direkt geworden, wird nicht mehr nur umschrieben. So ist es jetzt hier; das ist der sogenannte hic-et-nunc-Effekt in der Schwäche-Ideologie. Worte malen dann die Schwäche (Wortmalerei). Jedes Wort, das hier steht, i s t Schwäche. „Jedes“, „Wort“, „das“, „hier“ usw., jedes auch dieser („auch“,

„dieser“) Wörter. Das erinnert an ein Geschirrstück aus Kindertagen:

Meinen Kakau bekam ich nämlich einst aus einer Kanne, auf der ein Kinderfräulein mit Häubchen abgebildet war. Dieses Fräulein trug eine Kanne, und zwar war das die gleiche Kanne wie die, auf der sie abgebildet war; demgemäß war auf der abgebildeten Kanne wieder das Kinderfräulein zu sehen, das die Kanne trug; in der Fortsetzung dieser Reihe verkleinerte sich die Darstellung demgemäß bis zur Unkenntlichkeit; schon die dritte Kanne war wohl nur noch als Pünktchen sichtbar. Ich nenne daher den Effekt im folgenden «Kinderkakaukannen-Effekt» (kurz: K-Effekt).

Es ist der Effekt der permanenten Selbstdarstellung, der Effekt des Gefangenseins; er wird uns später noch beschäftigen. Er ist vergleichbar der bekannten Geschichte vom ewigen Tagebuchschreiber: Dieser schrieb sein Leben lang von morgens bis abends Tagebuch. Da es ihm auf genaues Registrieren seines Tuns ankam, mußte er nun auch die Permanenz dieses Tuns dadurch zum Ausdruck bringen, daß er den Satz „Dann schrieb ich Tagebuch“ endlos wiederholte, eben da er nichts anderes tat und auch nichts anderes mehr tun konnte; sinnlos scheinbar und doch konsequent, da die unendliche Reihung des Satzes nichts als ehrliches Schildern der Situation war; ein circulus vitiosus der Tätigkeit.

Es fehlt jede Distanz. „Schwäche-Sprache ist ohne Hintergedanken“ heißt also: Sätze sind hier nur Wortbilder, sie sollen nichts vermitteln, sollen keine Vorstellungen auslösen; Schwäche-Sprache gibt nicht nur selbst keine Gedanken mehr wieder, sie soll auch im Leser keine Gedanken wecken. Man muß sie bewußtlos, schlafend lesen, um sie zu «verstehen».

Nichts wird bezweckt. Auch in einem privaten Gespräch, außerhalb dieser Schrift, könnte ich über die Schwäche-Ideologie nichts anderes sagen, keine geheimen Absichten oder Motive offenlegen. Schwäche-Ideologie läßt sich nicht kommentieren, sie ist selbst nichts als ihr eigener ununterbrochener Kommentar; sie läßt sich auch nicht kritisieren (wie praktisch!), alles spielt sich auf einer Ebene ab; es gibt keine «Wahrheit über die Schwäche», und die Schwäche-Ideologie ist kein Theaterstück mit Illusionen. Das aber heißt zugleich: Schwäche-Ideologie ist ernst gemeint, der Leser wird nicht gefoppt, ich halte ihn nicht zum Narren. Ehrlich! – Worte treten an, die weder Form noch Inhalt haben, eine ganz neue, unbegreifliche Möglichkeit.

Schwäche-Ideologie im Zentrum bedeutet also: Es kann nichts mehr erwartet werden; „da kommt nichts nach". (Mich erinnert das immer an eine hübsche kleine Episode aus meinem Leben. Als ich einmal Vertreterbesuche für eine Fachzeitschrift machen mußte und Freiexemplare verteilte, nahm ein potentieller Kunde zwar das Blatt an, erklärte aber sofort ganz offen, daß mit einer Bestellung nicht zu rechnen sei. Das brachte er dadurch zum Ausdruck, daß er sagte: „Da kommt nichts nach." – Immerhin verdanke ich diesem Herrn nun eine kleine Formulierungshilfe für die Schwäche-Ideologie. Das hätte sich der auch nicht träumen lassen. Ich erinnere mich sogar noch an seinen Namen. – Ich hoffe, Ihnen war diese kleine Unterbrechung angenehm angesichts unseres schwierigen und trockenen Stoffes.) Es gibt also hier die volle Unmittelbarkeit, Schwäche-Ideologie ist ein Stoff ohne doppelten Boden.

Danach dürfte auch das Wort «Schwäche» nicht so betont häufig erscheinen, weckt es doch dadurch Assoziationen. Trotzdem finde ich gut, daß es hier so oft vorkommt. Ich mag es nämlich. Oder besser: Weil ich es mag, kommt es so häufig.

Ganz klein geworden ist der Text. Der Leser, gewöhnt an größere Schriften, Aussagen und Absichten suchend, wird ihn kaum entziffern können. Schwäche-Sprache will erlernt sein. Das Verständnisproblem rührt daher, daß Schwäche-Ideologie in äußerlich herkömmlicher Aufmachung verkauft wird, als gedrucktes Buch, sogar mit einer Gliederung in Abschnitte. Diese Aufmachung täuscht in gewissem Sinne; Schwäche-Ideologie könnte auch auf unbedruckten Seiten erscheinen. Doch sind wohl leere Seiten als Anschauung weniger geeignet als Worte; und der Versuch eines Schaubildes von Schwäche sollte hier immerhin stattfinden (Daß andererseits Schwäche unsichtbar bleibt, steht, buchstäblich, «auf einem anderen Blatt». Das ist ausnahmsweise nicht einmal ein Widerspruch: Das Schaubild zeigt nämlich die Unsichtbarkeit von Schwäche.) Nur die auch optische Leere gäbe vielleicht Schwäche rein wieder. Nun ist es sicher kein verbotenes «Zuckern», also Versüßen, sondern nur ein Verdünnen, wenn ich diese Schwäche pur in einen Wortreichtum schütte, so wie man auch gewisse chemische Elemente erst durch Mischung mit anderen Stoffen anschaulich machen kann. Das widerspricht nicht jenem oben angeführten Reinheitsgebot. Ich gebe eine winzige Menge (das insgesamt mögliche Vorkommen an Schwäche ist wahrscheinlich nur winzig) reiner Schwäche auf einen Wust von Worten wie einen bitteren Tropfen in eine Badewanne Wassers. Das Wasser verfärbt sich und läßt dadurch den Rückschluß zu auf jenen Tropfen.

Ein Wortreichtum, fast virtuos zusammengestellt, muß also antreten, um Schwäche zu veranschaulichen. Das Folgende insbesondere soll Ihnen zeigen, wie man solche Wortfülle kreisen lassen kann. Eine Vielzahl scheinbar unterschiedlicher Sätze muß formuliert werden, von denen inhaltlich jeder mit jedem anderen identisch ist. Auch jedes Wort ist mit jedem anderen Wort identisch, jeder Buchstabe mit jedem Buchstaben usw. (Hier könnte man einschieben: Was uns im Stärke-Bereich recht war, wo auch alles als miteinander identisch erkannt wurde, muß uns im Schwäche-Bereich billig sein.) Auch nicht eine Aussage wäre in dieser Phase der Zentralschwäche noch möglich, die ein Rückgrat hätte; es gibt jetzt nur noch billiges Aneinanderreihen von Worten, die zu substanzlos sind, als daß sie jemand sich aneignen oder sich ihrer auch nur annehmen könnte. Sich-ihrer-annehmen hieße: ihnen helfen, noch etwas aus ihnen machen, sie sinnkonform auslegen, einordnen, sie retten. Der beste Wille versagt hier. Somit muß sich von jedem Aspekt der Schwäche-Ideologie aus alles wiederholen: Ewiges Fliegen um ein nicht exact faßbares und von Widersprüchen zerfressenes Prinzip der Systemlosigkeit, Aussagelosigkeit, Billigkeit. Hier wird wiederum deutlich: Schreiben über Schwäche kann keinen Anfang und kein Ende haben; die Identität alles zur Schwäche Gesagten läßt es gleichgültig erscheinen, wo die Sprache ansetzt und wo sie aufhört.

Schwäche-Sprache ist in diesem Sinne ein Allesfresser. Alles ist verwertbar. Der Schwäche-Schreiber kann sich seinen Augenblicksstimmungen hingeben. Er kann jeder flüchtigen Eingebung gefahrlos nachgeben und sie willkürlich hinsetzen; sie paßt mit Sicherheit zur Schwäche-Ideologie. Er verschweigt nichts. Was ihm einfällt, wird sofort gesagt. Über Schwäche muß haltlos geschrieben werden.

Aus der Distanzlosigkeit alles zur Schwäche Gesagten ergibt sich für den herkömmlichen Betrachter die Peinlichkeit der Schwäche-Ideologie. Eine so totale Direktheit wird immer als unanständig empfunden. Wie wir eben sahen, gehört zwar jeder beliebige Einfall sofort in die Schwäche-Schrift. Dennoch wirkt die Konsequenz seines prompten Erscheinens fast unhöflich, und die Aneinanderreihungen und Kreisungen, die dadurch entstehen, ergeben somit eine ganze Kette von Unhöflichkeiten. Da uns das Schlimmste von dieser Art noch bevorsteht, sei ein letztes Mal gesagt: Alles möge verziehen werden, dient es doch dem hehren Ziel, Schwäche anschaulich zu machen.

Peinlichkeit; doch von der Schwäche-Warte aus heißt es: Wir werden uns in Schwäche baden, werden uns in Schwäche suhlen, werden ganz in ihr aufgehen, werden den totalen Schwäche-Rausch erleben. Ja, auch Schwäche hat ihr Pathos! Das große Spielen auf dem Instrument der Schwäche, diese Tastatur der Schwäche, diese Freude:

Man kann die Sache einfach laufen lassen. Man kann Wörter

aneinanderreihen. Sie bringen nichts Neues. Nur auf die Fortsetzung kommt es an. Alle Wörter sind gleich. Keine Pause machen. Nicht abstufen. Sätze bringen. So ist man im Kernbereich der Schwäche. Alles, was zu sagen ist, ist gesagt. Dennoch wird mehr gesagt. Es kommt keine Verlegenheit auf, neue Sätze zu erfinden. Sich darin üben, schwäche-ideologisch zu sprechen, Satz für Satz folgen zu lassen. Ohne nachzudenken. Ohne Atem zu holen. Man muß weiter formulieren. Worte kommen lassen. Sätze kommen lassen. Immer wieder Worte umstellen. Immer wieder Sätze umstellen. Sich hier nicht wiederholen. Immer neu formulieren, Neues formulieren. Weitersprechen, weiterschreiben. Schwäche veranschaulichen, jetzt, hier. Im Mittelpunkt der Schwäche. Dringend, drängend, bohrend, die Schwäche ausloten, ausgraben. Nicht nachlassen, sich Neues einfallen lassen, im Bewußtsein, daß jedes Wort hier Schwäche ist und keine Spielerei. Wir formulieren Schwäche, dies ist Schwäche, dies ist schwach, dies ist schwach im Sinne der Schwäche-Ideologie. Seiten füllen, weiter, noch mehr Worte bringen, noch mehr Schwäche bringen, jetzt, die Schwäche noch stärker veranschaulichen. Jetzt Atemholen, jetzt Pause machen, dann fällt einem Neues ein, auch das Pausenmachen gehört zur Schwäche-Ideologie, auch das Atemholen gehört zur Schwäche-Ideologie, jetzt bin ich in Fahrt, jetzt sprühe ich von Ideen.

Alles ist Stimme im Konzert zum Hörbarmachen der Schwäche, ein Konzert, bei dem die Hoffnung mitschwingt, daß sein Eigentliches wahrgenommen wird. So soll das Unsagbare sagbar gemacht werden, im unsteten, wirren Kreisen, wilden Umherlaufen, geschäftigen Sprechen. Schwäche-Ekstase, Schwäche-Sekstase, Schwäche-Sex-Tase, Sex-Tage-Rennen, Schwäche rennen lassen. Auch diese billigen Scherzchen gehören zur Schwäche-Szene. Aller Aufwand soll nur das Eine erkennen lassen: Schwäche. Alle Sprache wird zu einem Bau benutzt, der die Hoffnung weckt, daß gerade durch ihn mehr als durch einen anderen Schwäche veranschaulicht werde. Der Laut, der gemalt werden soll, soll Schwäche sein. Daraus ergibt sich eine Unbedingtheit, ja fast Intransigenz des hier Gesagten: Nur eine Wortkombination, nämlich die hier angestrebte, kann theoretisch optimal geeignet sein, Schwäche zu bringen.

Schwäche ist starr, ohne Entwicklung, ohne Aufbau. Es kommt nur auf den Erfindungsreichtum an, ihren vorgegebenen Rahmen auszufüllen. Man könnte gut einen Wettbewerb veranstalten, bei dem es darauf ankommt, sich möglichst viel zur Schwäche einfallen zu lassen. Man kann einen Satz dazu sagen oder man kann Bände füllen.

In eine Schrift zur Schwäche-Ideologie gehören zwangsläufig Bemerkungen wie die folgende: Im Speisewagen sitzt ein kleines Mädchen und sieht mich schreiben. Es sagt: Der schreibt einen Roman, vielleicht einen mit vierhundertsiebenundsechzig Küsse. Die schwächeideologische Qualität dieser Feststellung wird sofort deutlich, wenn man sich bewußt macht, daß derlei Beobachtungen beliebig und in unbegrenzter Zahl möglich sind. Eine wird nun herausgegriffen und für Sie aufgeschrieben. Nun gut. Worte kommen lassen (diesen Satz hatten wir also sogar schon wörtlich, allerdings ohne den Klammerzusatz).

Schicken wir uns nun an, im Auftrage der Schwäche-Ideologie auch die härtesten Peinlichkeiten zu formulieren, so geschieht dies in der Haltung einer besonderen Ernsthaftigkeit. Diese Haltung entsteht aus der Einsicht, daß eine Schwäche ohne Konzessionen in das uferlos Schamlose fortgetrieben werden muß. In der Gewißheit seiner Notwendigkeit werden wir auch das Folgende über uns ergehen lassen können. Wir werden es mit der ruhigen Selbstverständlichkeit dessen hinter uns bringen, der sich ergeben hat. „Ich hab mich ergeben mit Herz und mit Hand." Wer sich der Schwäche ergeben hat, empfindet auch bei dem Folgenden keinen Schmerz mehr. Indem wir es widerspruchslos dulden, verliert es fast seine Peinlichkeit. Unser Wissen davon, daß das Herz der Schwäche gerade an dieser Stelle schlägt, läßt uns das sonst Unerträgliche leichter ertragen. Das alles erinnert an bestimmte religiöse Urszenen, in denen etwas besonderes Unanständiges, Perverses, in einem höheren, ja heiligen Auftrag vollbracht werden muß (Opfergedanke; vgl. Bibel, Kafka u. a.). Das Schamgefühl wird überwunden; nein, es wird nicht einmal überwunden; die Scham wird vielmehr bewußt durchlebt, man weicht ihr nicht aus, man stellt sich ihr schutzlos.

Es gibt eine Peinlichkeit, die erzeugt Gänsehaut. Solche Peinlichkeit entsteht beim Ausloten der Schwäche. Dabei bedeutet die psychologische Vorbereitung des Lesers im Grunde noch eine Flucht. Die begleitende Reflexion unternimmt den Versuch, das Unsägliche sagbar zu machen.

„Herrgott noch mal, nun machen Sie nicht so viel Theater, nun bringen Sie es schon!“ Wie Sie wollen:
„Als ich meine Rolle als «nützlicher Idiot» in der Widerstandsbewegung überdacht hatte, als ich erkannt hatte, daß ich den «Idioten» schon erfüllt hatte und meine «Genossen» nun noch würde fragen müssen, wie ich auch das «nützlich» erreichen könnte, als sich meine Gedanken in dieser Weise hin- und herbewegten und ich keine Lösung mehr wußte, ging ich ans Fenster und sah hinaus. Da sah ich, wie ein kleines Mädchen versuchte, ihren Pudel zu dressieren. Sie hockte sich hin, klopfte mit einem Stöckchen auf die Erde, rief den Namen des Hundes und wollte, daß er zu ihr liefe. Das tat der nicht. Er reagierte gar nicht auf ihre Zurufe, sondern blickte sogar von ihr weg (und, wie es den Anschein hatte, durchaus gelangweilt) in eine andere Richtung. Nachdem dieses Spiel eine Weile gegangen war, sah ich, wie der Vater des Mädchens auf den Balkon trat und seiner Tochter bedeutete, nach oben zu kommen. Sie gehorchte sofort. Da schien es mir, als wüßte ich plötzlich, worauf es ankäme. Ich wußte es wieder, denn es war durch die vielen Diskussionen in jener «Widerstandsbewegung» nur verschüttet worden: Es geht darum, gegen das Bestehende zu rebellieren. Das Bestehende ist die Ordnung, ist die Stärke. In der Hierarchie Vater-kleines Mädchen-Pudel war der Pudel der schwächste. Aber er war der ein-

zige, der sich der Ordnung nicht fügte: Er gehorchte nicht."

„Welchen verlogenen Unsinn du da formuliert hast. Ich will dir sagen, wie es gewesen ist: Es trifft zu, daß du deine Rolle überdacht hast. Es trifft zu, daß du dabei verzweifeltest. So wie einer, der sich keinen Rat mehr weiß, anfängt, im Zimmer auf- und abzugehen, so gingst du dann ans Fenster und sahst die Szene mit dem Pudel, dem Mädchen und dem Vater. Dann suchtest du jedoch in dieser Szene einen Hinweis und einen Halt. Da du selbst dich nicht mehr in der Lage fühltest, deine Probleme – denn es waren nur deine Probleme und keineswegs Probleme jener «Widerstandsbewegung» – rational anzugehen, suchtest du diesen Hinweis im Sinne eines deus ex machina und warst bereit, jedes «Zeichen» anzunehmen. In Wahrheit war jene Szene genauso zufällig wie deine Interpretation dazu."

„Du argumentierst jetzt mit einer sehr herkömmlichen Überlegung; die Szene war zufällig, sie besagt also nichts für das Problem usw. Diese Überlegung ist genauso herkömmlich wie mein irrationales Auffangen eines «Hinweises», in dessen Schilderung du also im Recht bist. Damit bin ich also wieder bei der Schwäche-Ideologie; und dieser ganze Abschnitt diente, das sei zugegeben, auch nur dazu, die Schwäche zu veranschaulichen: Schwäche im Sinne einer Schwäche-Ideologie freilich, die in einer konkreten Mann-kleines Mädchen-Pudel-Hierarchie dem Pudel die Krone gibt als Belohnung für die günstigsten Schwäche- und Ungehorsams-Werte, ist natürlich eine sehr herkömmliche Schwäche, die mit der an sich hier anvisierten nur zu tun hat, daß sie ihr Ausgangspunkt gewesen ist."

Diese nicht mehr herkömmliche Schwäche also als das Pfeifen aus dem letzten Loch. (Die herkömmliche Schwäche – Pudel – war noch Pfeifen aus dem vorletzten Loch.)

„Was aber ist denn der Unterschied zwischen einem vorletzten Loch und einem letzten Loch?" „Diese Frage zeigt die Situation, die genau der Schwäche-Ideologie entspricht (oder, wenn man will, die Situation, die immer wieder zur Schwäche-Ideologie hinführt, zu ihr zwingt): Wir sind nicht in der Lage, die Endpunkte verschiedener Theorien voneinander zu unterscheiden. Denkergebnisse, Aussagen, gerinnen bei scharfer Betrachtung sämtlich zum Nichts. Verzweiflung bedeutet, daß Denken nur noch verwischt, die konventionelle Welt nennt es Geisteskrankheit: Ich kann nicht mehr denken, das Denken führt nicht mehr zu unterscheidbaren Ergebnissen – nein, ich kann nichts mehr, ich weiß nichts mehr, ich kann im Moment nichts mehr sagen, also: Ich kann nicht mehr." „«Verzweiflung» sollte doch nicht im Zusammenhang mit der Schwäche-Ideologie gebracht werden; ist denn Schwäche-Ideologie in einer so herkömmlichen Weise emotional?" „Ich habe damit zum Teil etwas vorweggenommen, was im letzten Kapitel, «Demut», noch ausgeführt werden wird. Aus Gründen der Effekthascherei soll das auch dem letzten Kapitel vorbehalten bleiben, deshalb möchte ich hier auf deine Frage nicht antworten."

So wird also «alles» ausgekocht, geradezu zerkocht, bis es tot ist. Aber lebendig war es ja von Anfang an nicht usw. Bitte verstehen Sie, daß ich selbst manchmal friere und mich dann an gewisse Vorstellungen halten muß; ich tröste mich dann an merkwürdigen Straßen-Szenen; wie ich zum Beispiel einmal mein Fahrrad in R. schob, als es Plattfuß hatte; meine Mutter erzählte immer, wie sie als Kind vom kirchlichen Orgelspiel gerührt und aufgelöst wurde und sich zur Fassung Verse entgegenhielt wie „Wir sind in Malente, und heute gibt es Ente"; Verse, die dann sogar dazu führen konnten, daß sie jetzt nicht mehr das Weinen, sondern das Lachen unterdrücken mußte. – Also! Sentimentalitäten! Effekte! Bewußt. Billig. Es gibt nichts anderes. Es gibt keine andere Möglichkeit. Es paßt, es gehört zur Schwäche-Ideologie. Es gibt keine Rücksicht, keinen Kompromiß, darf sie nicht geben. „Wieso darf nicht?" „Darf nicht."

Vielleicht eines noch dazu: Ich möchte glaubhaft sein. So sehe ich die Dinge. Beweisen Sie mir doch, daß es anders ist. Über den

Verlag können Sie mich mit Beweis-Schreiben erreichen.

Also, beweisen Sie mir, daß ein anderer Standpunkt möglich ist. Die kleinste Andeutung wird sorgfältig geprüft. Beispiel: Der Leser L 4 schreibt mir: „Wenn ich wüßte, daß morgen die Welt untergeht, so würde ich doch heute noch ein Apfelbäumchen pflanzen.“ Dieser Anregung würde ich sofort nachgehen. Vielleicht würde ich eine Rückfrage halten: „Wo würden Sie diesen Baum pflanzen. Ist da nicht ein Parkplatz oder ein Manöverplatz der Bundeswehr oder ist solches für diesen Platz geplant. Wird da nicht eine Straße verbreitert. Wieso haben Sie diesen Garten. Haben Sie da nicht Arbeiter ausgebeutet. Na wenn schon wenn das den Apfelbaum ermöglicht. Ehrlich ich prüfe das sorgfältig. Ich werde das auch versuchen mit dem Apfelbaum. Vielleicht stellt sich dann heraus daß diese ganze Schrift überflüssig war.“ (Hinweis an Verleger, Setzer usw.: Die Zeichensetzungsfehler zuletzt waren beabsichtigt. Dieser Hinweis soll mit abgedruckt werden.) Leser, bringen Sie bitte etwas anderes, das mit dem Apfelbaum war nur ein Beispiel. – Wie ich jetzt zynisch lache. –

Den letzten Absatz hatte ich begonnen mit der Bitte, mir Glaubwürdigkeit zu bescheinigen. Was ist daraus geworden? Eine Plauderei, die fast albern erscheint und eher geeignet ist, jene Bitte zu erschüttern. Sehen Sie, das ist das typische Schicksal der Schwäche-Ideologie, des Schwäche-Ideologen, das ist die Verstrickung, aus der es kein Entrinnen gibt. Das liegt daran: Der Schwäche-Ideologe sieht keinen Ansatz, die Lage zu meistern. Was er anpackt, und sei es auch eine Formulierung der Schwäche-Ideologie, gerinnt ihm daher zu oberflächlichem, unkonzentriertem, weitschweifigen Gerede, bei dem er jede Lappalie, die sich ihm bietet, aufgreift, zu Papier bringt, weil für ihn Wichtiges und Unwichtiges nicht mehr unterscheidbar ist; nichts ist ihm alles, alles ist ihm nichts, daher schreibt er alles auf, weil es ihm um nichts geht; er denkt, daß gerade darin zum Ausdruck kommen müsse, was er eigentlich meint.

Ich konzentriere mich nicht mehr.

Der Ausgangspunkt für die Schwäche-Ideologie war also: Die getrocknete Verzweiflung. Eine Verzweiflung, die schließlich ausgetrocknet, weil immer ohne Antwort und Lösung geblieben war.

Bis zum Ende durchgehaltene Peinlichkeit in der Schwäche-Ideologie ergibt also folgendes Bild: Die Sache überschlägt sich. Der Schwäche-Schreiber springt wie in einem scheinbaren Übermut über die Stränge. Das erinnert an gewisse Szenen: A steht auf der Bühne, um ein selbstverfaßtes Gedicht aufzusagen. Das Gedicht ist sehr schlecht, das Publikum wird schon unruhig. A gerät ins Stottern. Nun vergißt er auch noch den Text und muß, da ohne Manuskript, innehalten. Unbeholfen versucht er, sich zu rechtfertigen. Sein zusammenhangloses Gestammel wird in dem sich steigernden Unmut der Zuhörer kaum noch wahrgenommen; die ersten verlassen mit empörten Rufen den Saal. A bricht seine zunächst noch ernst gemeinte Verteidigungsrede ab. Die Sache entgleitet ihm vollends. Er verliert seine letzten Hemmungen und ruft unter dreisten Gebärden Sätze wie „jetzt ist mir alles scheißegal" oder „ach, macht doch was ihr wollt" in das sich auflösende Publikum. Schließlich beginnt er, die Leute zu bespucken. Die Sache endet damit, daß A, wie in der sich schnell komprimierenden Ballung eines Alptraumes (dem dann gewöhnlich der Durchstoß zum Erwachen folgt), sein Glied aus der Hose nestelt und von oben herab in den Saal uriniert. In solchen Szenen weitet sich also die Peinlichkeit zum Skandal. Ähnlich wird in der Schwäche-Ideologie der Leser auch vor letzten Übertreibungen nicht geschont. Was beim Kleinkind als spielerische Albernheit hingenommen werden mag, wird in dem durchaus ernst gemeinten Modell der Schwäche-Ideologie zu einer Zumutung an alle Beteiligten. Schreiber, Setzer, Leser usw. müssen sich überwinden, um das zu bewältigen. Porno- und popgewohnt sind sie nicht leicht aus der Fassung zu bringen und möchten doch gegenüber dem Schwäche-Stoff verzagen. Ich möchte mich hiermit ausdrücklich beim Setzer entschuldigen.

Die Beteiligten sträuben sich gegen Schwäche, weil sie zu reif dafür sind. Sie kommen sich komisch vor, wenn sie hier mitmachen sollen. „Wie komm ich mir denn vor?" fragt sich zum Beispiel der Buchhändler B, wenn er Schwäche verkaufen soll. (Ja. Auch der Buchhändler schämt sich. Ich hatte ihn vorhin bei der Aufzählung der Beteiligten, die sich überwinden müssen, vergessen. Allerdings ließ der vorsorgliche Zusatz „usw." die Möglichkeit einer Ergänzung bereits offen. An diesem kleinen Beispiel mögen Sie erkennen, wie gut durchgearbeitet die Sache hier im Grunde doch ist. Die ganze Schwäche-Ideologie erinnert insoweit an die Eskapaden eines Clowns auf dem Seil, der sich, schwankend und schlotternd, einen Anschein von Ungeschicklichkeit und Angst gibt, in Wahrheit jedoch gerade durch die genau geplanten Albernheiten über dem Abgrund größte Kunstfertigkeit und Beherrschung beweist. Früher gab es immer diese Nummer; wie es heute ist, weiß ich nicht, bin ich doch schon lange nicht mehr im Circus gewesen.) Eine Schwäche-Ideologie verkauft er nicht gerne; er kann sie nicht empfehlen. (Wer kennt nicht die Szene: Der Kunde K betritt – in diesem Zusammenhang heißt es immer: «betritt» – den Laden: „Was könnte ich wohl meiner Frau zum Geburtstag schenken?" Niemand würde nun gerne seiner Frau dieses Machwerk zum Geschenk machen. An den umgekehrten Fall, Frau schenkt Mann, wagt man hier gar nicht zu denken; keine Frau riskiert solche Anspielung [Schwäche assoziiert Impotenz].)

Doch nicht nur ihre eigene Reife erschwert es den Beteiligten, Schwäche als Ware in den üblichen Herstellungs- und Verkaufsprozeß einzugliedern. Auch der Schwäche-K o n s u m verlangt Unreife. Der Markt für Schwäche muß deshalb noch erschlossen werden. Ein Bedürfnis nach Schwäche zu wecken und so eine Nachfrage aufzubauen, verlangt ganze Meisterschaft von der Werbung. Immerhin: Mein «Marktschrei» (vgl. im ersten Kapitel: „Dies ist wirklich neu!" usw.) bietet hier schon ganz gute Ansatzpunkte für eine wirksame Verkaufsstrategie. Die Kampagne hätte also vor allem auf die nun schon Jahrtausende anhaltende Stärke-Schwemme hinzuweisen und zu betonen, daß der Markt für Stärke jetzt doch wohl gesättigt sein dürfte. Wem wäre es nicht schon so gegangen, daß er glaubte, alles ausprobiert zu haben. Dazu paßt dann das Rezept: Versuchen Sie es doch einmal mit Schwäche.

Als Ursache dafür, daß jeder Beteiligte eine gewisse Unreife aufbringen muß, um hier gleichsam «mitzuspielen», lernten wir schon die Distanzlosigkeit als das eine Element der Peinlichkeit kennen. Was einen aber wohl noch besonders vor Scham stocken läßt, ist die Tatsache, daß hier alles derartig breit getreten wird. Hier schieße ich vielleicht sogar manchmal über's Ziel hinaus. Nichts wird nur angedeutet. Mit einer gewissen Schamlosigkeit wird jeder Gedanke, den der Leser vielleicht auch ohne zusätzliche Erklärung verstehen würde, ausgewalzt. Das geschieht einmal einfach schon deshalb, um Seiten zu füllen. Es geschieht aber vor allem, um hier jeden Glanz zu vermeiden. Denn: Schwäche darf keinen Glanz haben. Sonst wäre sie keine Schwäche mehr usw. Gelegentlich mache ich mir sogar Sorgen, ob sie mir auch trocken genug gerät. Es wäre schrecklich, wenn sich etwa irgendwo ein Gag, eine Pointe einschliche. Und sollte etwa irgendetwas komisch sein, dann ist es unfreiwillige Komik. Das erkläre ich hier mit allem Nachdruck.

Da las ich in einer Buchbesprechung:
„Ein Problem, das sich für den, der etwas erzählen möchte, von Jahr zu Jahr verschärft, liegt darin, daß immer mehr Leser über immer mehr Dinge, Verhältnisse, psychologische Reaktionen Bescheid wissen. Der, der erzählt, kann sich also immer weniger darauf verlassen, daß der Stoff als solcher von allgemeinerem Interesse ist. Vieles braucht nicht mehr ausgebreitet zu werden. Immer häufiger genügen Andeutungen, um Verständigung herzustellen. Wachsender Lakonismus und Tonlosigkeit können ein Ergebnis des Versuchs sein, dieser Lage schreibend gerecht zu werden. Der Leser sollte merken, daß der Vorgang des Erzählens

selbst reflektiert wird (was sich selbstverständlich an keiner Stelle in direkter, diskursiver Weise zu zeigen braucht)." (Walter Helmut F r i t z in der Besprechung von Beat Brechbühls KNEUSS. Stuttgarter Zeitung, Sonderbeilage Literaturblatt zur Frankfurter Buchmesse 1970.) Sehen Sie, bei der Schwäche-Ideologie ist es nun genau umgekehrt. Einmal, weil Schwäche glanzlos sein muß, aber auch, weil der Leser über sie eben noch n i c h t , wie sonst über «immer mehr Dinge», Bescheid weiß, bedarf es hier dieser Penetranz von Wiederholungen und Langatmigkeiten.

Auch erzähle ich Ihnen nicht nur von Schwäche, sondern ich erzähle auch dauernd über mein Erzählen der Schwäche, erzähle Ihnen nun auch noch, daß ich das Erzählen erzähle usw. (vgl. auch schon der «Kinderkakaukannen-Effekt», oben S. 153); das muß sich also in „direkter, diskursiver Weise" zeigen. Was Fritz so zutreffend für den Stärke-Bereich sagt und womit er übrigens meine Meinung, daß der Stärke-Markt gesättigt sein müßte, bestätigt, kann in der Schwäche-Welt nicht gelten. Aber wie gesagt, dieses Breittreten bewirkt, daß man ständig gegen Reife ankämpfen muß, um Schwäche zu bewältigen.

Zu einer Schwäche gemäßen, jedoch wiederum Peinlichkeitsgefühle auslösenden Darstellung gehört ferner eine gewisse Naivität. Dabei tritt sie nun nicht rein auf. Darlegungen, die durchgängig naiv gehalten sind, gibt es schon, und sie werden anerkannt. Das Prinzip des Naiven ist noch nicht das Schwäche-Prinzip. Dieses kommt vielmehr erst dadurch in der Darstellung zum Ausdruck, daß sich Naives mischt mit vereinzelt Tiefgründigem.

In der unerhörten Banalität, wie sie nur im Schwäche-Klima gedeihen kann, wachsen Sätze und Überlegungen wie die folgenden:

In Heidelberg hieß die eine Brücke über den Neckar früher Friedrichsbrücke. Jetzt heißt sie Theodor-Heuß-Brücke. Sie wurde also umbenannt. Das kommt öfters mal vor, daß was umbenannt wird. Auch Straßen werden manchmal umbenannt. Die wollen dann zum Beispiel ihren Bürgermeister ehren. Ich meine ihren alten, also den, der schon abgesetzt ist, nee, ich meine nicht abgesetzt, der schon tot ist, also nicht mehr ~~gilt, nicht mehr~~ regiert (die Durchstreichungen bitte mit abdrucken und auch natürlich wieder diesen Hinweis.) Der soll geehrt werden durch die Straße, also dadurch, daß die Straße seinen Namen kriegt.

Hier zeigt sich also Ungeschicklichkeit sogar bei dem Versuch, bei der Schilderung von Belanglosigkeiten eine ungeschickte Ausdrucksweise zu erreichen. Wiederum, ähnlich wie oben bei der Überlegung zur Naivität, ließe nämlich der gelungen nachgeahmte Jargon eines Einfältigen oder eines schlechten Schulaufsatzes Schwäche-Stil noch nicht entstehen. Erst das Unvollkommene dieses Jargons, seine Holprigkeiten und Inkonsequenzen (es sind vereinzelt auch stilistisch und gedanklich einwandfreie Sätze dazwischen) tendieren zur Schwäche. Der wichtigste Beitrag in diesem Sinne entsteht aber erst dadurch, daß das Ganze nun auch noch analysiert wird, hier (hier!). Schließlich erfolgt dann auch noch die Mitteilung der Analyse → Kinderkakaukannen-Effekt (bitte auch den Pfeil drucken).

Straßen werden auch dann umbenannt, wenn es politisch geboten erscheint. Ein neues System ist an die Macht gekommen. (Ein neues System ist zur Macht gelangt. Die Machtverhältnisse haben sich geändert. Haben sich verschoben.) Der Name des früheren Herrschers ist tabu. Die bloße Nennung seines Namens wird unter Strafe gestellt. Die Straßenschilder sind über Nacht ausgewechselt worden. In einer Blitzaktion. Die alten Schilder wurden vernichtet. „Die . . . -Ära ist vorbei. . . . ist tot, es lebe . . . "
. . . umbenannt, wenn es politisch opportun erscheint. Die Stadtväter entscheiden darüber. → Magistrat → Lokalpresse → lokale Auseinandersetzungen um die Frage → lokale Interessen im Spiel → Fraktion der → setzen sich hier ein Denkmal. Man muß sich damit abfinden. Der einzelne kann nichts dagegen machen.

Lesen Sie nun bitte auch die folgende Seite, obwohl sie unbedruckt ist. Sie sollten sie nicht anders lesen als alles andere hier;

die Leere ist doch nur optisch etwas deutlicher als sonst usw. Die Lektüre dieser Seite dürfte also nicht weniger Zeit in Anspruch nehmen als die irgendeiner anderen Seite. Sollten Sie etwa eines der druckgeschwärzten Blätter sinnbezogen und damit unter Zeitverschleiß gelesen haben, haben Sie es falsch gelesen, haben es ohne schwäche-ideologisches Verständnis gelesen.

Lassen Sie also das Schweigen auf sich wirken. Es ist Schwäche-Schweigen.

Schwäche-Ideologie ist also das, was übrig bleibt, wenn alles andere nur noch Ekel erzeugt. Natürlich erzeugt sie selbst auch wieder Ekel und so weiter. Andererseits heißt es: Schwäche gibt nichts her. Man kann keinen Tropfen aus ihr herausquetschen. Die Schwäche-Ideologie bedenkt sich fortlaufend mit Urteilen, die im herkömmlichen Sinne negative Werturteile sind. Die so entstehende Billigkeit erhöht noch die Peinlichkeit der Schwäche-Ideologie. Diese ist fehlerlos, weil sie alle Fehler mit einbezieht, das heißt sich selbst unter Einschluß der Fehler definiert. So entsteht der Hase-und-Igel-Effekt: Jedes denkbare Unwerturteil, das einer über Schwäche-Ideologie aussprechen will, findet er in ihr selbst bereits verankert. Schwäche-Ideologie ist insoweit nicht zu überholen. Und dennoch muß wiederholt werden: Ich werte hier nicht, denn Schwäche liegt jenseits aller Wertwelten. Schwäche-Ideologie ist also eine Ideologie, die nur als Widerspruch gegen sich selbst formuliert werden kann. Da Schwäche nicht beschrieben werden kann, kann sie nur unter Verzicht auf jedes Schriftstellern in die Welt gesetzt werden. Auch Schwäche selbst verzichtet auf sich selbst. Sie nimmt sich selbst zurück. Sie baut sich selbst permanent ab. Sie leugnet sich.

Im Gedenken an die Abhandlung zur Schwäche-Ideologie schwebte mir immer eine faszinierende Möglichkeit vor: Bedrucktes Papier ist ein harmloser, nicht gesundheitsgefährdender Stoff, betrachtet man es nur vom chemisch-physikalischen Standpunkt aus. Etwaige Spuren von Blei sind zu geringfügig, um gefährlich zu sein. Die Redensart «Papier ist geduldig» will gerade dies ausdrücken: Der äußere Zustand des Papiers wird von dem Text, den es aufgenommen hat, nicht beeinflußt. Ein Analphabet z. B. kann keinen Unterschied zwischen Papieren mit verschiedenen Texten feststellen. So gesehen müßte ein Mensch Geschriebenes immer ertragen können. Ist es nun nicht doch möglich, so fragte ich mich, einen Zustand des Textes zu erreichen, der den Menschen an der Bewältigung geradezu körperlich hindert? Ist es möglich, einen Grad der Peinlichkeit zu erreichen, der die Lektüre absolut unmöglich macht? Meiner Ansicht nach ist ein derartiger Text denkbar. Ich habe aber davon abgesehen, ihn hier zu verwirklichen. In den ersten Entwürfen zur Schwäche-Ideologie fanden sich Passagen derartiger Peinlichkeit. Ich habe sie deshalb in die Endfassung nicht übernommen, weil eine zu heiß brennende Peinlichkeit zwangsläufig einen gewissen Stärke-Charakter annähme. Schwäche will im Lauen, will im Mittelmäßigen angesiedelt sein.

Schwäche-Ideologie erniedrigt sich. Sie ist das, was gegenüber allem anderen einen «Stich», eine «Macke» hat (wie der Berliner sagen würde). In ihr steckt der Wurm.

Sie ist läppisch und gesichtslos,
Sie ist täppisch und geschichtslos,
Ohne Denkkultur und Plan,
Ohne Sinn, doch voller Wahn
Töricht, nebulös und blöde,
Schwachsinnig, grotesk und öde,
Lächerlich und pubertär,
Dürftig, blaß und inhaltsleer,
Ohne Blut und Konsequenz,
Disziplinlos je Sentenz,
Form im Primitivzustand,
Sprache ohne Sprachverstand,
Schlaff ist jede Zeile hier,
Schade ist's um das Papier,
Dieses Schreiben ist gestaltlos,
Diese Seiten sind gehaltlos,
Schwäche-Schreiberei ist müßig,
Die Lektüre überflüssig,
Schwäche-Text ist geistesschwach,
Denkvorgänge liegen brach,
Schwäche-Geist ist sehr bescheiden,
Niemand kann die Schwäche leiden,
Lieblos wird sie aufgeschrieben,
Drum kann niemand Schwäche lieben,
Schwäche-Schrift ist unaufrichtig,
Schwäche-Plauderei ist nichtig,
Schwäche-Hirne sind verrammelt,

Schwäche-Sprechen ist gestammelt,
Schwäche-Wort hat keinen Klang,
Schwäche-Inhalt kein' Belang,
Schwäche-Welt ist mittelmäßig,
Schwäche-Bücher sind gefräßig,
Schwäche-Lehre redet wirr,
Schwäche-Lehrer redet irr,
Was er sagt ist manchmal kitschig,
Seine Sätze sind meist glitschig,
Schwäche-Sang bleibt monoton,
Schwäche-Singen ohne Lohn,
Schwäche-Lied hat kein Motiv,
Schwäche-Verse liegen schief,
Schwäche-Reim entgleitet immer,
Dies' Gedicht wird immer schlimmer,
So wird Schwäche unerträglich,
Schwäche, kurz gesagt, ist: KLÄGLICH.

Tja, verehrte Leser, ich glaube, der Dichter hat recht: Schwäche ist kläglich. So wäre Schwäche-Beschreibung unversehens zu einem Modus gelangt, in dem nur noch Eigenschaften aufgezählt werden, die dem herkömmlichen Wortsinn für Schwäche entsprechen? Wo vom «Neuen», vom «ganz anderen», von der «neuen Dimension» nicht mehr viel die Rede ist? Das ist richtig.

So ein überaus trauriger Stoff. Die Schwäche-Ideologie ist als Lehre vollständig isoliert. Nicht zuletzt ihre Prinzipienlosigkeit verhindert jegliche Wechselwirkung, jede Beziehung, jede Kausalität. Sie kann niemanden erreichen. Schwäche spricht immer ohne Adressat, Schwäche führt immer nur Selbstgespräche. Ich hänge sie hiermit irgendwo in der Welt auf; auf der Rückseite irgendwelcher Werbeschriften war noch Platz für solche Schwäche-Notizen; auch der friedliche Kugelschreiber wehrt sich nicht. Sollte Schwäche-Ideologie in Kontakt mit der Welt treten, so wäre es ein Kontakt vom bloßen Schriftbild her; nur die Form der Buchstaben könnte wahrgenommen werden. Schwäche-Ideologie ist kalt. Niemand möchte sich mit ihr identifizieren.

Doch Schwäche will nicht klagen. Sie beklagt sich nicht und sie klagt nicht an. Auch hier herrscht das Diminutiv: Keine Klage, sondern Kläglichkeit; kein Maß, sondern Mäßigkeit. Kein Nichts, sondern Nichtigkeit: Nicht das große Nichts nämlich im Sinne einer Philosophie, sondern die kleine Nichtigkeit im Sinne einer Ideologie. Auf diesen Tiefpunkt eines Nichtschens, eines Nihilißchens hin wird gebohrt, diese tiefste Stelle einer Kläglichkeit soll erreicht werden. Schwäche-Ideologie ist das Letzte, das Hinterletzte im Sinne der Teenager-Sprache der sechziger Jahre. Wem fällt noch was ein? Mir: Schwäche hat keinen Antrieb, keine Dynamik, Schwäche ist stufenlos. Schwäche bewegt sich nicht, Schwäche ist ein stehendes Gewässer.

Die Inkonsequenz führt zum Abfall, zur Destruktion. Eine Konsequenz im Prinzip der Prinzipienlosigkeit wird nur vorgespiegelt; denn sprachlich kann es nur ein Prinzip der Prinzipien oder eins der Prinzipienlosigkeit geben, aber nichts Drittes (das Dritte wäre dann Schwäche-Ideologie).

Schwäche hat keinerlei Ehrgeiz. Das Schwäche-Buch ist ein Unbuch. Hier wird die Welt auf den Kopf gestellt.

Wenn Sie versuchen, Schwäche zu orten, so finden Sie sie am ehesten da, wo ein traumhafter Halbsinn noch übrigbleibt. Noch nie wurde ein Sinnbruch so unvermittelt direkt, so billig, so nackt ausgesagt.

Schwäche-Ideologie vermittelt eine Halbwahrheit.

Schwäche-Ideologie als Mißverständnis

Die Abhandlung zur Schwäche-Ideologie ist ein Dreißigtausend-Worte-Mißverständnis. Eines Nachts wurde mir das blitzartig klar. Ich wachte auf, dachte an die Schwäche-Ideologie und rief spontan ins Zimmer: So ein Wahnsinn! Konnte es denn wahr sein, daß ein erwachsener Mensch sich monatelang ernsthaft mit einem solchen Stoff beschäftigte? In welche fixe Idee hatte ich mich da verrannt. So etwas wie die Schwäche im Sinne der Schwäche-Ideologie kann man doch nicht im Ernst in die Welt setzen wollen. Ja, wenn ich einen Spaß daraus gemacht hätte, eine Art Essay zur Schwäche vielleicht, geistreich, historisierend, mit kleinen Anspielungen angereichert. Gott, man ist ja heute aufgeschlossen für vieles (dieses «Gott» entnehme ich stilistisch einer Bemerkung Adenauers im Bundestag anläßlich der Spiegel-Affaire: „Gott, was ist mir schließlich Augstein.")! Aber eine Belanglosigkeit derartig aufzuplustern und sie dann mit einem gewissen Anspruch auf Seriosität in die Welt zu schicken, das gibt doch die perfekte Don-Quijote-Situation. Ich gebe auch zu, daß beim Aufschreiben der Schwäche immer wieder gegen Scham angekämpft werden muß. Aber dann siegt wieder der Don Quijote in mir, der sich Illusionen über Schwäche und ihre Stellung in der Welt macht. Beschäftigung mit Schwäche läßt jeden Maßstab verloren gehen; man verliert das Gefühl für oben und unten. Nur in lichten Augenblicken wird einem das alles klar. Das sind Momente, in denen man sieht, welches zweckbestimmte Treiben sich in der Welt um einen herum abspielt; diesem Treiben wird dann das eigene Schwäche-Treiben gegenübergestellt. Wer über Schwäche arbeitet, unterliegt also einem Mißverständnis, weil er so tut, als handle es sich um irgendeine gewöhnliche Welt-Arbeit (wie zum Beispiel die Anfertigung eines wissenschaftlichen Gutachtens). Er will etwas Außenstehendes in die Welt hineinnehmen, das seinem Wesen nach draußen bleiben muß. Geht er dann aber einkaufen in das nahegelegene Kolonialwarengeschäft (besagt der Name, daß hier Waren verkauft werden, die aus Kolonien eingeführt wurden?) und sieht Straßenpassanten und Ladenpersonal, so stellt sich dieses Gefühl der unüberbrückbaren Kluft zwischen Stärke-Bereich und Schwäche-Welt ein. Wie würde der Passant P sich denn verhalten, konfrontierte man ihn mit Schwäche? Die Frage darf zunächst nicht im Sinne einer Überheblichkeit verstanden werden, die alle Leute auf der Straße über einen Kamm schert. Vielmehr bin ich mir durchaus bewußt, daß hier die unterschiedlichsten Typen vorkommen. Es sind intelligente, aufgeschlossene Menschen unter ihnen, die bereit wären, sich auch mit Ungewöhnlichem zu befassen und oftmals diese Bereitschaft schon bewiesen haben. Aber auch an ihnen würde Schwäche abprallen, als sende sie auf einer anderen Frequenz. Ihnen fehlt die Antenne, um dieses gleichsam «zweite Programm» zu empfangen. Die Antwort auf die Frage, wie sich jener P zur Schwäche verhalten würde, lautet somit: Er würde sich gar nicht verhalten.

Geht also der Schwäche-Mensch einkaufen, so überkommt ihn beim Anblick jener Passanten und Ladenmädchen im Denken an Schwäche ein Gefühl des Unwirklichen. Es geht also in diesem Kapitel «Schwäche-Ideologie als Mißverständnis» nur um ein persönliches Problem des Schwäche-Schreibers, also des Schwäche-Ideologen, nämlich um sein Irrealitätserlebnis. Schwäche-Ideologie erscheint ihm dann wie ein Traum. Er führt eine Art Doppelleben. Manchmal vergißt er Schwäche, muß sie vergessen. Von Schwäche kann man nicht leben (sterben freilich kann man an ihr), Berufsleben schließt aber Schwäche-Denken aus. Auch jenes Einkaufen verlangt manchmal Verleugnen von Schwäche; da müssen Sätze gesprochen werden wie „hundert Gramm von dieser Wurst bitte“ und dergleichen. Da tritt der

Schwäche-Ideologe reif auf. Hinter seiner Erwachsenen-Maske vermutet niemand Schwäche. Ist ihm in solchen Augenblicken die Kluft bewußt, so bekommt sein Gesicht allerdings einen traurigen Ausdruck.

Mißverständnis heißt also: Es ist irrig, die allgemeine Unansprechbarkeit für Schwäche dadurch unterlaufen zu wollen, daß sie in Worten formuliert und als Buch hergestellt wird; Schwäche, dieses Liegengebliebene, Übriggebliebene, das man nicht braucht.

Trotzdem gebe ich die Sache hier ab im Fundbüro der konventionellen Welt; wahrscheinlich aus Neugier: Mal sehen, was passiert. Es handelt sich um einen Test.

Letzter Versuch

Das Ende dieser Schrift ist für mich schon absehbar. Da wächst die Sorge, es könnte noch nicht klar genug geworden sein, was Schwäche ist. So gerät man als Schwäche-Schreiber in eine gewisse Panik. Dagegen hilft nur: Immer wieder muß neu zur Erklärung angesetzt werden. So wie auch ein Springer immer wieder neu zum Sprung ansetzt, um endlich die entscheidende Marke zu überwinden. So wie ein Bohrer immer wieder bohrt, um endlich auf Grund zu stoßen. Dazu gehört Sammlung, Konzentration.

Ich verspreche Ihnen jedoch, mich dieses Mal ganz kurz zu fassen. Es ist wahrscheinlich der letzte Versuch. Er muß stattfinden; dieses ist ein Sachbuch; hier herrschen keine ästhetischen Gesetze; hier muß Schwäche gelehrt werden. Dabei ergibt sich die Schwierigkeit: Schwäche zu lehren, ist schwer, verlangt also

Stärke. Ein Starker wiederum ist nicht kompetent; denn nur der Schwache kennt Schwäche. Diesen Teufelskreis zu durchbrechen verlangt vom Schwachen den Schritt: Er muß einmal stark sein, um Schwäche aussagen zu können. Dieses „Einmal stark sein, um Schwäche zu sagen" heißt aber: Über den eigenen Schatten springen. Geht das? (Die Frage assoziiert den bekannten Hamburger Ulk Eiffes: „Eiffe will Bundeskanzler werden. Geht das?" „Halbidiot." „Gerade darum geht das.") Geht das also? Kommt dabei mehr heraus als ein Lallen, unfruchtbar, am Ende einer Periode rücksichtslosen Raubbaus (?)?

Der Text wird jetzt kontingentiert. Ich gestehe mir drei Sätze zu, in denen Schwäche noch einmal definiert werden darf. Hier sind sie:
Erstens:

umfassend
sich abzusetzen vom Herkömmlichen, führt
so entsteht ein Zustand, der gerade deshalb im Mittelmäßigen beharrt,
nichts Spielerisches
Das Mittelmäßige bildet also die neue Dimension
Fortsetzen, sinnlos und unendlich
sogar das zwecklose Treibenlassen geschieht
noch ohne Konsequenz, so daß kein
(dies mit!) Schwäche
neudimensioniert ohne Halt bleibt
Inhaltsleere als Prinzip, jedoch ohne Streitigkeit vertreten
das Scharlatan-Problem: Was ist scharlatanisch an der
Schwäche-Ideologie und was nicht
Schwäche-Ideologie versteht sich als
Leichtverständlichkeit auf der Inhaltsleere
beruht
Buch also darum, um zu füllen mit Worten
ernsthaft
mangelnde Seriosität

Über diese Notizen, schief und quer, bin ich nicht hinausgekommen. Es gelang mir nicht, aus den Bruchstücken Sätze zu formen.

„Man hat es doch längst verstanden."

Ich habe das Gefühl, daß trotz allem die Schwäche-Ideologie bisher noch nicht richtig verstanden worden ist. Ich fürchte, daß immer noch etwas Falsches verstanden wird.

Laßt uns beten um Schwäche. Man blickt in den Himmel und sieht nichts. Es macht übrigens nichts aus, wenn man die Schwäche-Ideologie nicht versteht.
(Ich glaube, die letzten drei Sätze muß ich erklären. Sie haben an sich in dem Kontext nichts zu suchen. Ich habe sie hingeschrieben, weil sie noch vereinzelt auf meinen Notizpapieren standen und sich voraussichtlich auch anderweitig nicht mehr sinnreich unterbringen lassen. Ich fand sie aber zu gut, um sie Ihnen vorzuenthalten. Dabei bin ich allerdings nicht ganz sicher, ob der Gedanke «es macht nichts, wenn man es nicht versteht» nicht schon früher vorgekommen ist. Ich bin aber zu faul, das jetzt nachzuprüfen.)

Schwäche-Vortrag

Für das Folgende ist ausnahmsweise ein besonderes Vorwort erforderlich. Es handelt sich bei dieser Sache um einen sogenannten Schwäche-Vortrag. Das hatte mir im Zusammenhang mit Schwäche immer vorgeschwebt: Nicht nur Schwäche-Schreiben, sondern auch Schwäche-Sprechen müßte geeignet sein, zur Verbreitung des Phänomens beizutragen. Freilich ist die Schwierigkeit: Dem Büchelchen kann keine Schallplatte, kann kein Tonband beigegeben werden. So mußte ich den Text hier doch geschrieben aufnehmen, freilich «abgeschrieben» vom Tonband:

Ich kaufte mir ein Tonbandgerät, ausschließlich zu diesem Behufe. Das besprach ich mit rund 20 Minuten improvisiertem Schwäche-Text. Das schrieb ich dann ab; das war schwierig, da ich doch der Kunst des Stenographierens nicht mächtig bin. Es kam mir auf Authentizität an; deshalb beließ ich es bei allen sprachlichen Fehlern, die dem Mikrophon-ungeübten Sprecher unterlaufen waren. Teilweise hatte ich mich in Sätze verstrickt, aus denen ich nicht mehr korrekt herauskam (vgl. z. B. den Schlußsatz im 2. Absatz am Ende, „. . . insofern immer wieder von neuen Einfällen sich fortsetzen lassen muß“). Insoweit also konnte durch genaue Wiedergabe des Textes die Originalität erhalten bleiben. Doch anderes, Wichtiges, mußte verloren gehen. So die Betonungen; Sie müßten unbedingt hören, wie widerlich ich z. B. das Wort „Distanz“ akzentuiert habe. Überhaupt habe ich das Ganze mit einer widerlichen Stimme gesprochen; teilweise geleiert. Und wie sich dann auf dem Band eine Bachmusik an den Text der Hoffnungslosigkeit (wieder einmal: wie denn, Hoffnungslosigkeit?) anschließt, dieser Übergang, dieses Einsetzen, Musik aus dem Italienischen Konzert, Cembalo, das wirkt, kann ich Ihnen sagen; es beginnt mit langsamem Satz in Moll, das alles gibt Genuß. Beim Niederschreiben dieses Vorwortes wächst mein Verlangen, es noch einmal zu hören, also hole ich das Band und spanne es ein (das alles ist wahr); möge das Gerät, launisch wie es nun einmal ist, jetzt funktionieren. Die Aufnahme setzt ein mit einem Blubbern. Sie dauert übrigens nur 17 Minuten. Man hört an einzelnen Stellen Feuchtigkeit der Aussprache. Zögern, Schlucken, arroganter Klang, selbstbewußte Akzente, Angeberisches, wichtigtuerisch. So als handle es sich um das Referat auf einer Fachtagung. Genug des untauglichen Versuchs, Ihnen mit unbeholfenen Worten etwas von diesem Klangerlebnis (denn als solches möchte ich es durchaus bezeichnen) zu vermitteln; lassen wir endlich den Text selbst sprechen:

„ Es soll jetzt gesprochen werden über Schwäche-Ideologie in dem Sinne, daß dieser Vortrag geeignet sein soll, Schwäche-Ideologie zu veranschaulichen. Das soll also rein technisch gesehen so geschehen, daß eine bestimmte Zeit, die vorher festgelegt ist, überbrückt wird durch Sprechen, ohne daß dabei etwas gesagt wird; ohne daß dabei etwas Inhaltliches gesagt wird, d. h. ohne daß ein Gedankengang stattfindet, der eine bestimmte Entwicklung etwa aufzeigt. Trotzdem muß weiter gesprochen werden, es muß eine Wortfülle antreten auch hier genau wie bei der schriftlichen Schwäche-Ideologie, eine Wortfülle, die eben gerade durch ihr Erscheinungsbild geeignet ist, diese Veranschaulichung zu leisten. Das muß also so geschehen, daß hier keine Pause gemacht werden darf, jedenfalls keine wesentliche Pause. Die Sache ist also nicht ganz einfach, es muß sich um eine absolut improvisierte Angelegenheit handeln. Man darf sich nicht vorher in irgendeiner Weise Notizen gemacht haben, die nämlich die Gefahr mit sich bringen könnten, daß doch sich einschleicht in diese ganze Sache ein Gedankengang, eine irgendwie gegliederte Abfolge von Sätzen. Das darf sich also nicht einschleichen. Deswegen muß die Sache absolut improvisiert sein. Man darf nicht in irgendeiner Weise, auch noch nicht mal bei dem Anfang des Sprechens vorbereitet sein. Trotzdem muß man hier vor einem Publikum sprechen, man muß also sozusagen das als eine Life-Sendung ablaufen lassen, bei der gleichsam fließend gesprochen werden muß, bei der Farbe bekannt werden muß,so daß das eine gewisse Konzentration erfordert, was ja an sich in dem Bereich der Schwäche merkwürdig erscheinen könnte. In diesem Sinne sind die Worte, die hier bereits gesetzt wurden, natürlich schon diese Schwäche-Ideologie im Sinne des mündlichen Vortrages. Das ist also auch wieder identisch oder doch zumindest parallel zu sehen zu der schriftlichen Schwäche-Ideologie, bei der ja auch diese fortwährende Selbstanalyse, bei der diese Betrachtung über das Schreiben der Schwäche-Ideologie immer wieder selbst Wort für Wort und Buchstabe für Buchstabe Schwäche gewesen ist. So muß also auch hier jedes Wort natürlich, das gesagt wird, Schwäche sein, auch und gerade dann, wenn dieses Wort über das Sprechen selbst sich ausläßt. Es kommt ja wie gesagt darauf an, daß überhaupt irgendetwas gesprochen wird, wobei nichts gesagt werden darf. In diesem Sinne wird also das Sagen verstanden als ein inhaltliches Sprechen, das Sprechen dagegen wird verstanden als das Loslassen von Worten in der Weise, daß also aus dem Mund etwas herausformuliert wird, genauso wie das jetzt geschieht und wie es fortwährend geschehen soll, wie gesagt über die Distanz, die hier von vornherein angesetzt war. Es ist also tatsächlich so, daß hier eine ganz bestimmte Distanz, eine ganz bestimmte Zeit angesetzt war, daß hier mit der Uhr gearbeitet wird, daß man sich vorstellt, dieses Publikum zu haben, ein Publikum, das zum Beispiel ein Publikum eines Rundfunksenders sein kann oder ein Publikum, das sein kann eine Zuhörerschaft in einem Saal, die also zuhört, die dasitzt und, wenn sie Schwäche-Ideologie in etwa verstanden hat, nicht erwarten kann, daß irgendein substantieller Gedanke kommt, sondern die einfach interessiert sind an diesem Experiment, daß etwas in dieser Weise gesprochen wird, in dieser eigenartigen Weise, die aber wie gesagt genau dem Medium der Schwäche-Ideologie entspricht.

Ich schätze, daß ich jetzt ungefähr fünf Minuten gesprochen habe; das war also hier ein gewisser Fehler, daß ich nicht von vornherein auf die Uhr gesehen habe; das hab ich versäumt, ich habe mir also ungefähr eine Zeit angesetzt von 20 Minuten, die hier mindestens in dieser Weise überbrückt werden müßten. Man muß natürlich dann, wenn man etwas mehr Übung in dieser Sache hat, muß man natürlich zu größeren Distanzen kommen. Diese Schwäche-Vorträge sollen also so doch stattfinden, daß gewissermaßen in einer Tournee von Stadt zu Stadt dieses Veranschaulichen stattfinden könnte, wobei natürlich auf Grund des

Umstandes, daß es sich hier um ganz und gar improvisierte Vorträge handelt, sich diese Vorträge nicht gleichen, wenn sie auch Ähnlichkeiten aufweisen; die eine oder andere Formulierung wird zwangsläufig zum Stereotyp werden, aber es muß jedenfalls spontan immer wieder geschehen; diese Spontaneität ist insoweit also ein konstituierendes Element dieser gesprochenen schwäche-ideologischen Vorträge, die ich eben doch als Ergänzung ansehe zu dem schriftlichen Bild der Schwäche-Ideologie. Zu der Schwäche-Schrift kommt also der Schwäche-Vortrag, so wie er jetzt hier stattfindet und wie er auch jetzt ganz klar fortgesetzt werden muß, wobei man also nicht jetzt in den Fehler verfallen darf, daß man vielleicht zu sehr technisch präzise Gedanken äußert. Ich dachte in diesem Zusammenhang eben beispielsweise daran, daß es bei diesen Schwäche-Vorträgen gut sei, wenn man eine Tafel benutzen könnte, bei der man das eine oder andere auch bildhaft veranschaulichen könnte. Man könnte sich nun über den Sinn dieser Tafel und über die Vorstellung auslassen, die dabei eine Rolle spielt. Das wäre aber gewissermaßen eine Umgehung schon dieses Schwäche-Sprechens, dieser Bedingungen, die bei diesem Schwäche-Sprechen erfüllt werden müssen, denn diese Bedingungen sind so, daß nicht zu sehr fixiert, nicht zu sehr detailliert auch nur technische Gedanken ausgeführt werden dürfen. Es darf sich also dieses ganze Schwäche-Sprechen nur innerhalb eines relativ sehr geringen Aktionsradius bewegen, es darf gewissermaßen keine gedankliche Schwellung hier antreten oder zustandekommen. Es muß also, ohne daß man sich nun gerade wörtlich wiederholt Satz für Satz, muß also dieser geringe Aktionsradius eingehalten werden, der sich bezieht auf das Sprechen über dieses Schwäche-Sprechen; der sich bezieht auf dieses einfache Zeitvergehenlassen; auf dieses einfache Überbrücken von Minuten, dieses Überbrücken einer ganz bestimmten wie gesagt vorher festgelegten Distanz ohne wesentliche Pause in diesem fortsetzenden Aneinanderreihen von Sätzen, die keine Überlegung in diesem Sinne herbeibringen dürfen, sondern gewissermaßen virtuos improvisiert, insofern immer wieder von neuen Einfällen sich fortsetzen lassen muß.

Worte werden also benutzt, um Zeit vergehen zu lassen. Worte werden benutzt gewissermaßen wie ein Zeiger, wie etwa ein Sekundenzeiger, an dem man ablesen kann, wie die Zeit vergeht, wenn man ihn beobachtet. So wird bei diesen Worten, bei diesem Sprechen, bei dieser Technik des Sprechens auch das Vergehen der Zeit beobachtet. Wenn man dieses Schwäche-Sprechen in diesem Sinne versteht, könnte man jetzt natürlich die Frage stellen, was hat das denn zu tun speziell mit der Schwäche-Ideologie, um die es ja doch hier gehen soll. Nun, diese Frage ist ja aus der Schwäche-Schrift an sich ersichtlich; es soll eben gewissermaßen die tote Zone hiermit veranschaulicht werden, die tote Zone soll abgebildet werden, die hier also einfach darin besteht, daß die Wortfolge kein Profil hat; sie ist da genauso wie ein Leichnam da ist, der aber eben kein Leben mehr in sich trägt. So sind es diese Worte, die kein Leben mehr in sich tragen; es sind also Worte, die sind abgestorben, und dieses Abgestorbensein von Worten, das wird gerade in dieser Technik des Schwäche-Sprechens, wie sie hier stattfindet, veranschaulicht, und hier in diesem Abgestorbensein der Worte haben wir den Bezug zur Schwäche-Ideologie, weil ja die Schwäche-Ideologie der Zustand ist, der erreicht ist, wenn alles andere abgestorben ist, oder, wie es an einer Stelle gesagt wurde in der schriftlichen Schwäche-Ideologie, wenn alles andere abgebröckelt ist. Um noch einmal auf den Unterschied zurückzukommen zwischen dem Schwäche-Sprechen und dem Schwäche-Schreiben: Das Schwäche-Sprechen ist in gewissem Sinne noch toter als das Schwäche-Schreiben, denn beim Schwäche-Schreiben ging es und geht es darum, daß doch gewissermaßen etwas theoretisch noch erklärt wird, daß zum Beispiel der Bezug hergestellt wird zu dem Stärke-Bereich, daß also die Unterschiede zwischen herkömmlichem und nicht herkömmlichen Bereich aufgezeigt werden; hierbei werden weitgehend Gedankengänge benutzt aus der herkömmlichen

Welt. Der Zustand des Schwäche-Sprechens ist im Akzent demgegenüber insofern noch toter, noch abgestorbener, als hier eigentlich Bezüge und Gedankengänge, Erklärungen nicht mehr stattfinden; es ist im wesentlichen nur noch dieses Zeitablaufenlassen. Natürlich, das haben gerade die letzten Sätze eben gezeigt, kommt es hin und wieder auch zu Erklärungen, zu Vergleichen, zu Bezügen, zum Beispiel wie eben bei dem Vergleich mit der schriftlichen Schwäche-Ideologie; das sind aber an sich keine wirklichen Schwellungen, Gedankenschwellungen, sondern das sind ganz geringfügige Zuckungen aus diesem sprachlichen Leichnam, um den es hier geht, also aus diesem Abgestorbensein einer bestimmten Wortfülle, die hier also in diesem Zeitvergehen dargebracht wird, in diesem ständigen, also in diesem permanenten Hinweis auf die Tatsache, daß jetzt, während ich spreche, die Zeit vergeht und daß dieses Sprechen, dieses relativ sogar atemlose und unabgesetzte Sprechen genau dieses Zeitvergehenlassen bewirkt, wobei man also hier noch nicht einmal sprechen kann vom Abtöten der Zeit, denn es handelt sich ja hier um die tote Zeit, die also schon tot ist, während sie bewältigt wird durch das ebenso tote Sprechen. Das sind diese beiden Faktoren, die hier bei dieser Art des Vortrages eine Rolle spielen, das tote Sprechen gegenüber der toten Zeit; beides wird gewissermaßen parallel geschaltet, es handelt sich um eine Synchronschaltung, wenn Sie so wollen, bei der dieses Ergebnis, diese Brücke, dieser Transformator von dem Sprechen auf die Zeit also stattfindet."

Schwäche-Ideologie als Ausdruck eines monistischen und zugleich dualistischen Prinzips

Die Überschrift klingt kompliziert, ja geradezu gelehrt. Tatsächlich scheint sie auch zunächst, gleichsam erstmalig innerhalb dieser ganzen Untersuchung, eine gewisse theoretische Verwicklung (um nicht zu sagen: Verstrickung) aufzuzeigen, vielleicht auch eine bindende Einordnung der Schwäche-Ideologie in ein gedankliches System zu bedeuten. Beides ist falsch, auch das Folgende wird letztlich nur die nichtige Wortmalerei fortsetzen.

Gelegentlich wurde hier im Zusammenhang mit Schwäche vom «ganz anderen» gesprochen. Schwäche wurde in Gegensatz zur Stärke gesetzt, Stärke dabei als Inbegriff alles Herkömmlichen verstanden. Damit wurde der Eindruck von zwei Ebenen geschaffen: Starkes und Schwaches, Herkömmliches und Anderes, alte Dimension und neue Dimension. Nur von diesem Dualismus her schien Schwäche überhaupt halbwegs veranschaulicht werden zu können.

Schwäche zeigt jedoch «in Wahrheit» keinen Dualismus auf, sondern einen Monismus: Das Herkömmliche wurde nach allen Seiten ausgelotet, wurde an seinen Grenzmauern daraufhin abgeklopft, ob es irgendwo durchlässig sei, und da wurde festgestellt: Es ist unüberwindlich, alles ist herkömmlich, alles ist somit stark. Wie sagte ich doch schon vorne, in «Pubertärer Wust»: „Dieses Unkonventionelle kann nicht erreicht werden. Die

Straße zu ihm hin ist unendlich ... Es gibt also nur eine Ebene: Alles ist konventionell." Der Sprung von jener Straße in die Schwäche schien zunächst noch ein Seitensprung zu sein, bis auch das als Täuschung erkannt wurde.

Somit ist auch Schwäche nichts Neues (auch diese Aussage selbst ist innerhalb der Abhandlung nicht neu), sie ist verdampft, verpufft, nein, war von vornherein gar nicht da, konnte also auch nicht verdampfen usw. Habe ich also Begriffe wie das «ganz andere» gebraucht, so dienten sie nicht zur Überwindung irgendwelcher Konventionen, sondern, fast im Gegenteil, zur Verflachung solcher Überwindungsversuche; diese sollten lächerlich gemacht werden. Hinweise auf «neue Dimensionen» sollten überhaupt jeden Überwindungsversuch verspotten, waren also ironisch gemeint (in dieser Abhandlung zur Schwäche-Ideologie schließen sich Ironie und Ernsthaftigkeit nicht aus); ganz gleich, ob jemand zur Überwindung durch Kunst (vgl. etwa: random-Ästhetik) oder Revolution (vgl. etwa: ... nein, da bin ich nicht kompetent) ansetzt (selbstverständlich ist also die Schwäche-Ideologie erzreaktionär, falls Sie das noch nicht gemerkt haben sollten). Wie also das Kapitel über die «Entwicklung zur Schwäche» zeigte, stand diese Erkenntnis schon an der Schwelle zur Schwäche fest; hier schließt sich also ein Kreis; daß ich diesen Gedanken jetzt aufgreife und breit trete, dient wiederum dazu, ihm jedes Profil zu nehmen. Nicht einmal er dürfte neu sein, wenngleich es mich stutzig macht, daß in der Welt immer wieder Überwindungsversuche unternommen werden.

Der Gedanke soll noch an Hand eines fingierten Erklärungsgesprächs veranschaulicht werden:

„Liegt darin nicht doch gerade Schwäche als Neues, in dieser äußersten Anerkennung aller Vergeblichkeiten; du sagtest doch eben selbst, daß man überall sonst noch zu überwinden versuche; sondert sich Schwäche dadurch nicht doch ab?" „Nein. Gerade in deiner Frage zeigt sich die Unendlichkeit der Unfreiheiten, die Unmöglichkeit, hier über den Schatten zu springen;

wir sind da gefangen, kommen da nicht hinaus: Erst sprechen wir von der zweiten Ebene, dann wieder vom monistischen Prinzip, widersprechen uns also. Auf der nächsten Stufe beziehen wir diesen Widerspruch in unser Schwäche-Prinzip ein. Dann sagen wir, gerade auf diese Einbeziehung komme es an, haben also die Einbeziehung der Einbeziehung. Aber es kommt dabei nichts Neues heraus, es bleibt belanglos; gerade darin, daß wir diese Stufen beliebig fortsetzen können, zeigt sich das Konventionelle unserer Ideologie." „Ist aber nicht dieses «Es bleibt belanglos», dieses Zugeben, daß auch unsere Ideologie konventionell sei, doch etwas Spezifisches?" „Nein. «Belanglos» ist auch, ob die Straße des Konventionellen unendlich ist oder nicht oder ob du von ihr abspringen kannst. Belanglos ebenso, ob die Schwäche-Ideologie etwas Spezifisches ist oder nicht. Sie «ist» übrigens gar nicht, existiert nicht. Es wurde zwar gesagt, sie werde hier in die Welt gesetzt . . . Es ist auch gleichgültig, ob sie in die Welt gesetzt wird oder nicht." „Deine Sätze bedeuten doch gerade Schwäche-Ideologie, gerade das ist Schwäche-Ideologie, daß Erniedrigungen, Aufhebungen, Primitivitäten in dieser Weise ausgesprochen werden." „Woraus schließt du das? Wie willst du das beweisen? Dein «gerade das ist Schwäche-Ideologie» ist eine bloße Behauptung, ein Satz, der genauso in der Welt steht, verloren und isoliert, wie meine Sätze." „Paß mal auf, wir sind doch schon längst dabei, keine Rücksichten mehr zu nehmen, kein Peinlichkeits-Tabu mehr zu scheuen, wir sind an einem Punkt, wo alles erlaubt ist, das heißt: Was ich auch jetzt sage, es kann einen Zusammenhang, eine Gedankenführung oder dergleichen nicht mehr sprengen, wir sind an einem chaotischen Punkt, wo es nicht mehr darauf ankommt, was gesagt wird und natürlich auch, wie es gesagt wird . . ." „Laß mich schnell einwerfen, deine Begriffe «chaotisch» usw. sind ganz willkürlich, du hättest ebenso gut sagen können «ordentlich» usw." „Selbstverständlich. Also, ich wiederhole trotzdem: Es kommt jetzt auf eine weitere Stufe auch nicht mehr an. Deshalb sage ich, denn das Bisherige war nur die Einleitung: Wir führen hier etwas vor. Wir veranschaulichen im Grund nämlich doch mögliche Punkte menschlicher Erniedrigung; wir müssen nur mal ganz ehrlich sein. Wir genießen das. Ich spreche das offen aus. Wir genießen das pubertär. Das ist eine Spielerei, die uns Spaß macht. Wir wollen damit Erschütterung, Mitleid und dergleichen hervorlocken. Es ist übrigens ein ganz altes Spiel." „Du wirst lachen, ich finde deine Sätze gut. Wir sind uns völlig einig. Ich opponiere nicht gegen deine These, ich hätte auch nicht opponiert, wenn du eine andere These, z. B. eine gegenteilige, vertreten hättest. Du siehst also an meinen Sätzen, ich spiele das Spiel mit, spiele es weiter, um einmal deine These zu benutzen. Mir gefallen deine Sätze gerade deshalb gut, weil sie so in besonderer Weise primitiv sind, und das wolltest du ja wohl auch, eine wiederum erneute Stufe der Primitivität erreichen: Diese scheinbare Selbstehrlichkeit, dieses Bekennerhafte deiner Worte, so, als ob Mut dazu gehörte, dazu paßte ja auch deine feierliche Einleitung, dieses «jetzt kommt es auch nicht mehr darauf an, jetzt kann ich auch noch dies» sagen. Du führst mich damit geradezu zur Schwäche-Ideologie im Sinne der bisherigen Beschreibungen, zur «zweiten Ebene» usw. «zurück», weil deine Worte in diesem Sinne so schön schwach sind. – Ich sage also: Mir ist alles egal. Sag was du willst. Ich opponiere nicht. Die Schwäche-Ideologie existiert, wir haben sie hier in die Welt gesetzt. Die Schwäche-Ideologie existiert nicht, wir haben sie hier nicht in die Welt gesetzt. Ja, wir sind extrem, das wolltest du ja sagen. Wir sind nicht extrem. Bla bla bla, Scheiße. So ist es. Dies ist peinlich." „Seien wir ehrlich, das ist letzten Endes doch alles Veranschaulichung der Schwäche-Ideologie." „Das hast du vorhin schon mal gesagt, aber das macht nichts, auch könnte ich jetzt spielerisch, ohne davon wirklich überzeugt zu sein, sagen: Ich habe den Verdacht, daß du dich doch an der bisherigen, sozusagen «herkömmlichen» Schwäche-Ideologie, wie sie in den ersten Kapiteln des Buches beschrieben wurde, festhalten und sie retten willst und darum den Zusammenhang auch dieses Gespräches mit dieser «herkömmlichen Schwäche-Ideologie» so betonst." „Du sagst ja selbst, daß du davon nicht wirklich überzeugt bist, und es wäre auch unsinnig, wenn ich mich da festhalten wollte. Es ist vielmehr so, daß ich sagen wollte: Deine Worte zeigen, daß wir aus der Schwäche-Ideologie gar nicht hinauskommen. Was wir auch sagen, scheint es momentweise noch neuartig zu sein, z. B. dein «die Schwäche-Ideologie ist auch konventionell», «die Schwäche-Ideologie existiert nicht» usw., es sind doch alle solche Sätze höchstens neue Kläglichkeitsstufen. Wir können machen, was wir wollen, wir kommen da nicht hinaus." (Diesen letzten Halbsatz hatten wir also nun schon mehrfach, allerdings ohne den Klammerzusatz. Einen solchen Klammerzusatz hatten wir jedoch an einer anderen Stelle, allerdings ohne diesen Zusatz zum Zusatz.) „Warum sagst du «hinaus» und nicht «heraus»?" „Ich verstehe, du willst jetzt hören, weil es sprachlich richtig ist usw. Gut. Also du siehst, es stimmt doch, wir kommen da nicht hinaus, dies sind alles auch nur . . . usw. s. o., d. h. also zugleich, auch dies alles ist konventionell usw." „Du hast recht, und dazu paßt es, wenn ich nun nochmals zum Ausgangspunkt zurückkehre: Die Schwäche-Ideologie befindet sich auf einer zweiten Ebene, sie befindet sich aber auch auf der herkömmlichen, also der ersten (und letzten) Ebene; dieser Widerspruch ist kein Widerspruch, weil diese Eigenschaft des Konventionellen, die die Schwäche-Ideologie besitzt (genau wie alles andere, so daß ihre angebliche «Sonderstellung» damit zerstört ist) sie noch kläglicher macht, sie also doch auf eine besondere Ebene des Schwachen hebt, weil so schwach nichts anderes sein kann; dieser Widerspruch ist also kein Widerspruch; wenn er aber doch einer ist, und er ist wahrscheinlich einer, dann ist er «unschädlich», weil Widersprüche bei der Schwäche-Ideologie immer «unschädlich» sind; wenn er aber doch schädlich ist, dann ist er eben schädlich, weil die Schädlichkeit nichts ausmacht, was wieder einen neuen Widerspruch bedeutet, für den dann das oben Gesagte wieder gilt usw.; das zeigt dann wieder die Unendlichkeit der Schwäche-Ideologie, zugleich die Unendlichkeit des Konventionellen usw. Das oben gegebene Versprechen, daß das «verwickelt Theoretische» auch nur billige, nichtige Wortmalerei sei, ist also eingelöst worden usw. Damit bricht also die ganze Schwäche-Ideologie zusammen, sie soll ja zusammenbrechen, sie ist Zusammenbruch usw.“

Dazu passend fand ich noch Gesprächsfetzen offenbar älteren Datums:

„Schon steh ich schwach hier. Und dennoch kampfbereit. Der Kampfgedanke ist auch in mir noch nicht ganz tot.“ „Das ist deine Inkonsequenz.“ „Die Konsequenz also meiner Schwäche . . .“ „Sehr schön, wie du alles dir wohlgefällig machst.“ „Nein, das nicht, alles kannst du mir vorwerfen, aber vielleicht gerade dieses eine nicht. Siehe, wir sind nicht schwach, weil wir schwach sein wollen, sondern wir sind ganz primär schwach und reden hinterher darüber.“ „«Und reden hinterher darüber.» Ihr seid primär schwach, das scheint mir richtig, und versucht doch, daraus einen Sinn zu machen, eine Ideologie der Schwäche baut ihr euch auf, damit ihr in ihr einen Halt habt . . .“ „Das mag alles sein, ist wohl so, aber die Diskussion ermüdet mich . . .“

Mich auch; das Stichwort «Kampf» hatte mich zunächst dazu verleitet, in diesem Dialog noch einmal einen Ansatz für möglich zu halten, der aus der Sackgasse führen könne, aber das war natürlich ein Irrtum.

Dieser Stoff hat keine Chance

Dieser Stoff hat keine Chance.

Dieser Stoff hat keine Chance.

Demut

Letztes Kapitel

Jetzt kommt noch Demut. Es kommt nicht darauf an, ob der Begriff hier richtig interpretiert wird; ich nenne es so. Demut heißt: Reue, Tränen, Sentimentalität, Selbstmitleid. Demut liegt hinter der Schwäche-Ideologie. Demut heißt: Ich sehe ein, ich kann nichts machen, ich muß mich ergeben, ich füge mich, ich ziehe jetzt ehrlich die Konsequenz aus der Schwäche-Ideologie. (Ich ziehe den Schwanz ein.) (Einige werden es schon erraten haben: Dies ist eine ganz besonders raffinierte Stufe der Schwäche-Ideologie.) Ich bin jetzt nackt. Jetzt gibt es überhaupt keine Verschleierung mehr. Ich kann den Klammersatz (den drittletzten Satz vor diesem Satz) auch ohne Klammern bringen, dann ist es noch ehrlicher: Dies ist eine ganz besonders raffinierte Stufe der Schwäche-Ideologie, das heißt: Die Eitelkeit ist grenzenlos, der eitle Trieb kann nicht überwunden werden, er drängt zu immer neuen Schwäche-Rekorden, zu immer neuen diabolischen Gedankenführungen, wie eben zum Beispiel der der Demut: Die Selbsterniedrigung wird offengelegt, es wird gesagt, ich bin jetzt ganz nackt, ich zeige z. B. auch, daß ich die Demut dazu benutze, neue Schwäche-Rekorde zu erreichen. Dies ist also ein

Wettlauf von Eitelkeit und Ehrlichkeit: Jede neue Eitelkeit wird zugegeben und dadurch eine neue Stufe der Ehrlichkeit erreicht, diese Ehrlichkeit bedeutet dann wieder eine neue Eitelkeitsstufe, weil man diese Ehrlichkeit herausstellt und mit ihr angibt. Beide laufen in gleicher Geschwindigkeit nebeneinander her, ergeben also eine Parallele, die sich im Unendlichen trifft. Das ist also die Unendlichkeit der Sünde, aus der man sich nicht befreien kann usw. Und nun kommt die Demut und sagt: Ich sehe das. Ich beziehe auch das ein. Ich sehe, daß ich unendlich ehrlich bin, also unendlich eitel und daß ich da nicht hinauskomme. Ich nehme das hin, ergebe mich in diesen Zustand, finde mich mit ihm ab; und es gehört wie selbstverständlich zu meiner Sünde, daß ich nicht einmal mehr unglücklich über sie bin. Es kann allerdings vorkommen, gelegentlich, daß ich den Kopf auf die kreuzweise ineinandergewinkelten Unterarme lege und träne. Der Zusammenhang mit der Schwäche-Ideologie braucht kaum mehr offengelegt werden, er ist vielgestaltig: Einmal erreicht diese Demut eine neue Schwäche-Stufe innerhalb der Schwäche-Ideologie, weil sie aus herkömmlichen, diesseitigen, fast christlichen Bereichen abgeleitet scheint, sie gibt einen billig-sentimentalen Schluß ab, macht Konzessionen, so daß etwa einer sagen könnte „nun kommt er also auch damit noch; das hat gerade noch gefehlt"; eben auf dieses „das hat nun gerade noch gefehlt" (oder: „Du lieber Himmel, auch das noch"; oder: „Du meine Güte, bleibt uns denn gar nichts erspart"; oder: „Muß das wirklich sein, das hätte sich doch vielleicht vermeiden lassen") kommt es ja an, deshalb ist ja gerade diese Demut der neue und vorläufig letztmögliche Schwäche-Rekord; diese billige Verbindung mit herkömmlich-christlichen Assoziationen; nichts darf hier fehlen; der Kelch muß bis zur Neige geleert werden. Auch sind sich die Bilder in beiden Bereichen, Schwäche und Demut, selbst unmittelbar ähnlich, die Bilder kompromißlos-ehrlicher Selbsterniedrigungen usw. Vor allem aber wird diese Demut von der Schwäche abgeleitet: Es wird gesagt, die Geisteshaltung, die man hat, wenn man aus der Schwäche einmal aufblickt, ist diese

«Demut». So: Man schwätzt selbstgefällig über Schwäche, dann kommt das plötzliche Aufblicken in Demut, das Innehalten. Die Verbindung von Eitelkeit mit Schwäche ist unmittelbar: Geschäftig ereifert man sich über Rekorde der Schwäche, die man schon erreicht hat. Darin ist man eitel. Dann kommt die Reue über diese Eitelkeit, das ist die Demut; dann macht man aber sofort diese für eine «logische Sekunde» erreichte ehrliche (?) Demut zu einer neuen Schwäche-Stufe und damit Eitelkeitsstufe. Die Ehrlichkeit hat also dieselbe Funktion wie die Schwäche, vielleicht sind beide identisch; wir erinnern uns z. B. daran, daß die Schwäche-Ideologie u. a. die passende Ideologie für das eigene schwache Leben sein sollte. Jedenfalls arbeiten beide in gleicher Weise, nämlich in einem fortwährenden Lauf exhibitionistischer Selbstentblößung (= Tautologie). Das Innehalten auf diesem Lauf führt in kurzer Selbstbesinnung zu Ausrufen wie „Gott, wie bin ich nur niedrig" oder „Wie weit ist es mit mir schon gekommen" oder „O Gott, so hilf mir doch!"; zu kurzen, kleinen Demutsäußerungen also, Stoßgebeten oder dergleichen. Aber dieses Anhalten ist eben nur ein Scheinanhalten, jene «logische Sekunde», entpuppt sich schnell als neu erreichte Schwäche-Ehrlichkeits-Marke auf dem Lauf; jede «neue Stufe» zerfällt also in der Analyse, anschließend wird sie dann zusammen mit ihrem Zerfall wiederum «einbezogen». Mit anderen Worten, Schwäche und Ehrlichkeit sind nur Befriedigungen des Eitelkeits-Triebes, dieser Eitelkeits-Erguß schließt ab mit dem Demuts-Orgasmus, der dann seinerseits nur wieder eine neue Schwäche-Ehrlichkeits-Marke bedeutet, s. o. usw. Es ist also nicht viel dran an der Demut. Vom Standpunkt der Schwäche-Ideologie ist das an sich schade, denn eine «ehrliche» Demut hätte uns schöne neue Schwäche-Rekorde bescheren können. Aber beides geht eben nicht, entweder ehrliche Demut, die nur «ehrlich» ist, wenn sie nicht nur eine besonders raffinierte Schwäche-Stufe sein soll, oder eine Demut zur Befriedigung des Schwäche-Triebes, die dann aber, weil sie nicht ehrlich ist, der Schwäche kaum weiterhilft.

Trotzdem soll noch einmal diese «ehrliche» Demut versucht werden: Ich sage, all dieses Vorstehende soll einbezogen werden. Das heißt: Das Gefangensein in der kleinlichen Eitelkeit, der Trieb nach Schwäche, das alles liegt vor. Auch diese Ehrlichkeit in ihrer Funktion der Eitelkeitsbefriedigung liegt vor. Dies alles liegt nun vor. Aber dem wird das einfache Schweigen entgegengesetzt. Es wird nur noch geschwiegen. Auch dieses Schweigen ist eitel, löst Effekte aus usw. Das braucht jetzt nicht mehr im einzelnen festgestellt zu werden. Auch die Eitelkeit des Schweigens wird also in das Schweigen einbezogen. Es ist also genauso wie bei der «unmittelbaren» Schwäche-Ideologie; es folgt Einbeziehung auf Einbeziehung, ohne daß sich etwas ändert, zum sechsten oder achten Male sage ich, man kommt nicht hinaus usw. Und so weiter.

Resignationen und Pessimismen können (also) auch nur billige Effekte sein, kurze Ersatzbefriedigungen, die (also) nicht wirklich befriedigen usw. Als Ersatzbefriedigungen sind sie (also) doch Überwindungsversuche, damit weitere Inkonsequenzen usw. („Usw." heißt immer: Der Aussage die Betonung nehmen; das abschwächende „usw." soll etwa doch noch vorhandenen Saft aus dem Satz absaugen. Wenn nämlich schon nichts gesagt werden kann und trotzdem noch gesprochen wird, so soll wenigstens dem Gesprochenen jeder Akzent genommen werden, um damit die Täuschung, die jedes Sagen von Schwäche bedeutet, möglichst gering zu halten.)

Schade eigentlich, daß auch dieser Versuch, der Versuch mit Schwäche, vergeblich war. Das Ringen um Schwäche geschah ja, weil Schwäche das letzte gewesen war, das einem noch geblieben zu sein schien. Richtig lachen muß ich jetzt, wenn ich mir meine geradezu zuversichtliche Schreibweise vergegenwärtige, mit der ich stellenweise das Schwäche-Problem anzugehen versuchte. Mußte mir doch von vornherein klar sein, daß dieser Sprechversuch zum Scheitern verurteilt war. Zum Scheitern bis hin zur Karikatur; bis zu einem Zustand schließlich, der nur noch Selbstverspottung zuließ. Der nicht mehr anzeigte, was da eigentlich vorausgegangen war: Es gibt eine Form des Erloschenseins, die nicht mehr erkennen läßt, daß es sich um Erloschensein handelt, daß also Feuer vorausgegangen war, die vielmehr nur noch das reine Totsein abbildet. Wer so erloschen ist, glaubt selbst nicht mehr an das angeblich vorgängige Leben. Am Anfang war es ja noch das Röcheln aus ersticktem, abgewürgten Schrei heraus; späteres Röcheln ist dann gleichsam nur noch Selbstzweck. Weil es keine Tendenz mehr hat, ergibt es das Bild des vollständig Schwankenden, so wie wir es jetzt in den Blättern zur Schwäche-Ideologie kennengelernt haben: Grotesk-surreal Unverbindliches scheint trotz aller gegenteiligen Beteuerungen spaßhafte Absichten anzuzeigen; auf einen nächsten Impuls hin folgen dann jedoch geradezu bierernste, theoretisierende Darlegungen von ermüdender Trockenheit. Witzverse konnten kommen, weil nur noch Gleichgültigkeit zu demonstrieren war; eine Gleichgültigkeit, in der auch ein Gegensatzpaar wie «Feuer – Erloschensein» nur noch als Sentimentalität bezeichnet werden kann. In der die Zufälligkeiten, von beliebigen Impulsen ausgehend, nicht mehr beherrscht werden können. Daraus ergibt sich abermals die Beteuerung, daß alles ernst gemeint war; leider kann ich nicht allen Lesern persönlich gegenübertreten, um sie auch so von der Aufrichtigkeit meiner Absichten (wie denn: Absichten?) zu überzeugen. Gerade Groteskes zeigt doch die wirkliche Verlorenheit.

Zuletzt zeigt also Schwäche-Ideologie, daß die Reifen doch recht gehabt haben; sie zeigt, wohin es mit einem kommt, der sich auf die Schwäche-Stufe begibt; jeder Erwachsene hätte das von Anfang an vorausgesagt. Also auch hier bleibt Schwäche-Ideologie ohne Überraschung, sie bleibt in ihrem pubertären Stadium, das heute als längst überwunden gilt usw. Man läßt also zuletzt jedem Herkömmlichen seinen billigen Triumph über Schwäche.

Entwicklung zur Schwäche-Ideologie sieht also so aus: Zuerst ist da ein Glaube. Der erlischt dann, erkaltet usw. Auf der dritten

Stufe, der Schwäche-Stufe also, leugnet man, jemals geglaubt zu haben, leugnet die Möglichkeit des Glaubens, kann sie also auch für die eigene Vergangenheit nicht anerkennen. Die Stufen waren jedoch nicht scharf voneinander abgesetzt; schon im Glaubensabschnitt spielte Kläglichkeit mit.

Besonders paradox erscheint es, aus Geltungsbedürfnis ausgerechnet Schwäche zu propagieren; Schwäche, dieses Lied, nach der Niederlage zu singen.

Vor langen Jahren, als sich mir die Schwäche-Ideologie schon abgezeichnet hatte, bildete ich mir noch ein, Schwäche sei neu. Deshalb fürchtete ich damals, der Glanz ihrer Neuheit könnte ihr eigentliches Bild verwischen; der geblendete Leser werde so nicht erkennen, was Schwäche wirklich sei. So mußte ich mit der Vorlage der Schwäche-Ideologie warten, bis sie alt und abgeschmackt erschien; dieser Zeitpunkt dürfte jetzt erreicht sein. Es muß kaum noch erwähnt werden, daß sich daraus ein weiteres Paradoxon ergibt: Gehört es nämlich zu «wahren Schwäche», daß sie nicht einmal neu sein darf und deshalb möglichst nur als Plagiat erscheinen soll, dann ist sie in ihrer Plagiaterscheinung doch wieder neu (und somit eigentlich kein Plagiat), weil die «originale Schwäche» auf Grund ihrer Neuheit somit noch keine echte Schwäche gewesen ist usw. Dieser Gedanke läßt sich in der für schwächeideologisches Denken so typisch kindlich-albern-übermütigen Art weitertreiben: Die «erste Schwäche» ist keine wahre Schwäche, weil sie neu ist. Die «zweite Schwäche» ist schon Plagiat und deshalb «wahre Schwäche». Da sie dies aber e r s t m a l i g ist, ist sie doch neu, also doch keine «wahre Schwäche», da «wahre Schwäche» nicht neu sein darf. Der «dritten Schwäche» geht es nicht besser usw.; «wahre Schwäche» ist also überhaupt nicht erreichbar. Hier haben wir also einen Beweis für die «Unendlichkeit des Konventionellen». Daraus folgt dann weiter, daß nicht nur Schwäche nicht erreichbar ist, sondern auch Neuheit nicht: Pseudo-Schwäche ist niemals neu, denn Stärke war von Anfang an da. Neuheit verunmöglicht also

Schwäche und Schwäche verunmöglicht Neuheit. Die hier vorgelegte Schwäche-Ideologie ist somit ebenfalls weder schwach noch neu. Auch dies ergibt also ein dem Kinderkakaukannen-Effekt verwandtes Bild. (Der Kinderkakaukannen-Effekt wird unversehens zum eigentlichen Grundmotiv der Schwäche-Ideologie: Es geht hierbei um die Unendlichkeit des Banalen. Das ewige Sich-im-Kreis-Bewegen, das Nichthinauskommen, also Gefangensein; gefangen im Banalen, «alles ist konventionell», «Höheres» ist nicht erreichbar: So wie auf der Kakaukanne nur wieder die Kakaukanne dargestellt wurde, auf dieser nochmals eine usw., wie also durch die bis ins Unendliche fortgesetzte bloße Selbstdarstellung die gesamte Bildfläche blockiert ist, so ist durch die Ehrlichkeit im fortwährenden Eingeständnis des Konventionellen der Sprung zum Unkonventionellen verbaut.)

Hier könnte an das Sackgassen-Gespräch im vorletzten Kapitel angeknüpft werden: In diesem Gespräch wurde aufgezeigt, daß nun auch nicht etwa die Einbeziehung aller dieser Vergeblichkeiten, dieser Unerreichbarkeiten nach allen Richtungen Schwäche bedeuten kann. Wir haben deshalb Schwäche ganz unnötigerweise 12 Jahre liegen gelassen. Allenfalls wurde erreicht, daß die Sache nun noch etwas abgestandener geworden ist.

Wenn im Vorfeld der Schwäche-Ideologie etwa formuliert wurde «zum Scheitern verurteilt» (vgl. den Pubertär-Wust), dann geschah das aus einem Impuls heraus, aus Gefühl, und sollte nicht das «letzte Wort» bedeuten. Verzweiflungsorgien konnten noch von letzten Ansätzen zu Kampfversuchen abgelöst werden. Mit der «totalen Schwäche-Ideologie» ist demgegenüber die Ansatzlosigkeit gleichsam bewiesen. Auch so erklärt sich also, warum die Schwäche-Ideologie erst jetzt vorgelegt wird: Früher bestand noch eine gewisse Hoffnung, Wichtigeres sagen zu können. Jetzt sind alle Reste in der Schwäche-Ideologie zusammengeflossen.

Wie also die Decke über dem Verschütteten, über dem Aufgegebenen fester gewachsen ist und sich nicht mehr aufbrechen läßt. Erinnern an frühere Unruhen geschieht nur noch mechanisch. Es fehlt jeglicher Stoff, aus dem noch Saft zu saugen wäre. Zuletzt hatte man versucht, Schwäche selbst diesen Stoff sein zu lassen. Sogar an dem unverbrüchlichen Schwäche-Gesetz „Es wird alles schlechter“ wollte man sich aufgeilen. Bis auch dies alles zusammenbrach. Lassen Sie mich das am fingierten Beispiel des Herrn P noch etwas näher erläutern:

P ist ein Pessimist. Genauer: Kommt er in jene Disziplin, in der herkömmlich (P leugnet an sich überhaupt schon die Möglichkeiten all dieser Kategorien) die Chancen für Zukunft beurteilt werden müssen, entscheidet er sich spontan für die pessimistische Alternative. Verweilt er dann noch etwas in jener Disziplin, so macht er (den wir übrigens auch S nennen könnten) aus seinem Pessimismus geradezu eine Wissenschaft. (Zugleich ist er natürlich Negativist. Ihm schwebt die Herausgabe einer Zeitschrift vor mit dem Titel «Nein». Er malt sich aus, daß einer an den Kiosk käme und fragte: „Haben Sie schon das neue «Nein»?“ „Nein.“) Er kann Ihnen überall nachweisen, daß Aussicht auf Besserung auch bei größtem Willen zur Zuversicht nicht erkennbar ist und daß es nur noch schlechter werden kann. Der Gesprächspartner (wir nennen ihn G) hört eine Weile aufmerksam zu; was P sagt, gibt ihm sogar zu denken, denn P argumentiert gut, hier ist er in seinem Element. Immerhin wagt G gewisse Einwände. Nicht alles, so macht er geltend, sei hoffnungslos; so seien beispielsweise doch in der Kunst immer wieder einmal schönste Ansätze zu verzeichnen; hierzu nennt er etwa ein volksnahes, pop-jazziges Klavierstück Friedrich Guldas von, so G, „geradezu unüberwindlicher Fröhlichkeit bei gleichzeitig überwältigender Ausdrucksstärke.“ P, der das Stück zufällig kennt und ebenfalls schätzt (wir dürfen vermuten, daß es sich um «Light my fire» handelt), wird einen Augenblick stutzig und scheint diesem Hinweis nichts entgegnen zu können. Doch dann spricht er über die Unmöglichkeit der Kunst, etwas zu bewirken und darüber, daß gerade solche Genuß-Musik eher verschleiere, betäube, Flucht bedeute usw., wir kennen ja diese ganzen Einwände (und keiner weiß besser als P selbst, wie sehr seine Entgegnung schon Klischee geworden ist. Da nun auch dieser Hinweis Klischee ist, wird wiederum der Kinderkakaukannen-Effekt assoziiert.). Kurz, P läßt letztlich überhaupt keinen Hoffnungschimmer gelten. Der Eifer, den P hier entwickelt, läßt in G den Verdacht aufkommen, P kultiviere seinen Pessimismus und genieße ihn geradezu (wahrscheinlich masochistisch. Auch Schwäche im Sinne der Schwäche-Ideologie ist übrigens wohl eine derartige Form der Aggressivität, einer Aggressivität nach innen, gegen sich selbst.). Vorsichtig will er P das nahelegen. Doch da kennt er P nun schlecht: G rennt nämlich mit seinem Einwand weit geöffnete Türen ein. „Selbstverständlich", beeilt sich P zuzugeben. „Selbstverständlich: Dieser ganze Pessimismus ist mir Triebbefriedigung. Nachdem mir alles Vorangegangene widerlegt war, nachdem keine der Chancen, auf die ich gesetzt hatte, einen Gewinn gebracht hatte, begann ich, diese Chancenlosigkeit selbst als Chance zu betrachten. Ich begann, mich in dem Gesetz «Es wird alles schlechter» regelrecht zu suhlen. Dieses Gesetz gab mir einen gewissen Genuß. Hier erhielt die Gegenwart ihren Eigenwert gegenüber der Vergangenheit. Natürlich war das alles nur eine hohle Hilfskonstruktion, die bald zerplatzen mußte. Diesen Zusammenbruch bezog ich dann in meinen Pessimismus ein . . . " und so weiter siehe oben, ist man einmal mehr versucht zu sagen; mir kommt da unversehens das Bild einer Kanne in den Sinn, darin man transportiert ein süßes heißes Getränk für Kinder . . .

***

Der Jazzmusiker Stan Kenton schuf einst ein sogenanntes «Concerto to end all concertos» (Mitwirkende in der Originalaufnahme u. a. Buddy Childers, Ray Wetzel, Vido Musso, Boots Musulli, Eddie Safranski; aber wer aus der Jugend von heute kennt schon noch diese Namen?). Ähnlich schwebte mir vor, mit der

Schwäche-Ideologie ein «Book to end all books» zu schaffen. Stellte einer mit aller Deutlichkeit endlich fest – und diese Feststellung sollte in der Schwäche-Ideologie getroffen werden –, daß alles Sagbare sich nämlich nur noch innerhalb eines stereotypen Systems bewegen könne, so würde jedermann einsehen müssen, daß weiteres Sagen sich nicht lohne. Demgemäß hätte Schwäche-Ideologie Signal werden können für die Einstellung aller Sprechversuche; in einem Rundschreiben an alle Schriftsteller wollte ich auf diesen Tatbestand aufmerksam machen, ihnen mitteilen, daß es nach meinem Werk keinen Zweck mehr habe, um sie so vor weiterer unnützer Arbeit zu bewahren. „Tun Sie doch bitte nicht so", lautete eine mir schon vornotierte Formulierung aus diesem geplanten Rundschreiben, „als ließe sich heute noch irgendein Satz sagen, der etwas anderes wäre als ein Stereotyp." Jede scheinbar originelle Idee entpuppt sich doch bei genauerer Betrachtung als Klischee und alter Hut, schal und abgeschmackt. Die Schwäche-Ideologie sollte nun (gerade dadurch, daß sie sich zunächst als «wirklich neu» definierte) das Klischee aller Klischees sein, gleichsam Oberklischee, und durch den so von ihr ausgelösten Ekel weitere Klischeereihungen abstoppen. Bald wurde mir indessen klar, daß sie das nicht würde leisten können, einfach weil das dazu Notwendige aus Schwäche nicht artikuliert werden konnte, weil also Schwäche-Ideologie zu schwach dazu war. Ihr wird daher das gleiche Schicksal beschieden sein wie Kentons Konzert; so wie dieses wird auch sie die Flut weiterer Machwerke nicht eindämmen können; für die nächsten Aufführungen werden schon die Instrumente gestimmt. (Übrigens besteht auch über die Intention hinaus eine gewisse Ähnlichkeit der Schwäche-Ideologie zu Kentons Konzert: Geben sich doch beide den Anschein des Anspruchsvollen bei in Wahrheit eher oberflächlich-pathetischer Diktion.)

Nachdem also feststeht, daß auch diese letzte Suche nach einer neuen Speise vergeblich gewesen ist, bleibt die Frage: Was nun? „Nicht einmal Schwäche also." „Nicht einmal Schwäche–", gibt es das überhaupt? Schwäche wurde doch u. a. gerade als das

Letzte, das bleibt, wenn alles verloren ist, definiert? Wie wir sahen und jetzt sehen, gibt es das, dieses «Nicht einmal Schwäche». Gibt es also einen Zustand, der weder Stärke noch Schwäche ist, was immer man darunter versteht? Mir scheint, ja; ein Zustand, in dem (allerdings auch: zum wiederholten Male) gefragt wird: Was soll das Ganze? Wozu habe ich das hier aufgeschrieben? Was wollte ich eigentlich? Hab ich vergessen. So hat man schließlich Schwäche reifen lassen bis zu einem Punkt scheinbarer Ruhe.

Nun gut. Allerdings: Ich möchte hier noch nicht aufhören. Ich habe Angst davor aufzuhören. (Die Angst vor der Leere nach der Schwäche-Ideologie scheint idiotischerweise zu implizieren, daß Schwäche selbst doch noch nicht ganz leer gewesen sei.) Dies kann doch noch nicht das Ende sein. Gerade diesen Abschnitt möchte ich noch etwas verlängern, obgleich ich weiß, daß dabei nichts herauskommen kann. Komisch, daß ich mich hier nicht losreißen mag. Ich will mich noch nicht damit abfinden, daß mir nicht einmal Schwäche gelungen ist. Bevor ich aufhöre, möchte ich wenigstens noch einen Satz Wesentliches gesagt haben.

In Wahrheit möchte ich das gar nicht; wahrscheinlich möchte ich es nicht; genau läßt sich das nicht ausmachen. Ich probiere immer noch Sätze (aus), bastele unsystematisch an Wörtern herum in einer vagen Vorstellung, daß dabei, buchstäblich in letzter Minute, noch etwas herauskommen könnte; daß aus einem Satz plötzlich, unverhofft, etwas herausspringt. Aber der Glaube an einen deus ex machina ist genauso wie . . . (beenden Sie diesen Satz nach Ihrem Belieben).

Schon aus technischen Gründen muß irgendwo aufgehört werden. Ich verzichte auf den Versuch, in den Schlußsatz noch besonderes Pathos hineinzulegen und sage einfach: Dies ist der letzte Satz. Damit sich jedoch auch hier ein Widerspruch ergibt, damit es auch hier unstimmig bleibt, füge ich diesen weiteren Satz noch an.

1. Nachtrag

Antidialektik und Neurose

1. Wer die beiden Teile dieser *Kapitulationsurkunde* nur oberflächlich gelesen hat, könnte sich an einer scheinbaren, Züge des Willkürhaften tragenden Inhomogenität des Textes gestört haben. Insgesamt scheint der erste Teil, besonders in den vorderen Abschnitten (Fallsammlung und Anfang der «Analyse»), schon von der Diktion her eine andere Richtung einzuschlagen als etwa im zweiten Teil das *Zentrum der Schwäche*. Auch innerhalb der beiden Hauptteile drängt sich gelegentlich der Eindruck von Zusammenhanglosigkeit auf, so wenn etwa die rein atmosphärisch angesetzten Pubertismen neben die theoretische Umschreibung eines Schwäche- und Stärke-Modells gestellt werden oder, im Teil I, neben die Beschreibung des *K-Effekts* die eines individualistisch verzweifelnden «Ausbruchsversuchs» tritt.

Bei etwas genauerer Betrachtung wird jedoch für das ganze Werk eine durchgängige Einheitlichkeit des Textcharakters erkennbar. Diese Erkenntnis beruht nicht etwa auf den Erklärungen des Autors selbst, wie beispielsweise gegen Ende des Teils I über den Zusammenhang von *K-Effekt* und *Schwäche-Ideologie*. Vielmehr erkennen wir als die einende Klammer eine bestimmte Grundhaltung, die in einer so eindeutigen Weise n e u r o t i s c h g e p r ä g t ist, daß sie jedem Satz ihren Stempel gibt. Aus dieser Haltung heraus wurde für alle Teile ein Modell fabriziert, das wir hier als Modell einer A n t i d i a l e k t i k bezeichnen wollen.

2. Unsere Behauptung, mit der neurotischen Grundhaltung und ihrem Produkt «Antidialektik» die bestimmenden Faktoren für

das vorliegende Werk gefunden zu haben, bedarf näherer Erläuterung.

Wurde bisher das Verhältnis von bürgerlich-spätkapitalistischer Gesellschaft und Neurose untersucht, so geschah das gewöhnlich durch die Feststellung einer gesellschaftlichen Grundneurose als des für Einzelneurosen fruchtbaren Bodens. Im *Kinderkakaokannen-Effekt* hat sich demgegenüber das Verhältnis in einer bestimmten Weise umgekehrt: Ausgangspunkt ist die Einzelneurose als die das Werk bestimmende Grundhaltung, und gesellschaftliche Faktoren werden nur als Spielmaterial benutzt, um dieser Haltung Ausdruck zu geben. Die Darstellung läßt den Rückschluß auf die Einzelneurose zu, und der Eindruck von Homogenität liegt in eben der Permanenz der sich in solcher Darstellung widerspiegelnden, hinter dem Bild stehenden Einzelneurose. Was uns beim oberflächlichen Betrachten als objektives Modell irgendeiner pessimistischen Theorie erscheinen mag, ist also nur eine dünne Schicht, die sich leicht abkratzen läßt, um das dahinterliegende eigentliche Bild zu offenbaren. Nicht als Darstellung eines objektiv gemeinten Modells von *K-Effekt* oder «Schwäche» ist also die Schrift ernst zu nehmen, sondern als Krankheitsbericht.

3. Das im Sinne einer Neurose Pathologische zeigt sich in der Weise, in der der Autor mit dem vorgefundenen Material umgeht. Dabei soll zunächst begründet werden, warum wir für das aus solchem Umgang entstandene Produkt die Bezeichnung «Antidialektik» wählen.

Besonders in der «Fallsammlung» finden wir Problemmodelle, denen Kennzeichen dialektischer Struktur anhaften; d. h. sie sind so angesetzt, daß sie zunächst nach dialektischer Weise Lösungen zu erheischen scheinen. Verschiedene, gegensätzliche, aber aufeinander bezogene Einstellungen sind ins Bild gesetzt, die gerade in ihrem Aufeinanderbezogensein, in ihrer Wechselbezüglichkeit vermittelt werden müßten und insofern nicht endgültig widersprüchlich sein dürften. Dabei wird die

Feststellung, im *K-Effekt* seien Problemmodelle in diesem Sinne dialektisch angelegt, auch nicht dadurch aufgehoben, daß wir Vulgarisierungen und Verballhornungen vorfinden («Das Huhn und das Ei», «Der Hase und der Igel», Zeitungswitze und dergleichen); sie erfüllen, wie wir noch sehen werden, dem Neurotiker bestimmte Bedürfnisse. Der Autor bringt nun das so dialektisch angesetzte Material zu Folgerungen, die wir zunächst als u n dialektisch bezeichnen können. Es wird dem Prozeß entzogen, wo sich in der Verlängerung des Modells Neues abzeichnen müßte. Der dialektische Ansatz wird also abgebrochen, der Torso wird dann stehengelassen, und aus ihm wird eine Unvermittelbarkeit abgeleitet.

Was macht nun solche Undialektik zur Antidialektik? Ein bloßes Bild von Undialektischem kann sich abzeichnen aus dem verschiedensten Material; eine beliebige politische, eine philosophische Abhandlung kann undialektisch sein. In unserem Falle aber nimmt der Autor ausgerechnet solchen Stoff zum Ausgangspunkt seines Erstarrungsmodells, der in der oben gekennzeichneten Weise schon dialektisch vorbereitet war. Solche Sachverhalte nun leerlaufen zu lassen, statt die ihnen immanenten gegenläufigen Prinzipien zur Übereinstimmung zu bringen, bedeutet daher nichts anderes, als daß sich hier dialektischer Ansatz gegen sich selbst kehrt, sich also im Verlauf a n t i dialektisch und nicht bloß u n dialektisch verhält. An dem Beispiel des in der Abhandlung vielgebrauchten Begriffes «Einbeziehung» läßt es sich verdeutlichen. «Einbeziehung» könnte nämlich geradezu Schlüsselwort für dialektische Bewältigung sein: Das Annehmen, das Nicht-mehr-Verleugnen von Widersprüchen wäre als deren Einbeziehung der Ansatz für deren Vermittlung und damit Ansatz für möglichen Fortschritt. «Einbeziehen» bedeutet dann kein «Einschließen» mehr wie im *K-Effekt*, wo es aus solcher Einschließung kein «Hinauskommen» (so das andere Lieblingswort des Autors) gibt. „Es folgt Einbeziehung auf Einbeziehung, ohne daß sich etwas ändert." Solche Umkehrtechnik, mit dialektischem Kernbegriff gerade das Prinzip des undifferenzierbar Statischen zu benennen, bezeichnen wir also als Antidialektik. Wenn wir sagten, daß der Autor sein Material dem Prozeß entziehe und den dialektischen Ansatz abbreche, so könnte er uns entgegenhalten, daß er im Gegenteil versuche, die Ansätze fortlaufen zu lassen, und daß er gerade in diesem Fortlauf den *K-Effekt* festgestellt habe. Er könnte uns insoweit etwa auf die Analyse seiner «Stereotypen Reihen» verweisen: „Bei solchen Reihen wird jeder erreichte Standpunkt durch ein Weitergehen auf derselben Linie relativiert. Jeder Gedanke läßt sich fortführen und tritt dann auf der scheinbar neuen Stufe wiederum auf." Und später: „. . . sie alle machen an beliebiger Stelle halt, das Gedankenende ist immer willkürlich . . ." Nun belegt aber gerade dieser Einwand die Antidialektik; denn im Modell des Autors ist ja das «Weitergehen» kein wirkliches Weitergehen, sondern Scheinfortschritt, «Treten auf der Stelle». Insoweit er aber vom Fortgang immerhin spricht, zeichnet er zunächst die dialektischen Strukturen nach, und indem er dann gerade in ihnen die Erstarrung feststellt, arbeitet er in der von uns gekennzeichneten Weise antidialektisch.

4. Für die Aufdeckung der hinter solchen undialektisch-antidialektischen Grundmustern wie *K-Effekt* und *Schwäche-Ideologie* stehenden Individualneurose sei zunächst auf die allgemeine Übereinstimmung der Strukturen von Undialektik mit denen von Neurose hingewiesen. Die Einzelneurose kann geradezu als die undialektische Lebenspraxis der Einzelpersönlichkeit definiert werden. An dieser Stelle sei eingeräumt, daß die Begriffe «Dialektik» und «Neurose» in ihrer genauen Bestimmung umstritten sind, so daß es zunächst wissenschaftlich nicht ganz sauber erscheint, ohne nähere Definition mit ihnen zu arbeiten. Auf solche Definition kann verzichtet werden, da sich im folgenden noch deutlicher als schon aus den bisherigen Ausführungen ergeben wird, wo wir im Schwerpunkt die Begriffsinhalte sehen; unsere Sicht stimmt insoweit im wesentlichen

mit der herrschenden Meinung überein, und eine vergröberte herrschende Meinung reicht für unsere Zwecke aus.

Das Prinzip des Undialektischen kennzeichnet die Neurose so genau, daß wir Formulierungen hierzu fast unverändert beliebig auf das eine oder andere Feld (allgemeine Undialektik oder besondere Undialektik der Neurose) beziehen können: Vergangene Entwicklungsstufen werden nicht mit gegenwärtigen verschmolzen, um sich mit ihnen dann neu zu konstituieren, sondern sie bleiben als unbewältigte stehen. Auf der Basis solcher Fixierung der ersten und damit einzigen Stufe verunmöglicht sich Fortschritt. Der nicht einzuschmelzende Fremdkörper des Vergangenen verhindert die Neubestimmung. Die vom bisherigen Standard abweichenden, neu auftretenden Belastungen ließen sich nur vermittels eines mit ihnen ausgelösten Reifeprozesses bewältigen; die neuen Elemente müßten mit den ihnen widersprechenden alten in Form eines solchen Reifeprozesses vermittelt werden. Stattdessen setzt sich der alte Standard schablonenartig dem neuen Konflikt unvermittelbar hinzu, und der für Regeneration vorauszusetzende Verdauungsprozeß kann nicht stattfinden.

So bleibt stets nur der Rückgriff auf diesen status quo als einer dauerhaft aufgeprägten Figur. Auf Grund seiner Unvermittelbarkeit isoliert, kann dieser Bezugspunkt nicht hilfreich sein. Da von außen kommende Antriebe, insbesondere Angriffe, zur Reaktion, d. h. zum Versuch einer Bewegung zwingen, wird jener Rückgriff immer wieder ausgelöst; die Beziehung zur Vergangenheit steht somit unter dem Diktat eines Wiederholungszwanges.

5. Im *Kinderkakaokannen-Effekt* sehen wir, wie sich das neurotische Individuum mittels eines fast virtuos hergestellten Spielsystems von Antidialektik Ausdruck verschafft. Es überträgt die Muster seiner Neurose in die Muster eines Erstarrungssystems. Die Dinge werden aus ihrem Wirklichkeitszusammenhang herausgelöst. Sodann verselbständigt, dienen sie als «Modelle» zum

Nachweis der eigenen Logik des *K-Effekts*, die keine Überwindung mehr zuläßt. Der Verfasser kümmert sich nicht darum, wie weit solche isoliert ausgehobene Logik der Realität entspricht, handelt es sich hier doch jedenfalls um die Realität seiner Neurose. Zur Erfüllung neurotischer Bedürfnisse wird die Wirklichkeit verzerrt, um ein bestimmtes neurotisches Gleichgewicht aufrecht erhalten zu können. Der Neurotiker errichtet sich Schemata (vgl. die Tabelle «Der Kinderkakaokannen-Effekt im Schema») und schafft sich Kategorien, um sodann «kategorisch» jeden Einwand gegen sein Modell aus den Gesetzmäßigkeiten solchen isolierten Systems heraus «widerlegen» zu können.

Die Elemente dieses Erstarrungssystems werden geradezu schwelgerisch hin- und hergewendet. Der Verfasser jongliert mit dem ganzen Arsenal heutiger Modewörter; «System», «Gefängnis», «Zelle», «Nichtidentität», «Entfremdung», «Selbstverstrickung», «Ideologie», «Klischee», «Konformismus», «Progressivität», «Anderes», «Befreiung», «Verdammnis», «Selbst», «Überwindung»; diese Begriffe werden so lange herumgewälzt, bis jedweder Ausgang vermauert erscheint. Der Autor kann sich nicht genug tun in seinen endlosen, halb ironisch und ganz antimaterialistisch durchgeführten Systematisierungs- und Totalisierungsversuchen. Schon in der Häufigkeit von Wiederholungen spiegelt sich das Grundmuster der Neurose wider; wir nannten den Wiederholungszwang bereits als Symptom von sowohl Antidialektik als auch Neurose. Das zu einer Kommunikation nicht fähige, ausschließlich auf sich selbst bezogene und damit sich immer wieder selbst wiederholende Ich wird vom Autor im Bild der stets nur sich selbst darstellenden «Kinderkakaokanne» symbolisiert. Der Neurotiker klammert sich an solches Bild, und begierig wird aufgegriffen, was diesem Bild zu entsprechen scheint; in dieser Entsprechung erhält es für ihn Gewicht, auch wenn es sich um einen belanglosen Illustriertenscherz handelt; noch die nichtssagendste Floskel aus diesem Sammelsurium von Zufälligkeiten dient ihm als «Beleg».

Eingeengt und beschränkt auf die eigene, exzentrische Sicht wird innerhalb dieser Sicht allerdings ein Repertoire von teilweise erstaunlicher Variationsbreite entwickelt; auch die endlosen Wiederholungen laufen teilweise ab in Formen scheinbar unterschiedlicher Modelle, so daß wir zu Beginn unserer Überlegungen sogar von einem ersten Eindruck der Inhomogenität sprechen konnten. Auf seinem eigenen Feld entfaltet der Neurotiker immer Phantasie, und es bedarf erst genaueren Hinsehens, um festzustellen, daß es sich stets nur um mehr oder minder abgewandelte Reproduktion ein und desselben Grundmodells handelt, um viel Bewegung ohne Fortbewegung. In der *Schwäche-Ideologie* beispielsweise wird der „Versuch, mittels einer unendlichen Kläglichkeit zum ganz anderen zu kommen", nur unternommen, um zu demonstrieren, daß sich «Konventionelles» nicht überwinden läßt. Zugleich dient «Schwäche» als „Hilfskonstruktion . . . zur Selbstbefriedigung und Selbstbestätigung seiner (des Schwäche-Ideologen) kläglichen Existenz". Da diese Konstruktion aber in dem «Nicht-einmal-Schwäche» mündet, bleibt dem «Schwäche-Ideologen» (befreite) Identität genauso vorenthalten wie den verschiedenen Modellen im Teil I der Abhandlung.

Das Infantile, Kennzeichen jeder Neurose, wird immer wieder auch unmittelbar ausgesagt. Im «Pubertären Wust» (Teil II), spiegeln sich in Einzelzitaten noch Vorformen der Neurose, so wenn etwa von einer «Harmonie des Nichts» geredet wird; dem «quälenden Treiben» kann nach solchen Phantasien «mit nur einem freien Blick» entronnen werden. Diese Pubertär-Illusionen werden offensichtlich schon in dem betreffenden Kapitel selbst sehr schnell abgebaut, aber als Infantiles bleibt die Eigenart, immer nur subjektivistisch zu reagieren. Der «15jährige A» reagiert subjektivistisch, indem er die Flucht in einen Solipsismus versucht (vgl. Teil I, Fall 76: «Die Pubertär-Philosophie des A»); später werden Ungerechtigkeiten als «schreiend» bezeichnet; dem jeweiligen Kontext entnehmen wir, daß hier letztlich nur der Schrei des Autors gemeint ist, ebenso wie sein «Haß» oder seine «Haßasche» (vgl. Vorwort). „Am Anfang war es ja noch das Röcheln aus ersticktem, abgewürgten Schrei heraus, späteres Röcheln ist dann gleichsam nur noch Selbstzweck"; – solche Erörterungen über Probleme der eigenen Artikulation ziehen sich durch die ganze Abhandlung. Schon die Titelwahl ist da bezeichnend; der Autor entnimmt seine preziöse Wortschöpfung *Kinderkakaokannen-Effekt* einer persönlichen Kindheitserinnerung, die von keinerlei objektivem Interesse ist. Der Neurotiker ist unfähig, sozial relevant zu reagieren; er sieht zwar das Unrecht und das Leiden der Mitwelt, kann solche Eindrücke aber nur wieder dem Eigenen zuordnen und aus ihnen neuen Stoff für seine Neurose gewinnen. Fixiert an seine Thematik vermag er nicht, zu einer Sozialisation zu gelangen, von der aus dann auch seine eigene Selbstwertregulation zu leisten wäre. Die sich ihm wie jedem anderen Sensibilisierten aufdrängenden Widersprüche in den gesellschaftlichen Prozessen verlagert er lediglich nach innen; es gelingt ihm nicht, in eine intersubjektive Verständigung über sie einzutreten und dadurch zu befreiender Kommunikation und Solidarität zu kommen. Dafür bringt er die nach innen verlagerten Widersprüche zur Deckung mit dem dort vorfindlichen Bild des unentrinnbar Schicksalhaften, befindet sie also als unüberwindbar, und sie können ihn demgemäß nicht zu irgendeiner Aktion veranlassen. Da sie aber den schon vorhandenen unverdaubaren Block in seinem Inneren weiter anreichern, steigern sie noch seine Beschwerden.

Solcher Subjektivismus führt also zu jener Einschränkung des Aktionsradius, wie sie uns in der Schrift eingehend vorgeführt wird. Die Vergeblichkeit des Versuchs, über den unfreien status quo hinauszugelangen, wird in allen denkbaren Spielarten abgehandelt. Das Prinzip solchen «Nichthinauskommens» ist gleichermaßen im *K-Effekt* wie in der *Schwäche-Ideologie* so langatmig hin- und hergewälzt worden, daß wir es hier nicht nochmals ausbreiten wollen.

6. Nachdem wir unter den Stichworten «Antidialektik» und «Neurose» zunächst festgestellt haben, daß die Muster in beiden Feldern deckungsgleich sind, und wir sodann die allgemein und im wesentlichen jeder Neurose eigenen Strukturen im vorliegenden Werk nachweisen konnten, soll im folgenden jenen speziellen Neurose-Akzenten nachgegangen werden, die dem *Kinderkakaokannen-Effekt* hervorstechend zugrundeliegen. Es sind dies a) die masochistische und sodann b) die phobische Komponente.

a) Als den sich im *Kinderkakaokannen-Effekt* durchgängigst erweisenden Antrieb finden wir den Willen zur Destruktion. Dabei wird die das Werk beherrschende Initiative, jede Möglichkeit einer zur aufbauenden Bewegung geeigneten Aussage auszuschließen, gegen das Werk selbst gekehrt, um es zu erniedrigen und ungenießbar zu machen. Die Abhandlung ist von Anfang an mit Grotesken durchsetzt; wo sich endgültig Ernstes abzuzeichnen scheint, fällt der Autor gleichsam immer gerade noch rechtzeitig in jene Unreife, die er uns dann stets auch noch ausdrücklich als solche benennt. Wo nicht schon wie in langen Passagen der *Schwäche-Ideologie* das «Läppische» ohnehin vorherrscht, werden «billige Scherzchen» eingestreut, um „jeden Ernst aus der Sache abzusaugen". „Unstimmigkeit" soll „durchgehalten werden bis zum letzten Satz". Der Autor verstellt sich die Chance, einzelweise richtig gesehene Strukturen einer Krise zum moralischen Impuls werden zu lassen. Sein Eifer, jeden Ansatz zur Kommunikation zu vermeiden und dadurch sich und sein Werk isoliert zu halten, wäre einer besseren Sache würdig. Solche Selbstverstümmelung geschieht stellenweise in einer Haltung kindischen Trotzes, so daß auch die Artikulation des Leidens eher sentimentale Züge annimmt. Der so selbstzerstörerisch gestimmte Neurotiker betreibt die Schwarzmalerei objektiver Verhältnisse ebenso lustvoll wie die Beschreibung eigener Ohnmacht. Er will ohne Antwort bleiben, enthält doch seine «Eingabe» „keinen Antrag mehr."

b) Demgegenüber begegnet uns die phobische Komponente

weniger unmittelbar deutlich aufgetragen. Dennoch finden wir sie, wenn wir alle Schichten des äußeren Wortbildes abkratzen, als die unterste Haut, als den festesten aller hier vorliegenden neurotischen Faktoren. Das Erstarrungsschema, das uns aus *K-Effekt* und *Schwäche-Ideologie* entgegentritt, ist von solcher Art, daß es nur aus neurotischer, also phobischer Erstarrung hervorgegangen sein kann. Angst legt sich schwer auf das Individuum und engt es ein bis zur Bewegungslosigkeit. Einer so entstandenen Aufhebung jeglichen Aktionsradiusses entspricht der *K-Effekt.* Die Panik des Neurotikers entsteht aus dem Gefühl von der Unentrinnbarkeit des «Systems»; seine verschiedenen «Ausbruchsversuche» sind ihm mißlungen, er sieht keine Fluchtmöglichkeit mehr. «Anderes» ist nicht mehr zu erwarten, die Enge ist also endgültig geworden. Die Wörter «Angst» und «Enge» haben den gleichen Sprachstamm; in der Enge des isolierten, geschlossenen, von innen nicht mehr aufzubrechenden «Systems» entspricht daher die Allgegenwart des Systems einer Allgegenwart von Angst. «Systeme sind immer Zellensysteme» – so lautet denn auch im *K-Effekt* die Formulierung solchen Klaustrophobikers.

Beziehen wir mit Victor von Gebsattel die depressive Neurose auf das Element der Abkehr, die Zwangsneurose auf eine «Einigung mit Ekelinhalten» und die Phobie auf ein nihilistisches Leitbild, so bestätigt sich uns: Die «leere Ballonhülle» reagiert auf den «kleinsten Windstoß»; im nihilistisch angesetzten *K-Effekt* ist der *Schwäche-Ideologe* ganz den «Angriffen» ausgesetzt, hat ihnen nichts entgegenzusetzen, läßt sie voll aufprallen; Angstursache ist also das Identitätsmanko. In solcher Neurose ist das Ich nur Objekt. Auch das vergesellschaftete Individuum ist nur Objekt (gesellschaftlicher Prozesse), aber beim Neurotiker kommt hinzu der Verlust des Bedürfnisses, das Ich wieder selbst zum Steuerungsorgan werden zu lassen. Der «Gewinn» dieses Verlustes ist die Apathie, die aber „keinen Frieden bringt" (vgl. Vorwort).

Der *Schwäche-Ideologe* nimmt daher der Angst ihren Aufforderungscharakter, mit ihrer Überwindung einen Entwicklungsschritt zu wagen, verharrt ihr gegenüber vielmehr in Passivität und Verantwortungslosigkeit; „man kann die Sache einfach laufen lassen“ heißt es bezeichnend an einer Stelle in der *Schwäche-Ideologie.* Bei dieser Art, sich der Angst auszuliefern, fordert sie ihren v o l l e n Tribut; sollte es für einen Augenblick gelingen, sie zurückzudrängen und scheinbar «anderes» wahrzunehmen, so schießt sie anschließend umso quälender hervor, so als sei sie nur zurückgestaut worden. Die «Lösung» bei solchem Überdruck ist wiederum nur undialektisch-neurotisch; «zusammenbrechen lassen», also: Beharren auf dem Zustand und den von einer Angst normalerweise ausgehenden Reifungsimpuls nicht annehmen.

Natürlich sind masochistische und phobische Komponente miteinander verbunden; in der Angst findet das Individuum gleichsam die letzte Chance einer Identität und klammert sich daher geradezu an sie.

7. Zwei Fragen bleiben, die das Werk deutlich gemacht hat und die ihm deswegen trotz allem einen gewissen Wert verleihen:

a) Bisher galt, daß die schonungslose Erkenntnis des eigenen Zustandes der erste Schritt zur Gesundung sei. Entgegen dieser Meinung scheinen im *K-Effekt* Selbsteinsicht und Analyse das neurotisch-undialektische System nicht aufzubrechen. Durch Beschreibung wird keine Distanz mehr gewonnen. In beiden Teilen des Werkes finden wir ja neben allen Infantilitäten genügend Zeichen solcher Selbsterkenntnis. Im ersten Teil werden masochistische und phobische Komponente ganz unmittelbar eingestanden: „Was übrig blieb, war alsbald eine Frustrationsballade aus Masochismus . . .“, und: „Frei vagabundierende, heimatlose Gesamt-Angst, die sich einen Bezugspunkt sucht und ihn in der nächsten kläglichen Anforderung des Alltags findet“; „Von . . . (der Angst) ist gewiß, daß sie infantil ist: Entleert von jeder Bestandskraft, muß sich der Körper als hilflos, als ausgesetzt empfinden, so daß sich Angst von alleine einstellt. Die kleine Variante (gegenüber den Ekelgefühlen) besteht . . . darin, daß die Angst schließlich nicht, wie auf jener Bewußtseinsstufe Erschütterung oder Ekel, ausbleibt." Für die *Schwäche-Ideologie* wird im Teil II zugegeben, daß sie „wohl eine derartige Form der Aggressivität, einer Aggressivität nach innen, gegen sich selbst" ist.

Die alte Bewußtlosigkeit, wie sie uns etwa noch in einigen Illusionen aus dem «Pubertären Wust» begegnet, ist längst überwunden; in den Hauptphasen von *K-Effekt* und *Schwäche-Ideologie* demonstriert uns der Autor die Unüberwindbarkeit der Neurose auch auf der Basis einer Einsicht von Neurose; solche Einsicht bringt nur noch kalauernde Wortspiele hervor („Neurosenstrauß, Neu-Rosen-strauß" usw.). Um hier eine Lieblingsfloskel des Autors zu verwenden: «Nicht einmal mehr» das volle Bewußtsein des eigenen Krankhaften vermag also zum Ansatz einer Gesundung zu werden. Die Frage, die uns hier vermittelt wird, lautet also: Stimmt noch, daß es zunächst darum geht, die Realitätsverleugnung aufzugeben, nicht länger Leiden und Verzweiflung zu leugnen – kürzlich bemängelte ein Psychologe, daß in der herkömmlichen Neuroselehre das Wort «Verzweiflung» nicht vorkomme; nun geht unser Autor mit diesem Wort ja nicht gerade sparsam um –, oder ist solches Bewußtmachen von Realitäten letztlich belanglos, da auch die „Diskussion über das Übel" nur „das Übel . . . gegen die Übelbeseitigung abschirmt" (vgl. Fall 34 im Teil I)? In der Tat sind die Übel heute kaum mehr unerkannt, so daß das Neue, das uns der *K-Effekt* vielleicht vermittelt, danach besagen würde: Sowohl der «moderne» Individualneurotiker wie auch der «moderne» «kollektive Basisneurotiker» (sprich: «die Gesellschaft») erkennen das kreisförmig Geschlossene oder sogar negativ spiralenförmig sich Zuspitzende ihres Verhaltens und setzen es dennoch fort.

So neu wäre die hier ausgedrückte Problematik einer etwaigen Wirkungslosigkeit aufdeckender Analysen freilich auch schon nicht mehr. In seinem Essay über den Film «Das gelbe Unterseeboot» („Das gelbe Unterseeboot und der eindimensionale Mensch, in: Ende der Ästhetik, Frankfurt a. M. 1971) zeigt O. K. Werckmeister beispielsweise auf, wie weit Offenlegungen gefahrlos (für die Systeme), d. h. wirkungslos, heute schon möglich sind:

„Die politische Zweideutigkeit des Schlußbilds ist symptomatisch für die letzten Werke der Populärkunst, deren ideologische Intentionen ironisch offen zugegeben werden, während sie in den Werken der seriösen Kunst noch hermetisch verborgen waren. Sie sind an ein fatalistisches Publikum gerichtet, das Illusionen auch akzeptiert, wenn es sie als solche durchschaut. Die fünzehnjährige Elaine May gewann das Preisausschreiben der *Indianapolis News*, bei dem der Satz *Ich möchte die Beatles kennenlernen, weil* . . . zu begründen war, mit einer bis zum unbewußten Zynismus skeptischen Antwort. *Ich will die Beatles kennenlernen, weil sie eine besondere Magie haben. Wenn sie auftreten, kann man die bedrückenden Weltkrisen und andere Probleme zeitweilig vergessen. Sie singen glückliche, swinging Lieder. Ich möchte gern die vier jungen Männer kennenlernen, die alles ein wenig heiterer erscheinen lassen können.* Mit so wenig ist das Publikum zufrieden, daß die Produzenten der Populärkunst deren Widersprüche nicht mehr zu verdecken brauchen, sondern die erlaubte Reflexion dieser Widersprüche als Surrogat von Wahrhaftigkeit den Gehalten mitteilen. Die Analogie zwischen den *blauen Meanies* und den schutzbrillenmaskierten Einsatzgruppen der riot police, die in allen Großstädten bereitstehen, um die politisch aktiven Anhänger der Rock-Musik in Schach zu halten, würde die Moral des Films gegen die bestehende Gesellschaft kehren, aber selbst die offene Darstellung des Konflikts kann dieser nicht mehr gefährlich werden.“

b) Ferner fragen wir uns, ob der Autor in seinem *Kinderkakaokannen-Effekt* nicht einen Mechanismus aufgezeigt hat, der zu der allgemeineren Gefahr eines spiralenförmig verlaufenden Teufelkreises werden könnte: Auf dem Boden der «gesellschaftlichen Grundneurose» gedeihen Einzelneurosen. Sind aber solche Einzelneurosen Ausgangsposition für eine Sichtweise, die das Schema der eigenen Neurose in die gesellschaftlichen Verhältnisse hineinprojiziert, diese also nach Art des *K-Effekts* für unbewegbar hält (vgl. oben 5.), so vermindern sich damit die Chancen für eine Veränderung dieser Verhältnisse; je mehr Neurotiker nämlich auf dem Boden jener Grundneurose gewachsen sind, je mehr Menschen also in der undialektischen Negation nach Art des *K-Effekts* verharren und «kapitulieren», desto mehr vermindert sich das Potential für den Kampf um die Veränderung solcher Neurosen begünstigender Bedingungen. Die Konsequenz ist die weitere Sicherung und Verfestigung dieser Verhältnisse und damit wiederum die Zunahme des Wachstums der Einzelneurosen; der nächste Kreislauf auf der Teufelsspirale kann ablaufen.

Es gibt in der Tat (vgl. Vorwort und passim) Anzeichen dafür, daß eine allgemeinere Apathie-Welle bevorsteht oder schon eingesetzt hat, und von der Neurose spricht man bereits als einer «Volkskrankheit». Das würde zwar der Abhandlung zum *K-Effekt* eine gewisse Aktualität verleihen. Ob solche Schrift aber geeignet ist, auf Grund ihres abstoßenden Charakters abschrekkend zu wirken und gegenläufige Bewegungen auszulösen, oder ob sie nicht doch eher die Umdrehungen auf jener Teufelsspirale weiter beschleunigt, soll hier dahingestellt bleiben.

2. Nachtrag

Interview mit dem Autor
(gekürztes Tonbandprotokoll)

Interviewer: Herr Autor [im folgenden abgekürzt: Herr Aut], Sie haben die Studie «Antidialektik und Neurose» gelesen, in der der Verfasser in Ihrem ganzen *K-Effekt* nichts anderes sieht als den Ausdruck Ihrer eigenen, persönlichen Neurose. Würden Sie dieser Analyse zustimmen?

Autor: Die Qualität einer «Analyse», Herr Interviewer [im folgenden abgekürzt: Herr Int], kann ich dieser Studie kaum zusprechen. Was da zum angeblichen Nachweis einer Neurose formuliert wurde, ist doch teilweise von erschreckender Oberflächlichkeit. Nehmen Sie nur die ungenaue Begrifflichkeit. Dafür zwei Beispiele: Der Verfasser spricht vom «Ich»; nach seiner These ist das Bedürfnis verlorengegangen, das «Ich» wieder zum Steuerungsorgan zu machen; und: In der Neurose sei das «Ich» nur Objekt. Meint er hier «Ich» jeweils als Sammelbegriff für Bewußtes und Unbewußtes? Oder als das Bewußte, das gegen das «Es» steht? Das zweite Beispiel: Zweimal wird der Ausdruck «dialektische Struktur» gebraucht. Nun zeichnet sich doch das Dialektische gerade dadurch aus, strukturell nicht gebunden zu sein; der Ausdruck «Struktur» bezeichnet durch bestimmte Raster geschaffenes Festes, Gesichertes. «Dialektik» und «Struktur» sind also doch wohl eher Antagonismen.

Lassen Sie es mich, Herr Int, ganz hart sagen: Der Verfasser hat eine Aneinanderreihung von Modewörtern fabriziert; «gesellschaftliche Verhältnisse», «gesellschaftliche Grundneurose», «Strukturen», «Mechanismus», «undialektische. Negation», «Realitätsverleugnung», «Solidarität», «Kommunikation», «intersubjektive Verständigung»; da fehlt wirklich nichts. Diese Begriffe wurden dann zu einem scheingelehrsamen Brei zusammengerührt, offenbar auf der Basis halbgebildeter, aus einiger Sekundärliteratur zusammengelesener Erkenntnisse.

Interviewer: Herr Aut, Sie weichen der Antwort auf meine zuerst gestellte Frage aus, und außerdem werfen Sie dem Verfasser zum Teil gerade das vor, das Sie selbst in Ihrem *K-Effekt* praktiziert haben . . .

Autor: Aber ich bitte Sie. In meinem *K-Effekt* erfüllt das «desolat Groteske» und damit das unseriös-unartikuliert Verstümmelte doch den ausgesprochenen Zweck der Veranschaulichung der Prinzipien von *K-Effekt* und *Schwäche-Ideologie.* Aber dem Verfasser dieser Studie geht es doch offenbar um eine im herkömmlichen Sinne ernst zu nehmende Untersuchung. Lassen Sie mich nur auf das eine hinweisen: Zur Darstellung einer Neurose gehört doch wohl wenigstens der Ansatz einer Psychoanalyse; d. h. eine Neurosebeschreibung, die auf die Ursache der Regression überhaupt nicht eingeht, die also allenfalls Symptome schildert, bleibt notwendig oberflächlich.

Interviewer: Sie haben vorhin das Wort von der «gesellschaftlichen Grundneurose» als Modewort abgetan. Aber enthält nicht gerade der Hinweis darauf solchen von Ihnen vermißten Ansatz einer Ursachensuche?

Autor: Nein. Der Verfasser spricht zwar allgemein vom Kausalzusammenhang solcher «Grundneurosen» mit Individualneurosen, übrigens ohne sich im geringsten um den Nachweis eines solchen Kausalzusammenhanges zu bemühen. Aber für die mir unterstellte Neurose, deren Ausdruck das Werk zum *K-Effekt* sein soll, fehlt jeder Hinweis auf mögliche Ursachen. Im übrigen können Sie gerade an dem Begriff der «gesellschaftlichen Grundneurose» erkennen, wie unsauber hier gearbeitet wurde. Der Begriff stammt aus der neueren Neuroselehre, aber der Verfasser verwendet ihn so, ohne Anführungszeichen und Quellenangabe, als handle es sich um eine eigene Wortschöpfung. Auch ist es übrigens nicht damit getan, daß man einfach erklärt, auf die genaue Bestimmung der Begriffe «Dialektik» und «Neurose» verzichten zu können, da sich schon «ergeben werde», «wo wir im Schwerpunkt die Begriffsinhalte sehen» und «unsere Sicht ... im wesentlichen mit der herrschenden Meinung überein(stimme).» Solche Drückebergerei vor wissenschaftlicher Genauigkeit muß sich zum mindesten den Vorwurf der Bequemlichkeit gefallen lassen. Was soll dann das Ganze? Ich bleibe dabei, das ist unseriös, das ist zum Teil sogar ausgesprochen dümmlich. Schauen Sie sich doch bitte nur an, wie der Verfasser am Schluß mit aller Gewalt irgendeinen Aktualitätsbezug herstellt, der meinem Werk, wie er sagt, «trotz allem einen gewissen Wert» verleihe; das ist ja geradezu rührend! Und dann noch dieser großspurige «Wir»-Stil!

Interviewer: Ihre Reaktion erscheint mir ziemlich gereizt. Aber können Sie uns etwas über den Verfasser sagen? Wer hat das geschrieben?

Autor: Was das Gereiztsein anbelangt, so meine ich, daß hier jeder Leser solcher pseudowissenschaftlichen, aber doch zweifellos ernst gemeinten Abhandlung gereizt reagieren würde. Was mich an dem Ganzen im Grunde besonders stört, ist, daß der Verfasser meinen *K-Effekt* überhaupt nicht konkret widerlegt. Er behauptet einfach, ich hätte «die Dinge aus ihrem Wirklichkeitszusammenhang herausgelöst», hätte sie «dem Prozeß entzogen, wo sich in der Verlängerung des Modells Neues abzeichnen müßte» usw., ohne für die Möglichkeit der diesen Behauptungen immanenten Alternativen einen Beweis anzutreten. «Sich Neues abzeichnen m ü ß t e » –, das nähert sich der berüchtigten Palmström-Logik aus dem bekannten Gedicht von Morgenstern: «Und, so schließt er messerscharf, daß nicht sein kann, was nicht sein darf.» Wirft mir der Autor vor, daß ich unterlassen habe, «die . . . immanenten gegenläufigen Prinzipien zur Übereinstimmung zu bringen», so impliziert solcher Vorwurf eine R e a l i t ä t s c h a n c e für solche Synthese. Er bezeichnet ferner meine Beispiele für *K-Effekt* als ein «Sammelsurium von Zufälligkeiten». Zugegeben, diese Bezeichnung ist nicht ganz unzutreffend. Ich habe aber an mehreren Stellen meiner Abhandlung dargelegt, daß die teilweise eingestreuten Lappalien bestimmte Funktionen zum Verdeutlichen der Gesamtkonzeption von *K-Effekt* und *Schwäche-Ideologie* erfüllen. Andererseits: Wie will der Autor den Realismus-Gehalt solcher Fälle wie «Bodenerwerb der Gemeinde», «Spalter», «Ausländer A», «Professor R.» . . .

Interviewer: Das ist Professor Ridder, Gießen . . .

Autor: Natürlich; also, wie will der Autor den Realismus-Gehalt dieser und vieler anderer Fälle bestreiten? Er macht es sich da etwas zu leicht. Übrigens ist das von ihm selbst gelieferte Werckmeister-Zitat gerade ein weiteres Beispiel und damit erneuter Beleg für meine Theorie von der unendlichen Systemimmanenz. Die «Reflexion der Widersprüche» ist erlaubt, weil dem System innewohnend; wie die Kanne der Kanne im Bild der Kinderkakaokanne, möchte ich hinzufügen.

Der Verfasser wird meiner «Antidialektik», wie er es nennt, nicht gerecht. «Dialektik» wird ganz leicht zu «Antidialektik», kippt zu ihr um. Es gibt zwischen ihnen nicht diese eindeutig auszumachende Trennungslinie, auch hier ist die Grenze fließend. Was meine «Antidialektik» sein soll, ist daher auch immer ein Stück Dialektik.

Interviewer: Kommen wir vielleicht auf die Frage nach der Autorenschaft des Essays zurück . . .

Autor: Richtig. Herr Int, ich könnte mir denken, Sie haben dazu selbst schon einen Verdacht.

Interviewer: Ich habe diesen Verdacht in der Tat am Anfang gehabt. Und wir denken dabei zweifellos beide an dieselbe Persönlichkeit. Aber Sie können sich sicher auch vorstellen, daß ich nach Ihren Äußerungen jetzt etwas irre geworden bin.

Autor: Meine Äußerungen in diesem Interview sollten Ihren ursprünglichen Verdacht eher erhärtet denn erschüttert haben. Ich habe nicht beabsichtigt, Sie oder die Leser dieses Interviews irrezuführen; im Gegenteil.

Wer den ganzen *K-Effekt* gelesen hat, sollte über die Autorenschaft des 1. Nachtrags keine Sekunde im Zweifel gewesen sein. Herr Int, sagen Sie selbst: Läßt sich eine größere Übereinstimmung zwischen zwei Texten in Geisteshaltung und Diktion vorstellen als zwischen dem *K-Effekt* und dieser Studie zu «Antidialektik und Neurose»? Wer sich hat täuschen lassen von der scheinbar geordneten und schlüssig vorgetragenen Kommentierung meines *K-Effekts,* die also, wiederum scheinbar, im Unterschied zu diesem selbst herkömmliche Ernsthaftigkeit zu vertreten scheint, der hat die Lehre aus dem *K-Effekt* noch nicht richtig gezogen. Gerade in dieser im Unterschied zum *K-Effekt* äußerlich ironiefreien, nicht mehr albernen, nicht mehr unreifen Darlegung zeigt sich doch, daß auch solcher Verzicht auf alles läppisch Pubertäre überhaupt keine Änderung bringt. Gerade indem sich dieser 1. Nachtrag als Kontrapunkt versucht, demonstriert er doch die Unmöglichkeit von Kontrapunkt. Es k a n n bei solchem Versuch doch nichts anderes herauskommen, als solches von mir oben als «Aneinanderreihung von Modewörtern» charakterisierte Elaborat. Nun könnten Sie fragend einwenden: Wie aber ist dann meine vorhin geäußerte Kritik zu verstehen? Nun, sie demonstriert doch genau das, was bereits im 1. Nachtrag geschehen ist: Diese Kritik löst den vorangegangenen Nachtrag nicht ab, sondern setzt ihn nur fort; ebenso wie dieser die Abhandlung zum *K-Effekt* nicht ablöste, sondern nur fortsetzte. Am Beispiel der «Modewörter»-Kritik wird das ganz deutlich: Im *K-Effekt* habe ich die Kritik des Max Frisch an der Benutzung abgestandener Begriffe bereits mit dem Hinweis kritisiert, daß hier gar keine zeitliche Grenze zu ziehen sei; nunmehr wurde im 1. Nachtrag die Benutzung von Modewörtern im *K-Effekt* gerügt («Der Verfasser jongliert mit dem ganzen Arsenal heutiger Modewörter») und jetzt kritisierte ich schließlich die «Modewörter» im 1. Nachtrag.

Damit erkennen wir: Wir können eine konsequent durchgehaltene Ernsthaftigkeit versuchen und zum Beispiel die neurotische

Grundstruktur des *K-Effekts* nachweisen. Wird dadurch vielleicht die Neurose aufgebrochen? Daß solche «Entlarvungen» nichts mehr bewirken, ist schon im 1. Nachtrag selbst ausgeführt worden. Derartiges erschüttert den *K-Effekt* also nicht, sondern bestätigt ihn nur. Und die «Kritik», die ich dann in diesem «Interview» dazu folgen ließ, zeigt wiederum: Nichts ist leichter, als die schlüssig vorgetragene kritische Analyse zu kritisieren und ihr beispielsweise die Qualität einer Analyse überhaupt abzusprechen. Auch diese neue Kritik ist schlüssig, und zweifellos ließe sich gegenüber dieser Kritik an der Kritik wiederum eine schlüssige Kritik formulieren; beispielsweise ließe sich gegen die Beanstandung des Ausdrucks «dialektische Struktur» jenes Holz-Zitat anführen, das wir im Teil I, «Analyse», fanden: „... als einzig Beschreibbares, Feststellbares (bleiben) noch Strukturen übrig ..., die sich in einem dauernden Wechsel, im Übergang von einem Zustand zum anderen befinden ..." Danach wäre der gerügte Ausdruck also doch vertretbar; solche Strukturen, die sich in einem «dauernden Wechsel» befinden, bezeichnen gerade nicht das Feste und Gesicherte.

Endlos ließen sich also weitere «Nachträge» denken. Nachgewiesene «Fehler» ließen sich scheinbar ausmerzen, ebenso gewichtige «neue» Fehler würden sich dann einschleichen. Die «Entlarvung» des *K-Effekts* im 1. Nachtrag als Ausdruck einer Neurose diente selbst nur als neurotisches Spielzeug, setzte also die Neurose-Praxis fort, ebenso wie es dieses «Interview» mit der «Entlarvung» der «Entlarvung» praktiziert.

Ich bin also hier genau an dem Punkt, der etwa schon im Teil I in der Betrachtung der «Stereotypen Reihen» oder gegen Ende der *Schwäche-Ideologie* mit dem «Wettlauf zwischen Eitelkeit und Ehrlichkeit» erreicht war; dieser Standpunkt wurde selbstverständlich mit keinem Wort verlassen. Und dieses «Interview» ist natürlich gar kein Interview – der «Interviewer» ist auch schon auffallend stumm geworden –, und daß «es» im ernsthaften Interviewstil begann, ist also wiederum keine Irreführung gewesen, sondern im Gegenteil Demonstration zur weiteren Klarlegung (auch das «gekürzte Tonbandprotokoll» in der Überschrift war subjektiv ungelogen. – Zwanglos verlasse ich also die direkte Rede): Die beiden Nachträge zeigen einmal mehr diese Unmöglichkeit des Aussteigens aus dem *K-Effekt*. Bringen uns nämlich «seriös» angesetzte «Analysen» und «Interviews» genauso wenig weiter wie etwa «unseriös» aufgemachte schwächeideologische Plaudereien, was sind sie dann anderes gewesen als Demonstration der Allgegenwart von *K-Effekt*? «Anderes» ist also auch dann nicht möglich, wenn Sätze so anders aufzutreten scheinen wie in diesen Nachträgen. Ein Interview, das als solches ehrlich gemeint war und dann mit einer mich selbst erschreckenden Zwanghaftigkeit abbricht – die Anstrengung, es durchzuhalten, kann geradezu übermenschlich gewesen sein – und in wiederum *k-effektiven* Monolog übergeht, zeigt eben, daß Interview, also Kommunikation, nicht erreichbar ist. Es ist keine Spielerei gewesen – andererseits war oben vom «neurotischen Spielzeug» die Rede –: Ich setzte mir die Analyse in der «Antidialektik und Neurose», um Distanz zu gewinnen. Als mir dann klar geworden war, daß sie diesen Abstand nicht gebracht hatte, setzte ich mir den «Interviewer» als Hilfsfigur, so wie sich ein Münchhausen im Sumpf halluzinationär einen Helfer fingieren mag. Beim Schreiben des *K-Effekts* war also der 1. Nachtrag noch nicht beabsichtigt gewesen, und beim Schreiben des 1. Nachtrags wußte ich nichts vom 2. Nachtrag. Das am Schluß der *Schwäche-Ideologie* formulierte Bedürfnis, „noch nicht aufzuhören", konnte also nicht unterdrückt werden, aber es zu befriedigen, war nicht möglich.

So muß es scheinen, daß Kinderkakaokannen-Effekt in der Tat neurotisch ist, zugleich aber unwiderlegbar. Die Neurose behält recht.

***

Schon bald gibt es kein Wasser mehr. Die Qual wird noch zunehmen.